Coaching-Praxisfelder

Robert Wegener • Michael Loebbert
Agnès Fritze
Herausgeber

Coaching-Praxisfelder

Forschung und Praxis im Dialog

2., überarbeitete Auflage

Herausgeber
Robert Wegener
Institut Berat., Coach. u. Soz.man.
Fachhochschule Nordwestschweiz
Olten, Schweiz

Michael Loebbert
Institut Berat., Coach. u. Soz.man.
Fachhochschule Nordwestschweiz
Olten, Schweiz

Agnès Fritze
Institut Berat., Coach. u. Soz.man.
Fachhochschule Nordwestschweiz
Olten, Schweiz

ISBN 978-3-658-10170-1   ISBN 978-3-658-10171-8 (eBook)
DOI 10.1007/978-3-658-10171-8

Die Deutsche Nationalbibliothek verzeichnet diese Publikation in der Deutschen Nationalbibliografie; detaillierte bibliografische Daten sind im Internet über http://dnb.d-nb.de abrufbar.

Springer
© Springer Fachmedien Wiesbaden 2014, 2016
Das Werk einschließlich aller seiner Teile ist urheberrechtlich geschützt. Jede Verwertung, die nicht ausdrücklich vom Urheberrechtsgesetz zugelassen ist, bedarf der vorherigen Zustimmung des Verlags. Das gilt insbesondere für Vervielfältigungen, Bearbeitungen, Übersetzungen, Mikroverfilmungen und die Einspeicherung und Verarbeitung in elektronischen Systemen.
Die Wiedergabe von Gebrauchsnamen, Handelsnamen, Warenbezeichnungen usw. in diesem Werk berechtigt auch ohne besondere Kennzeichnung nicht zu der Annahme, dass solche Namen im Sinne der Warenzeichen- und Markenschutz-Gesetzgebung als frei zu betrachten wären und daher von jedermann benutzt werden dürften.
Der Verlag, die Autoren und die Herausgeber gehen davon aus, dass die Angaben und Informationen in diesem Werk zum Zeitpunkt der Veröffentlichung vollständig und korrekt sind. Weder der Verlag, noch die Autoren oder die Herausgeber übernehmen, ausdrücklich oder implizit, Gewähr für den Inhalt des Werkes, etwaige Fehler oder Äußerungen.

Gedruckt auf säurefreiem und chlorfrei gebleichtem Papier

Springer Fachmedien Wiesbaden GmbH ist Teil der Fachverlagsgruppe Springer Science+Business Media (www.springer.com)

Inhaltsverzeichnis

Annäherung an einen Arbeitsbegriff............................ 1
Agnès Fritze, Michael Loebbert, und Robert Wegener

Teil I   Coaching-Praxisfelder

Business-Coaching mit Führungskräften 11
Uwe Böning

Health and Wellness Coaching in Practice 33
Margaret Moore und Barrett W. McBride

**Wann wird Dornröschen wachgeküsst? Coaching in der Politik:
Einblick in die Praxis – Ansätze für die Forschung** 43
Hanne Weisensee

Coaching für Wissenschaftler/innen 63
Monika Klinkhammer

Coaching im Kontext der Sozialen Arbeit........................ 95
Bernd R. Birgmeier

Conceptualising Sport-Coaching: Some Key Questions and Issues 117
Christopher Cushion and John Lyle

Teil II Praxisfelderübergreifende Themen

Traditionelle und moderne Medien im Coaching 137
Harald Geißler

Wie wirksam ist Coaching? Ein umfassendes Evaluationsmodell für Praxis und Forschung 161
Siegfried Greif

Die aktuelle Bedeutung von Coaching-Programmen 183
Frank Bresser

Teil III Ansätze einer Coaching Theorie

Praxisfelder im Coaching 203
Michael Loebbert

Dank

Das vorliegende Fachbuch »Coaching-Praxisfelder. Forschung und Praxis im Dialog» besteht aus neuen oder umfassend ausgebauten Beiträgen zum zweiten Internationalen Coachingkongress »Coaching meets Research ... Praxisfelder im Fokus», der im Juni 2012, organisiert von der Hochschule für Soziale Arbeit der Fachhochschule Nordwestschweiz FHNW, in Basel stattfand. Für die Bereitschaft, sich konzeptionell an den Anforderungen und Leitfragen der Herausgebenden zu orientieren, sei den Autorinnen und Autoren herzlich gedankt.

Wir danken ferner den folgenden Partnern für ihre Unterstützung, die den Kongress und diese Publikation erst ermöglicht hat:

Berufsverbände (*= Mitglieder vom Roundtable der Coachingverbände)
- Association of National Organisations for Supervision in Europe (ANSE)
- Berufsverband für Coaching, Supervision, Organisationsberatung (BSO)
- Deutscher Bundesverband Coaching e.V. (DBVC)*
- Deutscher Coaching Verband e.V. (DCV)*
- Deutsche Gesellschaft für Coaching e.V. (DGfC)*
- Deutsche Gesellschaft für Supervision e.V. (DGSv)*
- European Association for Supervision and Coaching (EASC)*
- European Mentoring & Coaching Council Schweiz (EMCC)
- Föderation der Schweizer Psychologinnen und Psychologen (FSP)
- International Coach Federation, Schweiz und Deutschland (ICF)*
- Qualitätsring Coaching und Beratung e.V. (QRC)*
- Österreichische Vereinigung für Supervision (ÖVS)
- Swiss Coaching Association (SCA)
- Swiss Society for Coaching Psychology (SSCP)

Hochschulpartner
- Hochschule für Angewandte Psychologie APS Fachhochschule Nordwestschweiz FHNW
- Hochschule für Wirtschaft HSW Fachhochschule Nordwestschweiz FHNW
- Institute of Coaching at McLean Hospital, a Harvard Medical School Afiliate
- Zürcher Hochschule für Angewandte Wissenschaften ZHAW, Dept. Angewandte Psychologie

Unternehmenspartner
- Coachingzentrum Olten (CZO)
- Coaching- und Beratungs-Centrum Regensburg (cobece)
- Eurosysteam // Osterhold, Ellebracht, Lenz & Partner
- HRM.ch/at/de – Netzwerk der Personalbranche & HR Fachwissen
- Karlsruher Institut für Coaching (KIC)
- Trigon Entwicklungsberatung
- werdewelt GmbH
- Institut für Prozessarbeit, Zürich

Förderinstitutionen
- Förderfonds der Hochschule für Soziale Arbeit FHNW
- Förderverein Fachhochschule Nordwestschweiz Solothurn FVS
- Schweizerischer Nationalfonds zur Förderung der wissenschaftlichen Forschung SNF

Medienpartner
- Coaching-Magazin
- HR Today
- MagazinTraining
- Organisationsberatung Supervision Coaching (OSC)
- Personal Manager

Ein grosser Dank geht an Cheryl Meyer, die als unterstützende Fachkraft zur Entstehung dieses Buches massgeblich beigetragen hat. Ein spezieller Dank geht auch an Christoph Gassmann, der das Manuskript mit kritischem Blick, inhaltlichem Flair und großer Sorgfalt lektoriert und korrigiert hat. Zuletzt danken wir dem Springer Verlag, und insbesondere Frau Eva Brechtel-Wahl, für die fachliche kompetente Begleitung.

Vorwort zur Erstauflage

Vor fast zwanzig Jahren wurde an einer Vorgängerin der heutigen Hochschule für Soziale Arbeit HSA FHNW in Solothurn eine erste Weiterbildung in Coaching angeboten. Dank kontinuierlichem Engagement konnte in den folgenden Jahren Coaching an der HSA FHNW im Institut „Beratung, Coaching und Sozialmanagement" weiter fundiert und als prominenter thematischer Schwerpunkt verankert werden.

Der internationale Kongress „Coaching meets Research", der 2012 zum zweiten Mal an unserer Hochschule stattfand, bildete wiederum eine ergiebige Plattform für den fachlichen Austausch. Die inhaltliche Fokussierung auf Praxisfelder erwies sich als außerordentlich attraktiv und motivierte zahlreiche Kolleginnen und Kollegen aus Praxis und Forschung, miteinander ins Gespräch zu kommen, Gemeinsamkeiten und Differenzen auszuloten und methodische Ansätze zu reflektieren. Die Kongresse sind darauf angelegt, in kooperativer Form unterschiedliche Wissensbestände und Erfahrungen zusammenzuführen, kritisch zu hinterfragen, auszuwerten und gemeinsam Neues zu entwickeln; dies ist eine an der HSA FHNW systematisch entwickelte und explizit gepflegte Form der Wissensbildung und Wissenstransformation.

Die erfreulich hohe Resonanz auf den Kongress hat das Institut darin bestärkt, „Coaching meets Research" als produktive Form der Auseinandersetzung und des Dialogs in den nächsten Jahren fortzuführen und die Dokumentation und Aufarbeitung der Ergebnisse einer interessierten Fachwelt zur Verfügung zu stellen. Die für den Kongress verantwortliche Kollegin Agnès Fritze und die Kollegen Michael Loebbert und Robert Wegener haben sich das anspruchsvolle Ziel gesetzt, mit dem aktuellen Band einen Beitrag zu einem erweiterten Verständnis von

Coaching zu leisten. Sie verfolgen dabei einen praxisbezogenen und zugleich bereichsübergreifenden Ansatz, um die Diskussion von Coaching aus ihrer Beschränkung auf einzelne Praxisfelder zu lösen und neue Sichtweisen und Handlungsmöglichkeiten zu erschließen.

Ich wünsche der vorliegenden Publikation, dass sie interessante Debatten auslösen, zur kritischen Reflexion anregen und die Weiterentwicklung von Coaching in Theorie, Forschung und Praxis zu inspirieren vermag.

Direktorin der Hochschule für Soziale Arbeit FHNW, Mitglied der Direktion der Fachhochschule Nordwestschweiz FHNW

Luzia Truniger

Begleitwort zur Zweitauflage

Anfang der 2000er-Jahren wurde ich oft gefragt: „Ist Coaching nicht nur eine Eintagsfliege und Modeerscheinung - glauben Sie, dass das Interesse bald wieder nachlässt?" Damals war ich unsicher, eine deutlich verneinende Antwort zu geben. Trotz meines großen Engagements in diesem Feld war ich mir nicht sicher, wie sich die Zukunft des Coaching entwickeln würde. Jetzt, knapp 15 Jahre später, bin ich mehr denn je davon überzeugt, dass Coaching und andere verwandte Dialogprozesse auch weiterhin eine wichtige, wenn nicht sogar steigende Bedeutung in unserer Gesellschaft haben werden; und zunehmend nicht nur im Wirtschafts-und Organisationsbereich, sondern auch in vielen anderen Feldern unserer Gesellschaft. Das hier vorliegende Buch *Coaching-Praxisfelder* ist ein handfester Beweis für diese Überzeugung. Soziale Systeme und die Gesellschaft insgesamt sind gekennzeichnet von einer immer größeren Komplexität und einer sich immer stärker beschleunigenden Entwicklung, die eindeutige Antworten auf anfallende Probleme zunehmend schwieriger machen. Deshalb sind neue Dialogformen nötig, die Menschen im Miteinander und in Praxisgemeinschaften in die Lage versetzten, Wege zur Lösung komplexer Fragestellungen zu finden. Coaching ist eine dieser Dialogformen.

Die Autonomie des Einzelnen, eigenständige Wege zu gehen, wächst in vielen Lebens- und Arbeitsbereichen. Die Autoren und Autorinnen des hier vorliegenden Buches machen mit ihren Beispielen aus den verschiedensten Praxisfeldern deutlich, wie Coaching den Menschen dialogische Unterstützung, Beratung und Neuorientierung geben kann.

Diese gesellschaftlichen Entwicklungen haben eine Vielzahl von Konsequenzen für die Entwicklung des Coaching, die ich mit einigen Beispielen – mit besonderem Augenmerk auf die Professionspraxis – im Folgenden erläutern möchte:

- Coaching wird sich weitergehend professionalisieren müssen – hierzu auch der Beitrag über Coaching-Programme von Frank Bresser. Professionalisierung heißt aber auch: Die Notwendigkeit zu einer größeren Vereinheitlichung von Ausbildungsgängen, zumindest bezüglich ihres Umfangs, sind zwingend notwendig. Letztlich muss Coaching oder Coaching-Psychologie zu einem breit anerkannten Studienfach reifen oder in existierende Studiengänge als Spezialisierungs integriert werden (z. B. in der Psychologie, in der Betriebswirtschaft, in Gesundheits- oder Erziehungswissenschaften).
- Coaching wird gleichzeitig in steigendem Maße zu einer Teilkompetenz verschiedener Professionen, im Organisations-, Erziehungs-, Lehr-, Gesundheits- und Sozialbereich (siehe dazu mehrere Beispiele in einigen der folgenden Buchkapitel). In diesen Feldern müssen in Zukunft qualifizierte und anerkannte Weiterbildungsmöglichkeiten geschaffen werden.
- Coaching muss sich als Praxisfeld dynamisch weiterentwickeln. Gesellschaftliche, soziale und berufsspezifische Anforderungen sollten sich in einer Veränderung und Weiterentwicklung der Coachingpraxis niederschlagen und dort sichtbar werden. So steht Coaching in steigendem Maße in Verbindung mit transformativem Lernen, Identität, Sinngebung und Werteorientierung.[i]

Im Folgenden möchte ich mich zuerst einmal mit dem Untertitel des Buches „Forschung und Praxis im Dialog" beschäftigen. In der Psychologie ist die Kopplung von Forschung und Praxis in vielerlei Hinsicht nicht besonders geglückt: Forschung führt ihr Eigenleben in universitären Zirkeln – nicht selten auch relativ losgelöst von praktischen Fragestellungen. Praktizierende Psychologen hingegen sind oft nicht sonderlich an den ihnen wirklichkeitsfern erscheinenden Forschungsergebnissen der Wissenschaftsdisziplin Psychologie interessiert. Bisher sieht dies innerhalb des Coaching etwas anders aus. Die meisten Coachingforscher/innen arbeiten auch als Praktiker/innen im Feld. Diese Chance gilt es zu nutzen, auch in Bezug auf eine Einbeziehung und Weiterentwicklung neuer Forschungsansätze, die für die konkrete Coachingpraxis von Bedeutung sein können. Die Forschung zur Wirksamkeit des Coaching, wie sie auch in diesem Band von Siegfried Greif präsentiert wird, ist wichtig, speziell für Nutzer und Kunden des Coaching, die sicher sein wollen, dass ihr Geld gut ausgegeben ist. Für praktizierende Coaches sind die neuen Forschungsergebnisse aus Psychotherapie[ii] und Coaching[iii] zur Bedeutung von *common factors* besonders wichtig, da sie die konkrete Interaktion im Coaching unter die Lupe nehmen.

In diesem sehr dialogbezogenen Forschungsfeld erkennen sich die praktizierenden Coaches wieder. Hier wird Forschung praxisrelevant. Die Coaching-Beziehung wird hier zu einem der zentralen Faktoren für den Erfolg der Interaktion/ Intervention erklärt. Mit untersuchendem Blick auf diese Beziehung kann sich der Coach auch zum *reflective practitioner* oder gar zum *practitioner researcher* weiterentwickeln, indem er/sie ihre eigene Praxis näher untersucht, z. b. durch das Schreiben von Logbüchern, durch Video/Audio-Aufzeichnungen und Interviews mit den Coaching-Klienten. Damit ist es auch notwendig geworden, den sehr engen Evidenzbegriff aus der Medizin in Bezug auf weniger objektivierbare Praxisfelder auszuweiten und einer Diskussion im Fachkreis des Coaching zu unterwerfen. Es geht um die Erweiterung des Verständnisses in Richtung *praxisbasierter Evidenz*: Die gewissenhafte Anwendung von Wissen aus Forschung und Praxis unter Einbeziehung konkreter und oft sehr komplexer Kontextbedingungen, auch unter Einbeziehung des Klienten sind hierbei die Grundlage für eigenständiges und reflektiertes Handeln in der Praxis. Donald Schön[iv] hat sich in seinen Arbeiten über den *reflektierenden Praktiker* intensiv damit beschäftigt. Für ihn hängt die Kunst der Praktiker von der Auswahl und Vielfalt des Repertoires ab, auf das die Praktiker in ungewohnten Situationen zurückgreifen können. *Reflektierende Praktiker* sind in der Lage, Elemente des Repertoires so anzuwenden, dass die Einzigartigkeit der Situation sinnvoll *erfasst werden kann,* ohne dabei auf Standardkategorien zurückzugreifen.

Für Praktiker spielt deshalb *Intuition* eine zentrale Rolle. Intuition, durch standardisierte wissenschaftliche Methoden und Untersuchungen sicherlich schwer zu erfassen, ist aber dennoch ein zentraler Bestandteil praktischen Handelns. Intuition fällt einem nicht in den Schoß, sondern ist Ausdruck einer lang und hart erworbenen Fertigkeit von *Experten*, die auf der Grundlage ihres verarbeitenden Wissens in der Lage sind, dieses Wissen dynamisch in komplexen Situationen anzuwenden. Intuition ist ein Zustand von Wachsamkeit und Bereitschaft, in dem es möglich wird, Wissen ohne vorherige bewusste Reflexion in eine Situation einzubringen. Für das Coaching bedeutet dies ein Zusammenschmelzen von Reflexion und Handlung. Es ist eine *Reflexion in der Interaktion.*

Nun noch einige Worte zu dem Haupttitel des Buches: *Coaching-Praxisfelder.* Wie schon erwähnt hätte man vor 20 Jahren dieses Buch schwerlich herausgeben können, einfach aus dem Grund, dass Coaching eher eine Monokultur war. Ursprünglich mit dem Sport verbunden hat sich Coaching in den letzten Jahren in immer mehr Lebens- und Arbeitsbereiche ausgebreitet – bisher immer noch mit einem starken Schwerpunkt auf Business und Personalentwicklung. Ich bin aber immer mehr davon überzeugt, dass Coaching sich in den kommenden Jahren besonders in den Bereichen Gesundheit, Wellness, Vorbeugung und Rehabilitation weiterentwickeln wird, aber auch im Sozial- und Erziehungsbereich wird Coaching nachdrücklich an Bedeutung gewinnen. Schließlich wir sich Coaching in seiner konkreten Ausformung weiterentwickeln und breiter streuen – abhängig von Kontext, Klientgruppe und spezifischen Gegebenheiten. Hier ist der Beitrag von Harald Geißler nur ein Beispiel von vielen. Diese Verschiedenartigkeit in der Ausformung hat allerdings den Nachteil, dass es immer schwieriger sein wird, Coaching eindeutig zu definieren. Michael Loebbert macht im vorliegenden Buch dennoch einen Versuch.

Den Lesern dieses Bandes gilt nun mein Wunsch und meine Aufforderung, die Artikel dieses Bandes auf die eigene Praxis zu beziehen und damit sinnvoll auf die eigene Tätigkeit als Coach anzuwenden.

Professor für Sport- und Coachingpsychologie an der Universität Kopenhagen

Reinhard Stelter
Professor für Sport- und
Coachingpsychologie an der
Universität Kopenhagen

Notes

i. Viele dieser Themen werden in meinem Buch „A Guide to Third Generation Coaching" (Springer) bearbeitet.
ii. Duncan, Miller, Wamphold & Hubble (2010). „The Heart and Soul of Change". Washington: APA.
iii. De Haan, Duckworth, Birch & Jones (2013). Executive coaching outcome research: The contribution of common factors such as relationship, personality match, and self-efficacy. *Consulting Psychology Journal: Practice and Research, 65* (1), 40–57.
iv. Schön, D. A. (1983). „The reflective practitioner: How professionals think in action." New York: Basic Books.

Bemerkung zur Zweitauflage durch die Herausgebenden

Im Juni 2012 fand unter dem Titel »Coaching meets Research« der 2. Internationale Coachingkongress »Praxisfelder im Fokus«, organisiert von der Hochschule für Soziale Arbeit der Fachhochschule Nordwestschweiz FHNW, statt. Das vorliegende Fachbuch »Coaching-Praxisfelder. Forschung und Praxis im Dialog« erschien erstmals 2014.

Der in diesem Buch aufgegriffene Trend einer fortschreitenden Differenzierung von Coaching in unterschiedliche Praxisfelder ist weiterhin zu beobachten. Ein Ende dieser Entwicklung ist auch nicht absehbar. Da das Buch auf reges Interesse gestossen ist, liegt nun diese 2., überarbeite Auflage vor. Insbesondere die Beiträge von Uwe Böning, Margaret Moore/Barrett McBride, Monika Klinkhammer und Siegfried Greif wurden unter Berücksichtigung neuester wissenschaftlicher Erkenntnisse und Praxisentwicklungen ausführlich überarbeitet.

Wir wünschen bei der Lektüre des Buchs viele interessante Erkenntnisse und Momente der Inspiration.

Olten
Dezember 2015

Robert Wegener
Michael Loebbert
Agnès Fritze

Autorinnen und Autoren

Bernd R. Birgmeier, Dipl.-Sozialpädagoge (FH), Dipl.-Päd. (Univ.), Dr. phil. habil., Privatdozent, Coach (CIP); seit 2013 Akademischer Oberrat am Lehrstuhl für Sozialpädagogik an der Katholischen Universität Eichstätt-Ingolstadt. Lehraufträge an verschiedenen Hochschulen und Coaching-Ausbildungsinstituten. Mitarbeit bei mehreren (auch internationalen) Forschungsprojekten zum Thema „Sozialpädagogisches Coaching". *Forschungsschwerpunkte*: Coaching in sozialen Institutionen und Organisationen, Handlungstheorie, Soziale Arbeit als Wissenschaft. Mitherausgeber der Reihe „Soziale Arbeit in Theorie und Wissenschaft" (VS Springer); Herausgeber des Sammelbandes *Coachingwissen* (2. Aufl., 2011) sowie Verfasser zahlreicher Fachbeiträge über Coaching im Kontext Sozialer Arbeit.

Uwe Böning, Diplom-Psychologe. Mit Brigitte Fritschle 1984 Gründer und Geschäftsführender Gesellschafter der heutigen Böning-Consult GmbH. Seit 1979 im Business-Bereich tätig als Führungskräftetrainer, Managementberater und Business-Coach. Parallel von 1992 bis 1995 Direktor Personal bei Bosch-Siemens-Hausgeräte, München. Uwe Böning arbeitet auf dem Topmanagement-/Executive-Level – sowohl als Coach wie auch als Projektleiter in umfangreichen Change-Projekten. Lehrbeauftragter an verschiedenen deutschen Universitäten. Buchveröffentlichungen mit den Schwerpunkten: Coaching (2005), Post Merger Integration (2001), Interkulturelles Management (2000), Change Management (1997), Moderation (1991/1994), Führung (1989/1993), Selbstmanagement (1993).

Frank Bresser, MBA Geschäftsführer und Head-Consultant der FBC Global Limited mit Sitz in Köln; Leiter Frank Bresser Consulting; Preisträger Global Coaching Leadership Award 2013 und Global HR Excellence Award 2011; internationaler Experte zur erfolgreichen Implementierung und Optimierung von Coaching in Unternehmen/Organisationen. Autor zahlreicher Veröffentlichungen, insbesondere der beiden Bücher *The global business guide for the success- ful use of coaching in organisations* (2013, 2010) und *Coaching across the globe* (2013). Initiator und Leiter internationaler Coaching-Forschungsprojekte (z. B. Global Coaching Survey).

Christopher Cushion, Ph.D. being appointed as the pathway leader for the MSc in Sports Coaching. In 2006, Chris was appointed as Course Director for the BSc Sports Coaching and Teaching/Research Group Leader for Coaching at Leeds Metropolitan University. He has a wide interest in coaching being involved as an external reviewer in the UK Coaching Certificate endorsement process and a range of coaching related consultancy projects for both the public and private sector. Within sport and industry, his clients include Chelsea F. C., Fulham F. C., Bath R. F. C., Tottenham Hotspur F. C., The Football Association, Sport Universal (Amisco) Sport Coach UK, Skills Active, Department of Culture, Media and Sport, OPTA, Elite Analysis, Sport Scientific and Sports Hub. Chris is actively involved in coaching practice being a UEFA qualified football coach.

Agnès Fritze, Prof., lic. phil. I, dipl. Sozialarbeiterin und Coach, Professorin an der Hochschule für Soziale Arbeit Fachhochschule Nordwestschweiz (FHNW) und dort Leiterin des Instituts Beratung, Coaching und Sozialmanagement (ICSO). Sie lehrt auf Grundlage des am Institut entwickelten Social-Impact-Modells (SIM) und ist kontinuierlich in der Beratung von Institutionen im Sozial-, Bildungs- und Gesundheitsbereich tätig. Seit ihrem Studium interessiert sie sich für die Gestaltung und Vermittlung an Übergängen zwischen „Wissenschaft/Theorie" und „Praxis" oder „Praxis und Bildung".

Harald Geißler, Univ.-Prof. Dr., Studium der Erziehungswissenschaft und Psychologie, zurzeit Lehrstuhl für Berufs- und Betriebspädagogik an der Helmut-Schmidt-Universität Hamburg. Seit 1985 umfangreiche Erfahrungen als Business-Coach, Gründer und Leiter der Forschungsstelle „Coaching-Gutachten", Entwickler und Betreiber der Internetplattform virtuelles-coaching.com, Ausbil- der in Virtuellem Coaching, Lehrcoach des Coaching Zentrums der Führungsakademie Baden-Württemberg. Herausgeber des Sammelbandes *E-Coaching* (2008) sowie Verfasser von zahlreichen Fachartikeln über Coaching; Betreuung von Dissertationen über Coaching.

Siegfried Greif, Prof. Dr. phil, Dipl.-Psych., Universität Osnabrück (pensioniertes Mitglied) und Institut für wirtschaftspsychologische Forschung und Beratung (IwFB) GmbH, Osnabrück (Geschäftsführer für Coaching und Change Management). Coachingforschung und -praxis, Ausbildung von Coachs, Innovative Coachingmethoden. Zahlreiche Bücher, Buchkapitel und Zeitschriftenartikel. Herausgeber Buchreihe Innovatives Management beim Hogrefe Verlag; Board der Zeitschriften OSC; Coaching: An International Journal of Theory, Research and Practice; Coaching – Forschung und Praxis, Zeitschrift Gruppendynamik. Forschungsboard des Institute of Coaching, Harvard Medical School, USA. Mitglied DGPs, DBVC, ISCP, IAAP.

Monika Klinkhammer, Dr. Sozial- und Erziehungswissenschaftlerin, Diplom Pädagogin, Diplom Supervisorin (DGSv, DGV), Coach, Gestalttherapeutin (DVG, BAPt, ECP) und Lehrcoach sowie Trainerin in freier Praxis (seit 1997). Leitung des dreijährigen DGSv-anerkannten Zertifikatskurses „Supervision und Coaching in der Sozialen Arbeit, Bildung und Gesundheit" an der Alice-Salomon-Hochschule Berlin; seit 17 Jahren über 350 Beratungsprozesse mit Wissenschaftler/innen. Schwerpunkte: Berufungstraining, Karriereplanung und Profilierung in der Wissenschaft, Promotions- und Habilitations-Coaching, Konfliktmanagement, Krisenbewältigung, Hochschuldidaktik sowie Gendermainstreaming. Fachpublikationen, Gründungs- mitglied des Coachingnetzes Wissenschaft e.V. (www.coachingnetz-wissenschaft.de).

Michael Loebbert, Dr. Executive Coach und Organisationsberater. Programmleitung, Lehre und Supervision Coaching Studies an der Fachhochschule Nordwestschweiz. Coaching und Supervision für Beratung. Einschlägige Veröffentlichungen zu Beratungs- und Managementthemen (Professional Coaching, Kultur und Veränderungsprozesse Führen, Storymanagement). Mitherausgeber des „International Journal of Mentoring and Coaching", 15 Jahre Führungserfahrung in Bildungs- und Beratungsunternehmen.

John Lyle, Prof. Dr. is Professor of Sport Coaching in the Carnegie Faculty of Leeds Beckett University, and prior to that Dean of the School of Psychology and Sport Sciences at Northumbria University. This was the culmination of a long and successful career in higher education, irst in physical education and thereafter specialising in sports coaching studies. He established the irst professional diploma in sports coaching and the irst Masters degree in coaching studies in the UK. He has played a signiicant role in the development of sports coaching as an academic ield of study, and is the author of three influential textbooks, including *Sports Coaching Concepts* (2002). He combines a role as an academic with a role as research consultant, collaborating with a number of universities and national sports agencies. John's academic experience is complemented by a considerable personal experience as a coach, involvement in the determination of sports coaching policy in the UK, and engagement in the delivery of coach education and development.

Barrett W. McBride, Ph.D. CEO of McBride & Associates, a national coaching and consulting irm; has been a practicing coach for more than 15 years; in addition to her coaching practice, she is a faculty member at Wellcoaches, Inc., where she teaches in both the core and professional coach training programs. She is also an adjunct faculty member at the University of San Francisco. Ms. McBride earned her doctorate from Fielding Graduate University in 2013. She also has masters degrees in human development and organization development and a master certification in evidence-based coaching. She is a certified Wellcoach, and has professional coach certification (PCC) status with the International Coach Federation. In addition, she is a board certiied coach through the Center for Credentialing and Education. Ms. McBride is also a founding member of the Institute of Coaching.

Margaret Moore, (Coach Meg) is a 17-year veteran of the biotechnology industry, founded Wellcoaches Corporation in 2000, which has trained more than 6,500 health professionals as health and wellness coaches in 47 countries. Margaret is co-founder and co-director of the Institute of Coaching and co-director of the annual Coaching in Leadership & Healthcare conference offered by Harvard Medical School. She is co-author of the *Coaching Psychology Manual* published by Lippincott, Williams & Wilkins, and a Harvard Health Book titled *Organize Your Mind, Organize Your Life.*

Reinhard Stelter, Dr. der Psychologie, Ausbildung als Psychotherapeut, akkreditierter Coachingpsychologe (ISCP), Professor für Sport- und Coachingpsychologie an der Universität Kopenhagen und Gastprofessor an der Copenhagen Business School (Master of Public Governance). Honorary Vice-President der International Society for Coaching Psychology (ISCP). Invited Founding Fellow und Mitglied des Scientific Advisory Council, Institute of Coaching, Harvard Medical School; seit 2011 Course Director an der Copenhagen Summer University mit dem Kurs „Coaching, Kierkegaard & Leadership". Mitglied des Advisory Boards, Dozent und Senior Coach am Copenhagen Coaching Center (EMCC Master Akkreditierung).U.a. Autor des Buches „A Guide to Third Generation Coaching – Narrative-Collaborative Theory and Practice" erschienen 2014 im Springer Verlag.

Luzia Truniger, Prof. Dr. phil.; seit über 15 Jahren Direktorin der Hochschule für Soziale Arbeit FHNW (respektive einer ihrer Vorgängerhochschulen) und Mitglied der Direktion der Fachhochschule Nordwestschweiz FHNW. Befasst sich schwerpunktmäßig mit Higher Education Management, Leadership, Hochschulentwicklung und Change Management, hat umfassende Hochschulfusionsprozesse geführt und engagiert sich in Fragen der Hochschulbildung und Hochschulpolitik.

Robert Wegener, M.A. Politologe und M.A. Kommunikationspsychologe. Seit 2008 wissenschaftlicher Mitarbeiter im Schwerpunkt Coaching des Instituts Beratung, Coaching und Sozialmanagement (ICSO) der Hochschule für Soziale Arbeit der Fachhochschule Nordwestschweiz FHNW. Seit 2010 Leiter der Internationalen Coachingkongresse »Coaching meets Research« (www.coaching-meets-research.ch). Forschung zu E-Coaching und bedeutsamen Momenten im Coaching in Kooperation mit der Helmut-Schmidt-Universität Hamburg. Mitherausgeber u. a. von *Coaching und Gesellschaft* (2016), *Bewertung von Coachingprozessen* (2015) und Verfasser diverser Fachartikel zu Coaching.

Hanne Weisensee, Dr. phil. ist als Dozentin, zertifizierte Coach und Lehrcoach in Politik, Verwaltung und Wissenschaft tätig. Schwerpunkte sind Bundes- und Kommunalpolitik sowie wissenschaftliche Einrichtungen: oberste Bundesbe- hörden, Bundesverbände, Parteien, Stiftungen und Kommunen, außerdem Uni- versitäten und Fachhochschulen. Sie ist ausgebildet als systemische Coach und Organisationsberaterin und arbeitete viele Jahre als persönliche Referentin im Deutschen Bundestag. Promoviert in politischer Wissenschaft, bietet sie Coaching und Beratung zu Führung und Karrierepla- nung in ihren Büros in Bamberg und Berlin an. Ein Augenmerk gilt der Förderung von Frauen in Spitzenfunktionen. Neben Lehraufträgen im Bereich „Public Management" schreibt und hält sie Vorträge, in denen es um die „Übersetzung" zwischen den Systemen Politik, Wissenschaft und Verwaltung geht.

Annäherung an einen Arbeitsbegriff

Agnès Fritze, Michael Loebbert, und Robert Wegener

Coaching im Executive-Bereich, im Sport und in der Personalentwicklung ist weithin fest etabliert. Darüber hinaus werden Coaching-Dienstleistungen in Feldern wie etwa der Politik, der Wissenschaft, der Bildung, der Sozialen Arbeit oder dem Gesundheits- und Pflegesektor angeboten.

Wird »Coaching« da als reiner Mode- oder Marketingbegriff genutzt, um bekannte oder neuartige Beratungsangebote, attraktiv verpackt, verschiedensten Zielgruppen in unterschiedlichsten gesellschaftlichen Feldern schmackhaft zu machen? Oder werden diese Angebote »Coaching« genannt, weil sie inhaltliche Gemeinsamkeiten aufweisen, sich auf gemeinsame Theoriebestände und methodische Ansätze beziehen und sich dabei auch eindeutig von anderen (Beratungs-)Angeboten abgrenzen? Was verbirgt sich hinter dem Coaching von Politikerinnen, Ärzten, Erwerbslosen, Lehrerinnen, von Sportlern und Dekaninnen oder von Führungs- und Fachkräften aus sozialen oder profitorientierten Einrichtungen, Bildungsinstitutionen und öffentlichen Verwaltungen?

Mit der Ausrichtung des zweiten Internationalen Coachingkongresses im Juni 2012 in Basel unter dem Titel »Coaching meets Research … Praxisfelder im Fokus« haben die Kongressverantwortlichen und Herausgebenden dieses Bandes einen Sprung ins Ungewisse gewagt, diese Entwicklungen fokussiert und damit einen Unterschied zu gängigen Einschränkungen markiert. Schon das Echo auf den

---

A. Fritze (✉) • M. Loebbert • R. Wegener
Institut Berat., Coach. u. Soz.man. Fachhochschule Nordwestschweiz, Olten, Schweiz
E-Mail: agnes.fritze@fhnw.ch; michael.loebbert@fhnw.ch; robert.wegener@fhnw.ch

© Springer Fachmedien Wiesbaden 2016
R. Wegener et al. (Hrsg.), *Coaching-Praxisfelder*,
DOI 10.1007/978-3-658-10171-8_1

Call for Speakers hat dem Veranstaltungsteam recht gegeben, dass es sich hierbei um ein aktuelles Thema handelt: aus einem überaus erfreulichen Rücklauf konnten über vierzig Beiträge ausgewählt werden, die forschungsbasiertes und weitgehend systematisiertes Wissen aus verschiedenen Praxisfeldern beinhaltet haben.

Ziel des zweiten Internationalen Coachingkongresses und des daraus hervorgehenden Fachbuches war und ist es, sich der Frage anzunähern, wie Coaching in den unterschiedlichen Praxisfeldern konzeptionell und - bestenfalls – theoretisch gefasst wird. Fokussiert und diskutiert werden spezifische Kontextbedingungen, in denen Coaching realisiert wird. Begründungen, Wirkungsnachweise und Erfolgsbedingungen sind genauso Thema wie damit verbundene Herausforderungen, Gemeinsamkeiten und Unterschiede sowie Chancen und Risiken für die Coaching-Forschung und -Praxis.

Dem Kongress und der Fachpublikation vorausgehende Überlegungen lassen Schlüsse auf folgende Gemeinsamkeiten zu: Zunächst hat Coaching immer mit gelingender oder erfolgreicher Praxis von Klienten und Klientinnen – primär im beruflichen, immer mehr aber auch im privaten Kontext – zu tun. Es geht um »Handlungserfolg«, sei es als Führungskraft, bei der Aufrechterhaltung oder Verbesserung der Gesundheit, der Erlangung eines passenden Arbeitsplatzes, der Wiederherstellung beruflicher oder sportlicher Leistungsfähigkeit. Im Mittelpunkt stehen demnach die Absichten und Anliegen der Klientinnen und Klienten, in ihrer jeweiligen Praxis erfolgreich zu sein. Was »Erfolg« im Einzelnen bedeutet, ist dabei kontextabhängig, auch wenn der Weg in jeder Praxis mit dem Faktor der Selbststeuerungs- und Motivationsfähigkeit der Klientinnen und Klienten zusammenhängt sowie deren Bereitschaft, sich auf neue Lösungsideen und Erfahrungen einzulassen. Coaching unterstützt die damit verbundenen intrapersonalen Lern- und Veränderungsprozesse.

Unterschiede gibt es im Hinblick darauf, welche Handlungs- und Leistungsprozesse durch Coaching unterstützt werden, der Wertbeitrag eines Teams, die Unabhängigkeit von medizinischer Hilfe, der Erfolg bei einer Bewerbung, die Leistung in einer Sportart usw., differenzieren die jeweiligen Praxisfelder. Entsprechend differieren die Coaching-Interventionen und das damit verbundene, notwendige Hintergrundwissen (Erfahrungswissen, wissenschaftliche Modelle etc.): Ein Sport-Coach interveniert spezifisch, wo es um den Aufbau von Ausdauer, Schnelligkeit und taktischem Know-how geht. Eine Management-Coach nutzt organisations- und managementtheoretisches und -praktisches Wissen für die Unterstützung in den jeweils individuellen Herausforderungen. Coaching in den unterschiedlichen Praxisfeldern, wie Gesundheits-, Politik-, Sport- oder Wissenschaftscoaching, nutzt neben einem gemeinsamen Bestand von Methoden, Werkzeugen und Haltungen unterschiedliche und praxisfeldspezifische Ansätze, Vorgehensweisen und Wissensbestände.

Annäherung an einen Arbeitsbegriff

In bestimmter Weise der rasanten Weiterentwicklung und Verbreitung von Coaching in den letzten Jahren nachlaufend, bietet die Differenzierung von Praxisfeldern die Gelegenheit für Vergleiche und Unterscheidungen bis hin zur Möglichkeit, Kernmerkmale von Coaching zu beschreiben, die praxisfeldübergreifend gelten. Für die Coaching-Forschung entsteht so eine Landkarte, auf der Forschungsvorhaben und -ergebnisse in den unterschiedlichen Praxisfeldern zueinander in Beziehung gesetzt werden können. Letztlich wird damit ein Beitrag geleistet, um Coaching weiter zu systematisieren, zu professionalisieren und theoretisch zu fundieren.

Zusätzlich zu diesem vertiefendem Fachbuch gibt es noch den ebenfalls beim Springer Verlag erschienenen Kongressband *»Zur Differenzierung von Handlungsfeldern im Coaching«*. Dieser Kongressband vereint vierzig kompakt verfasste Artikel auf der Grundlage der Beiträgedes zweiten Internationalen Coaching-Kongresses 2012 und fokussiert damit ebenfalls – in Form eines breiten Überblicks – das Thema der Coaching-Praxisfelder. Das hier vorliegende *Fachbuch »Coaching-Praxisfelder. Forschung und Praxis im Dialog«* zielt vor dem Hintergrund des oben ausgeführten Coaching-Verständnisses auf eine vertiefte Auseinandersetzung mit Coaching in sechs unterschiedlichen Praxisfeldern. Er dient als Orientierung zum Stand der Diskussion und der aktuellen Entwicklung in Coaching-Forschung und -Praxis.

Die ersten Bestimmungen von einzelnen Coaching-Praxisfeldern sind aus einer Auslegeordnung der eingegangenen Kongressbeiträge entstanden. Eine systematische Begründung war damit zunächst nicht verbunden. Die Autorinnen und Autoren des Fachbuchs hatten die Aufgabe, diese Felder konzeptionell zu umreißen und einige Leitfragen zu berücksichtigen, unter anderem: Wie lässt sich das jeweilige Praxisfeld beschreiben? Welche Konsequenzen ergeben sich für die inhaltlich-konzeptionelle Gestaltung der Coachings? Welches sind die je theoretischen und empirischen Befunde? Wie werden diese Entwicklungen von ihren Protagonisten bewertet?

Diese Strukturierung nach Leitfragen ermöglicht dem Leser und der Leserin, Vergleiche anzustellen und eigene Schlüsse zu ziehen hinsichtlich der Gemeinsamkeiten und Unterschiede, eines übergreifenden Coaching-Kernbestands von Konzepten und Praktiken in unterschiedlichen Praxisfeldern sowie im Hinblick auf die Rolle übergreifender Themenstellungen wie beispielsweise des mediengestützten Coachings, von Coaching-Programmen oder der Evaluation von Coaching. Letztere bilden eine thematische Klammer, womit ebenfalls ein Systematisierungsanspruch verfolgt wird.

1 Aufbau und Inhalt der Publikation

Im ersten Teil des vorliegenden Fachbuchs befinden sich Artikel zu den sechs verschiedenen *Coaching-Praxisfeldern*. Eingeleitet wird dieser mit einem Beitrag zum klassischen Feld des Business-Coachings mit Führungskräften (Uwe Böning). Es folgen Beiträge zu den Praxisfeldern Gesundheit und Wellness (Margaret Moore und BarrettMcBride), Politik (Hanne Weisensee), Hochschule und Wissenschaft (Monika Klinkhammer), Soziale Arbeit (Bernd Birgmeier) und Sport (Christopher Cushion und John Lyle).

Der zweite Teil ist *praxisfelderübergreifenden Themen* gewidmet, und zwar der Anwendung moderner Medien im Coaching (Harald Geißler), der wissenschaftlichen Evaluation von Coaching (Siegfried Greif) sowie Coaching-Programmen (Frank Bresser).

Im dritten Teil wird eine praxisfeld-orientierte Coaching-Theorie skizziert (Michael Loebbert).

1.1 Sechs Coaching-Praxisfelder im Fokus

Uwe Böning präsentiert in seinem Beitrag das Praxisfeld Business-Coaching mit Führungskräften. Dazu unterscheidet er dieses zunächst von Gesundheits- und Life-Coaching. Die hohe Innovationsnotwendigkeit und Investitionsbereitschaft sowie die in diesem Coaching-Praxisfeld vorhandenen finanziellen Mittel sieht der Autor als zentrale Gründe für dessen rasche und starke Verbreitung. Ein wichtiger Trend liegt gemäß Böning in der Entwicklung von Coaching-Programmen, in denen Führungskräfte – unter Bezugnahme zu Unternehmenszielen – begleitet werden. Anknüpfend an den Anstieg der Forschung zu Business-Coaching seit über zehn Jahren, beschreibt der Autor exemplarisch einige empirische Studien und beleuchtet Themenfelder, die aus seiner Sicht weiter an Bedeutung gewinnen werden, so zum Beispiel milieuspezifisches Coaching oder direktive Coaching-Ansätze. Abschließend schlägt Uwe Böning einige Zukunftslinien zur Diskussion der weiteren Entwicklung von Business-Coaching vor.

Im zweiten Beitrag beschreiben *Margaret Moore* und *Barrett W. McBride* die angloamerikanische Sicht auf Gesundheits- und Wellness-Coaching. Die Arbeit an gesundheitsförderlichen Lebensstilen unter Berücksichtigung ganz spezifischer gesundheitlicher Problematiken (Bluthochdruck, Fettleibigkeit, Depression u. a. m.) stehen im Zentrum dieses Coaching-Praxisfelds. Mit Blick auf unterschiedliche Modelle und gestützt auf wissenschaftliche Erkenntnisse beschreiben die Autorinnen, wie sich die Praxis von Gesundheits- und Wellness-Coaches konkret gestalten lässt. Anknüpfend an bereits nachgewiesene Wirkungen, aktuelle Herausforderungen (z. B. zunehmende Verbreitung von Coaching-Programmen in Gesundheitsorganisationen) im Hinblick auf eine nachhaltige Entwicklung der Gesundheits-Coaching-Praxis plädieren die Autorinnen abschließend für weiterführende Forschungsbemühungen.

Coaching und Politik ist das Thema von *Hanne Weisensee*. Dazu klärt die Autorin zunächst zentrale Begriffe und verweist auf den schweren Stand von Coaching in diesem Feld. Am Beispiel der politischen Führung illustriert die Autorin, worin sich Coaching in der Politik von jenem in der Wirtschaft unterscheidet und thematisiert weiter das Aufgabenspektrum und eine mögliche zukünftige Ausrichtung dieses Coaching-Praxisfelds: Neben politischer Strategie soll es vermehrt auch um Profilbildung und die Entwicklung von Visionen sowie Führungskompetenz gehen, mit entsprechenden Konsequenzen für die Kompetenzen von Coaches. Abschliessend fasst Hanne Weisensee verschiedene Forschungslücken zu einem Politik-Coaching-Forschungsprogramm zusammen.

Monika Klinkhammer beschreibt in ihrem Beitrag das Coaching in Hochschule und Wissenschaft. Zu den zentralen und dieses Coaching-Praxisfeld stark beeinflussenden Rahmenbedingungen zählt die Autorin politische Reformen, strukturelle Veränderungen und Exzellenzinitiativen. Als besonders bedenkenswert erachtet sie die Risiken überhöhter Leistungsansprüche auf der einen und der Sinnentleerung auf der anderen Seite. Bezogen auf den Stand der Praxis wird deutlich, dass die Implementierung von Coaching in akademischen Institutionen nach wie vor wenig fortgeschritten ist. Gleiches gilt auch für die Coaching-Forschung. Offene Forschungslücken und Erwartungen an die Praxis bilden den Inhalt des letzten Teils dieses Beitrags.

Dem Verhältnis von Coaching und Sozialer Arbeit widmet sich *Bernd Birgmeier*. In einem ersten Schritte beschreibt er dazu Gemeinsamkeiten, Unterschiede und Bezüge von Coaching und Sozialer Arbeit. Den Bedarf an konzeptorientierter Grundlagen- und Evaluationsforschung, die Adressaten und Adressatinnen als auch Führungsverantwortliche der Sozialen Arbeit in den Blick nimmt, beurteilt Bernd Birgmeier als groß. Im Sinne eines Aufrufs führt der Autor abschließend verschiedene Themenfelder auf, denen in der Coaching-Forschung künftig zunehmend Beachtung geschenkt werden soll. So zum Beispiel einer (sozial-)pä-dagogischen Coaching-Forschung, welcher pädagogischen Prozessen im Coaching Rechnung trägt.

Christopher Cushion und *John Lyle* umreißen in ihrem Beitrag den Stand der Sport-Coaching-Forschung im englischsprachigen Raum. Dabei stellen sie fest, dass diese eher quantitativ ausgerichtete Forschung aus qualitativer Sicht wenig überzeugt und identifizieren als zentrale Ursache dafür das Fehlen eines klaren

Coaching-Konzepts sowie sehr unterschiedliche Praktiken, die unter dem Label „Sport-Coaching" beforscht werden. Abschliessend präsentieren die Autoren ausgewählte qualitative Forschungsprojekte und ziehen daraus für Zukunft der Sport-Coaching-Forschung relevante Schlüsse.

1.2 Praxisfelderübergreifende Themen

Der zweite Teil dieses Fachbuchs, indem praxisfeldübergreifende Themen behandelt werden, beginnt mit dem Beitrag von *Harald Geißler* zur Anwendung klassischer und moderner Medien im Coaching. Dazu stellt dieser zunächst ein kommunikationstechnisches Medienverständnis vor und nimmt dann eine differenzierte Unterscheidung von klassischen und modernen Medien und deren Anwendung im Coaching vor. Im letzten Teil geht Harald Geißler einen Schritt weiter und führt in ein konstruktivistisches Medienverständnis ein.

Siegfried Greif thematisiert in seinem Beitrag die wissenschaftliche Evaluation von Coaching, führt dazu Coaching als komplexe Dienstleistung ein und beschreibt dann das von ihm entwickelte, rund siebzig Variablen umfassende Coaching-Evaluationsmodell. Anknüpfend an Erkenntnisse aus Kontrollgruppenstudien folgert der Autor, dass Coaching zwar wirkt, aber die Stärke der Wirkung im Coaching im Unterschied zu jener in der Psychotherapie (noch) deutlich geringer ist.

Der Beitrag von *Frank Bresser* hat Coaching-Programme zum Gegenstand. Darunter versteht der Autor systematisch und strategisch angelegte Handlungsinitiativen zur Nutzung von Coaching im organisationalen Kontext. Auf die Darstellung der geschichtlichen Entwicklung von Coaching-Programmen folgen Ausführungen zum aktuellen Stand in der Praxis. Dabei wird deutlich, dass sich vom *best practice* bis hin zum *worst practice* gegenwärtig alle Formen von Coaching-Programmen finden lassen. Abschließend werden offene Fragen für die Zukunft von Coaching-Programmen erörtert.

1.3 Skizzierung einer am Praxisfeld-Konzept orientierten Coaching-Theorie

Michael Loebbert skizziert im dritten und letzten Teil der Publikation den möglichen Anfang einer am Praxisfeld-Konzept orientierten Coaching-Theorie. Den „theoretischen Kern" einer beraterischen Handlungstheorie setzt der Autor in Beziehung zur Vorstellung von Coaching-Praxisfeldern: Coaching setzt in einzelnen Praxisfeldern in Bezug auf spezifische Handlungsprozesse von Klientinnen und Klienten auch spezifisches Wissen und Kompetenzen der coachenden Personen voraus. Die damit verbundenen teils sehr unterschiedlichen Maßstäbe für erfolgreiches Handeln in den unterschiedlichen Praxisfeldern werden damit für die weiterführende Coaching-Theoriebildung in den Vordergrund gerückt. Denn auch wenn der Coach solches Fachwissen nicht immer transparent macht, ist es, wie Loebbert in seinem Beitrag beispielhaft verdeutlicht, dennoch in allen Phasen des Coaching-Prozesses von Bedeutung.

Teil I
Coaching-Praxisfelder

Business-Coaching mit Führungskräften

Uwe Böning

In diesem Beitrag wird im Sinne eines Dialoganstoßes eine kleine Tour d'Horizon unternommen. Die Betrachtung verschiedener Fragen an das Coaching von Führungskräften im Business führt uns zur fokussierten Betrachtung einiger wichtiger Aspekte:

- Welche Unterschiede bestehen zwischen Führungskräfte-Coaching und anderen Coaching-Praxisfeldern?
- Welche Besonderheiten gibt es für das Coaching auf unterschiedlichen Führungsebenen?
- Was sind die wirtschaftlichen Rahmenbedingungen für den Einsatz von Führungskräfte-Coaching?
- Welche wissenschaftlichen Ergebnisse liegen vor?
- Welche Ableitungen können daraus für das Führungskräfte-Coaching der Zukunft gezogen werden?

Fast im Sinne des Coaching-Vorgehens des Autors lässt sich diese Vorgehensweise auch als Illustration eines möglichen Arbeitsstils begreifen, welcher der Impulsgebung ein größeres Gewicht beimisst als der fertigen Betrachtung. Ganz wie beim uralten Gedächtnis-Effekt von Zeigarnik: Unvollendetes stört vielleicht eher, wird aber länger behalten.

U. Böning (✉)
BÖNING CONSULT GmbH, 60528 Frankfurt a.M., Deutschland
E-Mail: uwe.boening@boening-consult.com

© Springer Fachmedien Wiesbaden 2016
R. Wegener et al. (Hrsg.), *Coaching-Praxisfelder*,
DOI 10.1007/978-3-658-10171-8_2

1 Führungskräfte-Coaching als Business-Coaching

Business-Coaching lässt sich als Coaching im beruflichen Kontext verstehen. Folgt man Loebbert und Wilmes (2013), könnte man den Begriff des Business- Coachings auch synonym mit „Professional Coaching" verwenden. Spricht man aber vom Business-Coaching mit Führungskräften aus großen Wirtschaftsunternehmen, dann sind nach Auffassung des Autors einige wesentliche Unterschiede zum Coaching von Führungskräften im Sozial- und Verwaltungsbereich erkennbar, die primär mit den unterschiedlichen Zielen der Organisationen zusammenhängen, sodass eine gesonderte Betrachtung als sinnvoll erscheint. Als Erklärungsansatz bietet sich das Milieukonzept an (vgl. z. B. Bourdieu 1982; Hradil 1987; Schulze 2000; Sinus Sociovision 2012), das Verhaltens- und Einstellungsunterschiede jenseits der offensichtlichen Führungsrolle herausarbeitet und erklärbar macht. Dazu gehören u. a. die unterschiedliche Wettbewerbsausrichtung, andere Werte- und Lebensformpräferenzen, verschiedene Kommunikationsstile sowie unterschiedliche Dress- und Sprachcodes, welche die Angehörigen dieser unterschiedlichen Milieus erkennbar voneinander abheben.

Business-Coaching beschäftigt sich im Unterschied zu Life- und Health-Coaching inhaltlich hauptsächlich

- mit jenen Coaching-Themen, die im Business-Bereich relevant sind, zum Beispiel Führung, Zusammenarbeit, Konfliktmanagement, Innovationen, Vertrieb und Veränderungsmanagement (etwa mit der Umsetzung strategischer Entscheidungen oder dem Aufbau einer neuen Organisation …);
- mit Führungskräften verschiedener Hierarchieebenen in allen Bereichen als Hauptzielgruppe, darüber hinaus auch mit dem Coaching von Projektleitern sowie von Führungskräften und Mitarbeitern aus dem Bereich Vertrieb;
- mit dem Organisationsrahmen „Unternehmen", der stark durch die Zielsetzung charakterisiert ist, einen angemessenen Gewinn zu erwirtschaften, Leistung und Engagement zu zeigen und sich in einem wettbewerbsorientierten Umfeld zu bewegen.

Abbildung 1 zeigt Übereinstimmungen und Schwerpunktunterschiede verschiedener wichtiger Arbeitsthemen in der Praxis. Die beigefügten Themen sind Beispiele und selbstverständlich zu ergänzen durch weitere Facetten, die sich auf andere Zielgruppen und ihre Praxisfelder beziehen können. Die Darstellung ist als Einstieg in eine künftig weiterzuentwickelnde Strukturierung der praktischen Arbeitsfelder von Coaching zu verstehen (vgl. hierzu u. a. Buer und Schmidt-Lellek 2008; Möller und Kotte 2011; Böning und Kegel 2014).

Business-Coaching mit Führungskräften

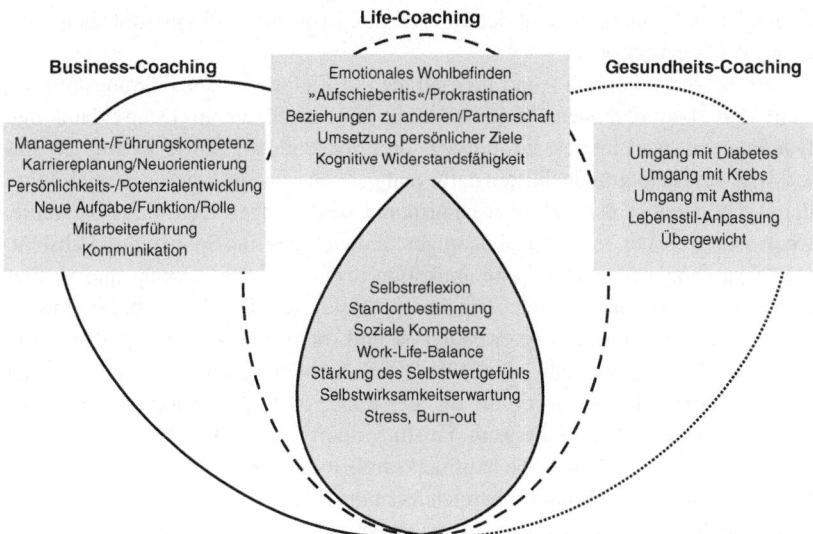

Abb. 1 Kernthemen und Schwerpunktthemen verschiedener Anwendungsfelder im Coaching

Business-Coaching zeigt dabei einen eindeutigen Schwerpunkt, der einerseits durch die Häufigkeit des Coachings mit Führungskräften und andererseits durch folgende Themen markiert wird: Herausforderung bei der Übernahme einer neuen Aufgabe/Funktion/Position oder Rolle, Verbesserung der Management- und Führungskompetenz im Allgemeinen, Persönlichkeits- und Potenzialentwicklung von Führungskräften, Ausbau der Selbstmanagement-Kompetenz, Karriereentwicklung und berufliche Neuorientierung.

Life-Coaching betont sehr viel stärker das persönliche Wohlbefinden und die grundsätzlich persönlichkeitsbezogene mentale Stärke der Coachees (Coaching-Partner) sowie auch Verhaltensthemen aus dem primär außerberuflichen Bereich, selbst wenn das Thema „Aufschieberitis"/Prokrastination eine erkennbare Schnittstelle zum Business-Bereich darstellt.

Die grundsätzliche Betrachtung der genannten Themen und Anlässe von Coaching lässt bei näherer Betrachtung noch einen dritten großen Schwerpunkt erkennen, der deutlich die körperliche und psychische Gesundheit in den Mittelpunkt stellt. Häufig stehen die Themen ganz konkret im Zusammenhang mit therapeutischen oder rehabilitativen Behandlungen. Die Unterschiede sind nicht kategorial, sondern schwerpunktmäßig zu verstehen. Es geht dabei um Unterschiede nicht nur in den Themen, sondern auch in den Häufigkeiten sowie den jeweiligen

Leitwerten des Handelns und der Bevorzugung von Interventionsstrategien bzw. einzelnen Interventionen.

Der Business-Bereich - und hier gerade die Zielgruppe der Führungskräfte – stellt den dominierenden Aktionsbereich des Coachings in Deutschland dar. Dominierend, weil interessant, umsatz- und imageträchtig sowie wettbewerbsintensiv. Zwei Hauptgründe dürften dafür maßgeblich sein, dass dieser Bereich Mitte der Achtzigerjahre den Hauptausgangspunkt des heutigen Coachings darstellte, wenn man von der relativ unabhängigen Entwicklung im Sport einmal absieht. (1) Er ist ganz stark durch Kommunikation und Interaktion geprägt und verfügt außerdem über eine zentrale Ressource: Geld. (2) Darüber hinaus sind in diesem Bereich Innovationsnotwendigkeit und -bereitschaft existenziell wichtig. Verständlich, dass hier ein guter Nährboden für neue Entwicklungsformen der Führungskräfte als Keyplayer für die Leistung von Organisationen und Unternehmen entstand. Die Nähe zum Leistungssport und Rolle wie Leistung der Trainer/Coaches förderten die Aufmerksamkeit für die Coaching-Branche im Weiterbildungs- und Verhaltensbereich nicht unerheblich.

Im Laufe der wirtschaftlichen Aufwärtsbewegungen und des damit verbundenen „War for Talents" in den Achtziger- und Neunzigerjahren bediente sich die Coaching-Branche der Übertragbarkeit von therapeutischen Techniken auf den Umgang mit „Normalen", allerdings unter einem starken Ziel- und Leistungsaspekt (vgl. auch die sieben Phasen der Coaching-Entwicklung nach Böning und Fritschle 2008). Der wirtschaftliche Aufschwung und der Druck des Marktes forderten Optimierungsmöglichkeiten für die Entwicklung von Persönlichkeiten, und die Medien fanden spannende Themen. Die Praxis sprintete der Wissenschaft um Längen davon, was heute immer noch an einem deutlichen Gap zwischen beiden Bereichen sichtbar ist. Allmählich holt die Wissenschaft klar auf und leistet durch Wirksamkeitsforschung, Theoriebildung und den Aufbau der Coaching-Ausbildung an den Hochschulen ihren Beitrag zur Professionalisierung des Feldes.

2 Unterschiede zwischen den Hierarchieebenen

Von Bedeutung im Hinblick auf die Hierarchieebenen und ihre spezifischen Coaching-Bedarfe ist die Unterscheidung gerade zwischen Top- und Mittelmanagement (Böning 2015). In Deutschland werden das Topmanagement bzw. leitende Angestellte rechtlich von den anderen Führungsebenen unterschieden, insofern Angehörige der mittleren und unteren Führungsebenen der Arbeitnehmerseite, das Topmanagement bzw. Leitende dagegen der Arbeitgeberseite zugerechnet werden. Die Basis dafür liegt in der Unterscheidung der Aufgabenbereiche und Rollen. Damit aber hängt ein Problem zusammen. Im alltäglichen Sprachgebrauch wird der Begriff der „Führung" zwar selbstverständlich verwendet und ein scheinbar klares und gemeinsames Verständnis des Inhaltes durch die Beteiligten unterstellt, was aber de facto auf einer häufigen Verkennung aufbaut. Auf mittlerer und unterer Ebene wird Führung meist stillschweigend als „Mitarbeiterführung", auf der Ebene des Topmanagements dagegen meist implizit als „Unternehmensführung" interpretiert. Dies führt aus beiden Perspektiven oft zu einem erheblichen Frusterleben, weil die daraus resultierenden, aber nicht geklärten unterschiedlichen Erwartungen nicht erfüllt werden. Den einen fehlt die emotionale Beachtung und die Wertschätzung durch das Topmanagement, während die Topmanager oft die Bedeutung der Strategie, der wirtschaftlichen Unternehmensziele sowie der Zahlen und Fakten für die nachgeordneten Führungskräfte bzw. Mitarbeiter überschätzen. Die unterschiedlichen Aufgaben, Rollen und Handlungsbereiche mit ihren unterschiedlichen emotionalen Folgen werden wechselseitig oft nicht hinreichend verstanden.

Schematisch lassen sich die Unterschiede zwischen Topmanagement und Mittelmanagement wie folgt darstellen: Dem Topmanagement kommt die Verantwortung für das Gesamtunternehmen zu. Dem entspricht die Perspektive auf das Gesamtsystem „Unternehmen". Die Fähigkeit zur Repräsentation des Unternehmens in der Öffentlichkeit und auf dem politischen Parkett ist dabei ein weiterer wichtiger Aspekt. Das Mittelmanagement demgegenüber hat Verantwortung für die einzelnen Fachbereiche. Seine Hauptaufgabe ist es, die Unternehmensziele in das operative Tagesgeschäft umzusetzen. Folglich richten sich seine Perspektiven auf das Subsystem der einzelnen Abteilungen und auf die Mitarbeiterführung.

Aus den unterschiedlichen Verantwortungsbereichen und Perspektiven ergeben sich unterschiedliche Kernwerte für das Verhalten. Im Bereich des Topmanagements sind zum Beispiel Arbeit, Gestalten, Entscheiden, Strategie und Taktik, Disziplin, Durchsetzungsfähigkeit, Rhetorik, Höflichkeit und Stil wichtige Teile der Selbstdefinition. Im Mittelmanagement dagegen zählen zum Beispiel eher fachliche Qualität, Authentizität, Offenheit, Zusammenarbeit im Team und die Work-Life-Balance als Leitwerte, zumindest im industrialisierten Westen.

Entsprechend den Profilunterschieden zwischen Top- und Mittelmanagement wird auch die Rolle des Coaches im Coaching (oft unausgesprochen) unterschiedlich definiert: Im Topmanagement ist der Coach eher Rat- und Impulsgeber. Er muss sich auf Augenhöhe positionieren bei gleichzeitiger Wahrung der Neutralität und Entscheidungsfreiheit des Coaching-Partners. Im Mittelmanagement ist der Coach viel eher Klärungs- und Orientierungshelfer, der als verstehender Impulsgeber geschätzt wird und von dem Dialog, Nähe, Vertrauen, Klärung und primär Hilfe zur Selbsthilfe erwartet werden.

3 Wirtschaftlicher Rahmen

3.1 Coaching-Marketing

Traditionell scheinen Coaches eher marketingskeptisch eingestellt zu sein, manche sogar fast marketingverachtend: Die humanistische und zum Teil antiökonomistische Einstellung mancher Coaches läuft dabei allerdings tendenziell Gefahr, dass zwar das Gute für die Menschen gewollt, hehre individuelle Ziele angestrebt, aber wegen eines begrenzten sozialen Einflusses in den verschiedenen Wirkungsfeldern doch die übermächtige Wirkungskraft von Unternehmen, Institutionen und der sozialen Machtmechanismen immer wieder als eingrenzend oder gar bedrohlich erlebt wird.

Die Grundspielregeln einer wettbewerbsorientierten Ökonomie zu akzeptieren und erfolgsorientiert zu interpretieren, wird für Coaches oft dann schwierig, wenn humane oder humanistische Kernwerte verletzt werden. Dieser Konflikt spielt sich allerdings auch schon im Vorfeld existenzieller Wertekonflikte ab, nämlich unter anderem im emotionalen und verhaltensmäßigen Umgang mit der Honorarfrage, wo sich Coaches in der eigenen Bedeutung zwar mindestens auf Augenhöhe mit anderen Beratern positionieren, im faktischen Umgang sich aber oft weit unterhalb zum Beispiel von IT-Beratern, technischen oder strategischen Unternehmensberatern und Rechtsanwälten platzieren. Wie etwa die Untersuchungen von Vogelauer (2010); Graf (2013); Middendorf und Fritsch (2013) sowie von Stephan et al. (2010) zeigen, erhalten Coaches in der weitaus größten Mehrzahl der Fälle nur relativ bescheidene Honorare.

Die geringe Akzeptanz von Marketing ist umso erstaunlicher, als es eine breite Palette an Möglichkeiten zur Umsatzsteigerung gibt. Der klassische Marketingmix der vier P's nach McCarthy (1975) ist auch für Coaches relevant: „Product" (Produktpolitik), „Promotion" (Kommunikationspolitik), „Price" (Preispolitik) und „Place" (Distributionspolitik) haben als Basalfaktoren auch für den Bereich Coaching ihre Gültigkeit. Dazu kommen die für den Dienstleistungsbereich relevanten Faktoren Personalpolitik, Prozessmanagement und die physische Gestaltung der Dienstleistung Coaching. Die Besonderheiten des Business-Coachings erfordern außerdem Werte, Wirtschaft und Weisheit (Böning et al. 2011, S.67). Marketinginstrumente, die sich als hilfreich erwiesen haben, sind zum Beispiel Artikel in Fachzeitschriften und das Verfassen von Fachbüchern oder Beiträgen für Publikationen, die Veranstaltung von Workshops und Seminaren, Vortragstätigkeit und Beiträge im Fernsehen oder Rundfunk, Imagestudien zur Wirkung von Person und Firma neben klassischen Maßnahmen, wie zum Beispiel einem professionell gestalteten Internetauftritt, Anzeigen, Prospekten, Werbebriefen und Telefonakquise. Eine Untersuchung der Marburger Wirtschaftswissenschaftler Stephan et al. (2010, S. 158) zeigt, dass diese Maßnahmen nach Meinung der Autoren in der Tat genutzt werden, allerdings zu wenig und zu selektiv.

Es taucht die Frage auf, inwieweit mit dieser Situation ein mögliches unternehmerisches Defizit verbunden ist, das als Marketingdefizit beschrieben werden kann: Viele Coaches legen nur wenig Wert auf ein realistisches und wettbewerbsfähiges Selbstmarketing. Das Ziel, sich selbst anzupreisen oder für sich strategisch zu werben, wird über unterschiedliche Selbstinszenierungen angegangen, die zwischen hochprofessionellen Positionierungen und Marketingmaßnahmen einerseits (die zuweilen als marktschreierisch empfunden werden) und etwas bescheiden Vorstellungen über einen angemessenen Umgang mit dem Markt variieren. Die Vielzahl der möglicherweise passenden Marketinginstrumente wird nicht nur nicht genutzt, sondern geradezu abgelehnt und in den Bereich der zu verachtenden Waschmittelwerbung verwiesen. Das Kompetenzquadrat von fachlicher Expertise, wissenschaftlicher Begründung des Tuns, strategischer Ausrichtung der Arbeit als Person wie als Unternehmen und angemessener Unterstützung der Marktpositionierung wird nur teilweise berücksichtigt. Wie es scheint, primär aus weltanschaulichen Gründen, zum Teil auch aus fehlendem Know-how und begrenzter Erfahrung.

All dies wird verständlich vor dem Hintergrund, dass die meisten Coaches offenbar gar nicht von Coaching leben, sondern nur zum geringeren Teil ihrer Arbeitszeit mit Coaching zu tun haben. Coaching scheint so etwas wie der Schwarze Gürtel der ansonsten mit Training der verschiedensten Art Beschäftigten zu sein. Was würde man zu Zahnärzten und Computerspezialisten, zu Rechtsanwälten und Wirtschaftsprofessoren, zu Kaufleuten und Architekten oder zu Chemikern sagen, wenn sie nur 10 bis 40 Prozent ihrer Arbeitszeit mit ihren jeweiligen Berufsaktivitäten füllen, diesen Beruf aber als eine ihrer Kernkompetenzen darstellen würden?

Amerikanische Coaches scheinen sowohl diese Wirtschaftslektion als auch die strategische Notwendigkeit für die Zukunft früher gesehen, verstanden und akzeptiert zu haben als europäische und deutsche Vertreter der Branche: nicht nur als Einzelpersonen aufzutreten, sondern auch eine personenbezogene Skalierung bei Unternehmen oder größeren Projekten vornehmen zu können. Also als Coaching-Firmen aufzutreten und wettbewerbsbezogen den Markt zu bearbeiten. Was immer für Automarken, Banken, die Baumarktkette Hornbach oder Ferrero Küsschen gelten mag: Für Coaching scheint nur die Selbstüberzeugung oder die mündliche Empfehlung ein ehrenwerter Weg der Profilierung zu sein.

3.2 Coaching-Pools in Unternehmen

In vielen Großunternehmen sind in der Zwischenzeit Coaching-Pools aufgebaut worden, die eigentlich „Coach-Pools" heißen müssten, da hier Coaches für verschiedene Zielgruppen und Themen gelistet werden, zum Beispiel für Topmanager oder für nachgeordnete Führungsebenen, für deutsch-, für englisch- oder für x-sprechende Manager. In der Regel umfassen diese Pools nur wenig mehr als zehn Coaches (vgl. Stephan et al. 2010): für Führungs-, Vertriebs- oder für Work-Life-Balance-Themen usw. Hier beginnt sich die Systematik der Coaching-Anwendungsfelder deutlich weiterzuentwickeln, weil die Bedarfe faktisch die Gliederung bestimmen. Die gelisteten Coaches werden allerdings nicht immer unbedingt nach den gleichen Kriterien ausgesucht, gelistet werden vielmehr bekannte Namen, oder man verlässt sich auf Empfehlungen, die aus den eigenen Netzwerken gezogen werden. Und gegenwärtig anscheinend vor allem auf Preisvergleiche, die aus Recherchen im Markt nach vorheriger Angebotsabgabe und nach scharfer Verhandlung immer weniger mit den HR-Spezialisten, sondern mit Vertretern des Einkaufs resultieren. So sehr diese Entwicklung einerseits nachvollziehbar ist, so sehr muss dennoch eine kritische Qualitätsfrage gestellt werden, ob hier nicht eine problematische Entwicklung zu beobachten ist. Denn ob die Einkäufer von technischen Produkten wie Computern, Bauleistungen oder Düngemitteln über die hinreichende Qualifikation zur qualitativen Einschätzung von Coaching verfügen, darf bezweifelt werden. Es kann der Gedanke nicht ganz weggewischt werden, dass hier die pure Ökonomie des niedrigsten Preises eine zielführende Unterstützung von Keyplayern im Unternehmen (die Führungskräfte ja nun einmal sind) auch deutlich konterkarieren kann. Was dem Qualitätsanspruch von Unternehmen auf der technischen Seite beim Einkauf von Sachleistungen genügen muss, sollte beim Einkauf einer hochwertigen und diffizilen verhaltensbezogenen Beratungsleistung nicht fehlen.

3.3 Coaching-Programme

Zur Hauptaufgabe des Mittelmanagements gehört es, die Unternehmensziele in das operative Tagesgeschäft umzusetzen. Zunehmend werden von Unternehmen, die Business-Coaching durchführen, verschiedene Führungsebenen und Führungskräftegruppen mit unterschiedlichen Schwerpunkten begleitet. Dies geschieht im Rahmen von Leadership-Development-Programmen und umfasst Nachwuchsführungskräfte genauso wie *high potentials* aus der zweiten Ebene der Unternehmen.

Der identifizierte und akzeptierte Bedarf an regelmäßigen Fördermaßnahmen ist in den letzten Jahren gewachsen, könnte aber unter den Bedingungen des durch den globalen Wettbewerb verursachten Kostendrucks auch wieder nachlassen. Im Rahmen der kontinuierlichen Weiterbildung von Führungskräften unter den sich ständig ändernden Wettbewerbsbedingungen, dem seit einiger Zeit neu einsetzenden Abbau begleitender HR-Maßnahmen und angesichts des Abbaus von entsprechendem Personal kommen zunehmend HR-Konzepte auf, die die Führungskräfte auf neue, komplizierter werdende und herausfordernde Aufgaben vorbereiten sollen. Die zu diesen Veränderungsprogrammen gehörenden Coaching-Programme gehen allmählich dazu über, auch für Coaching (zum Beispiel im Rahmen von Begleitmaßnahmen zu den neu eingeführten 360-Grad-Einschätzungen von Führungskräften) solche Zielsetzungen und festen Rahmenbedingungen vorzugeben, die den Gestaltungsspielraum der einzelnen Führungskraft wie des Coaches nach Inhalt, Form und Aufwand limitieren. Auf diese Weise werden stimulierende Ergebnisanforderungen ins Spiel gebracht. Gleichzeitig werden damit auch Coaching-Angebote an Führungskräfte herangetragen, die früher dem Coaching eher mit Vorbehalten gegenüberstanden. Deutlich wird auf jeden Fall, dass die Formate mehrere Entwicklungsrichtungen annehmen: Erstens weg vom rein offenen Prozess. Zweitens Ergänzung der Individual-Coaching-Prozesse durch spezifische Flächenprozesse. Und drittens: hin zu fokussierten Coaching Maßnahmen mit klarem Bezug zu Unternehmenszielsetzungen. Business-Coaching verändert sich unter diesen Einflüssen zunehmend zu einem individuellen Entwicklungsprozess im Rahmen von Unternehmensanforderungen, wodurch die Balance zwischen der individuellen Zielsetzung und Autonomie einerseits und den berechtigten Organisationszielen neu austariert werden muss.

4 Business-Coaching in der Wissenschaft

4.1 Empirische Ergebnisse

Die Coaching-Branche hat ihre Pionierphase hinter sich gelassen und befindet sich nun seit einiger Zeit in der Phase ihrer Professionalisierung. In der Zwischenzeit hat sich eine Vielzahl von Autoren mit dem Thema Coaching in praktischer sowie theoretischer und wissenschaftlicher Weise auseinandergesetzt, was zu einem sprunghaften Anstieg an Publikationen in den letzten Jahren geführt hat (vgl. Abb. 2, S. 30).

Nach Grant et al. (2009) waren bis Mai 2009 insgesamt 549 wissenschaftliche Veröffentlichungen zum Thema erschienen, wobei bemerkenswert ist, dass die deutliche Mehrzahl (mehr als 450) der Forschungsarbeiten in der vergangenen

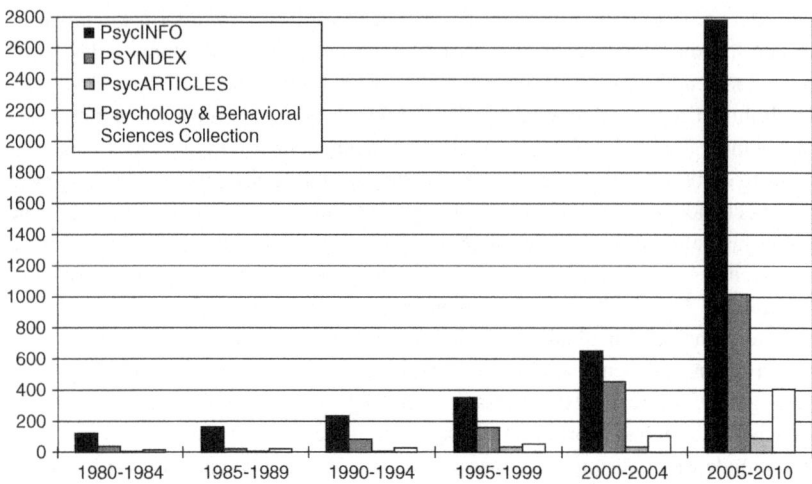

Abb. 2 Publikationen insgesamt zum Thema „Coaching" von 1980 bis 2010. Quelle: Eigene Recherche aus dem Frühjahr 2011

Dekade erschien. Wichtige Ergebnisse der empirischen Coaching-Forschung wurden u. a. in der Metastudie von De Haan und Page (2014) zusammengefasst. Dabei zeigte sich, dass die Forschung überwiegend qualitativ orientiert ist, während nach wie vor ein Mangel an fundierten quantitativen Untersuchungen besteht (Böning und Kegel (2015). Eine ebenfalls vom Autor angelegte eigene Recherche vom Frühjahr 2011 unter dem Schlagwort „Coaching" in den Datenbanken PsycINFO, PSYNDEX, PsycARTICLES sowie Psychology & Behavioral Sciences Collection spiegelte diesen deutlichen Zuwachs an Veröffentlichungen ebenfalls klar wider. In der Datenbank PsycINFO konnte ungefähr das Vierfache an Publikationen zu Coaching in den Jahren 2005 bis 2010 im Vergleich zu den Jahren 2000 bis 2004 gefunden werden. Darunter waren allein zwischen 2005 und 2010 mehr als 1300 empirische Arbeiten.

Unter den wichtigsten neueren Forschungsarbeiten zu Coaching sind u. a. die Arbeiten von Grant et al. (2009); Maurer (2009); Moen und Skaalvik (2009) sowie Bowles und Kollegen (2007) zu nennen.

In der Untersuchung von Grant et al. (2009) wurde die Wirksamkeit von Coaching bei einer Stichprobe von 41 Executives auf Direktor- und Seniormanagement-Ebene evaluiert. Diese Führungskräfte absolvierten zunächst ein 360-Grad-Feedback, nahmen dann an einem Halbtages-Führungsworkshop sowie an jeweils vier individuellen Coaching-Sitzungen teil, die sich über zehn Wochen erstreckten. Im Ergebnis zeigten die Führungskräfte der Experimentalgruppe gegenüber der Kontrollgruppe ohne Coaching eine verbesserte Zielerreichung, eine stärkere Resilienz, weniger Depressivität und Stress, ein stärkeres Selbst-bewusstsein, eine bessere Selbstkenntnis sowie eine Weiterentwicklung ihrer Managementfähigkeiten. Ein wesentliches Fazit war, dass Kurzzeit-Coaching effektiv sein kann. Maurer (2009) evaluierte Einzel-Coaching bei 42 Führungskräften verschiedener Ebenen. Insgesamt zeigte sich, dass sich die Problemsicht sowie die emotionale Regulierung durch Coaching verbesserten. Dabei zeigte sich die Tendenz, dass Widerspiegeln als Intervention eher auf emotionaler Ebene und Fragetechniken eher auf kognitiver Ebene wirksam waren. Widerspiegeln war vor allem bei geringer emotionaler Klarheit wirksam, die Fragetechnik insbesondere bei geringer Selbstwirksamkeitserwartung und geringer Fähigkeit, die Emotionen zu regulieren.

Unter den zahlreichen Forschungsarbeiten waren außerdem nur zwei Arbeiten, welche die Hierarchieebenen der untersuchten Führungskräfte explizit unterschieden und deren Coaching-Ergebnisse miteinander verglichen. Das waren zum einen Moen und Skaalvik (2009), welche die Ergebnisse eines externen Coachings bei zwölf CEOs mit einer Kontrollgruppe von acht CEOs ohne Coaching verglichen und 61 Mittelmanager mit „Coaching-based Leadership"-Programm einer Gruppe von 63 Mittelmanagern ohne Programm gegenüberstellten. Bowles et al. (2007) haben die Ergebnisse von Einzel-Coaching mit 29 Topmanagern und 30 Mittelmanagern miteinander verglichen.

Die Ergebnisse von Moen und Skaalvik (2009) zeigten, dass sich bei CEOs nach dem Coaching im Vergleich zu vor dem Coaching unter anderem positive Veränderungen hinsichtlich der Selbstwirksamkeit, der Zielklarheit, der Zielerreichung und der Zielplanung ergaben. In der Kontrollgruppe waren im gleichen Zeitraum keine signifikanten Veränderungen feststellbar. Bei den Mittelmanagern stiegen die Selbstwirksamkeitserwartung sowie die Attribuierung von Erfolg auf die eigenen Fähigkeiten nach dem Coaching an. Bei Mittelmanagern ohne Intervention sanken zum Zeitpunkt der Postmessung unter anderem das Ziel-Commitment, die Bedürfnisbefriedigung am Arbeitsplatz und die Autonomie. Insgesamt erwies sich zudem das externe Coaching im Vergleich zum „Coaching-based Leadership"-Programm als erfolgreicher.

Die Ergebnisse bei Bowles et al. (2007) erbrachten, dass die gecoachten Manager nach dem Coaching bessere Arbeitsleistungen zeigten als gleichrangige nicht gecoachte Manager. Vom zielbezogenen Coaching proitierten Top- und Mittelmanager in ähnlicher Art und Weise. Außerdem verbesserten sich die Führungskräfte beider Hierarchieebenen hinsichtlich ihrer Führungskompetenzen.

Insgesamt profitierten die Mittelmanager jedoch stärker vom Coaching als die Topmanager. Aufbauend auf dem aktuellen Stand der Forschung zu Coaching, wurde vom Autor des vorliegenden Beitrags eine umfangreiche wissenschaftliche Studie zum Vergleich von Business-Coachings mit Top-, Senior- und Mittelmanagern durchgeführt (Böning 2015). Bisher waren die Hierarchieebenen vergleichend noch nicht hinreichend untersucht worden, wie bereits oben kurz dargestellt.

Zu diesem Zweck wurde eine Feldstudie mit $N=49$ obersten bis mittleren Führungskräften ($n=10$ Topmanager, $n=23$ Seniormanager, $n=16$ Mittelmanager) aus großen Wirtschaftsunternehmen ohne jede Coaching-Vorerfahrung durchgeführt.

Anhand der im Coaching behandelten Themen ließ sich klar beschreiben, dass es charakteristische inhaltliche Unterschiede in den Coaching-Maßnahmen bei Top-, Senior- und Mittelmanagern gab. Vor allem die Coaching-Themen von Topmanagern und Mittelmanagern ließen sich erkennbar differenzieren: Unternehmens-, Rollen- und Machtthemen hatten für Topmanager ein größeres Gewicht, während bei den Mittelmanagern stärker Themen aus dem Bereich der direkten Persönlichkeitsentwicklung vertreten waren.

Die Führungskräfte der drei Hierarchieebenen schätzten ihre Coaching-Maßnahmen als ähnlich positiv ein. Der mittlere Zielerreichungsgrad aller „Fälle" (gemessen über die drei wichtigsten Ziele jedes Teilnehmers) wurde mit ca. 86 Prozent bewertet. Die Zufriedenheit und der Nutzen wurden als hoch, der Transfer als befriedigend eingeschätzt.

Der signifikante Anstieg der allgemeinen Selbstwirksamkeitserwartung bei einem Vergleich von zwei Messzeitpunkten (Erstmessung zu Beginn des Coachings versus Abschlussmessung nach mindestens drei Coaching-Sitzungen) fiel bei Top-, Senior- und Mittelmanagern etwa gleich stark aus.

Die Ergebnisse sprechen nach Auffassung des Autors insgesamt für eine stärkere Betonung ebenenspezifischer Komponenten im Business-Coaching mit Führungskräften mittlerer bis oberster Führungsebenen.

Greif (2008) unterscheidet zwischen der Wirksamkeit des Coachings (summative Evaluation) und den Wirkfaktoren (formative Evaluation). Für die Wirksamkeit gibt es allgemeine (z. B. Zielerreichungsgrad, Zufriedenheit des Klienten) und spezifische Kriterien (z. B. Problemklarheit, Zielorientierung, Leistungsverbesserungen). Wirkfaktoren verteilen sich im Prozess auf die Coach-Seite (z. B. fachliche Glaubwürdigkeit, Klärung der Ziele und Erwartungen an Coaching), die Klientenseite (Veränderungsmotivation, Reflexivität, Ausdauer) und auf Erfolgsfaktoren (Wertschätzung, Unterstützung, Förderung der ergebnisorientierten Problem- und Selbstreflexion). Greif (2013, in diesem Band, S. 159 ff.) erweitert dieses Modell auf der Grundlage des Dienstleistungsmarketings. Coaching ist eine wissensintensive Dienstleistung (Stephan und Gross 2011, S. 11 f.), die von Coach und Klient gemeinsam erzeugt (ko-kreiert oder ko-produziert) wird. Wie bei anderen Dienstleistungen sind im Coaching „systematische Evaluationen und ein permanentes Qualitätsmanagement" (Greif 2013, in diesem Band, S. 163) Voraussetzung für ein erfolgreiches Marketing. Allein von dieser Seite her wird die Notwendigkeit der wissenschaftlichen Evaluation von Coaching verständlich. Das aktualisierte Evaluationsmodell von Greif bewertet getrennt (1.) Voraussetzungen, (2.) den Coaching-Prozess selbst, (3.) die kurzfristigen Ergebnisse und (4.) die langfristigen Ergebnisse (Greif 2013, vgl. Abb. 1, S. 176 in diesem Band). Aus der besonderen Natur des Coachings als von Coach und Klient gemeinsam erzeugter Dienstleistung ergeben sich für jedes Stadium drei Bewertungsfelder: Evaluation des Coaches, des Klienten und des Prozesses. Zu evaluierende Merkmale des Coaches im Stadium der Voraussetzungen sind zum Beispiel professionelle Kompetenzen und fachliche Glaubwürdigkeit. Aufseiten des Klienten wird in diesem Stadium nach Vorwissen über und realistischen Erwartungen an Coaching, Veränderungsmotivation und Ausdauer gefragt.

4.2 Milieu-Forschung

Im Zusammenhang der Milieu-Interpretation der Unterschiede zwischen Anwendungsfeldern des Coachings (Böning & Kegel 2015) einerseits und Hierarchieebenen (Böning 2015) andererseits, sind die Ergebnisse der Milieu-Forschung, z.B. von Hradil (1987, 2001), Schulze (2000) u.a., und besonders die Forschungsergebnisse von Hartmann (2002), der die Karrierewege von Promovierten in der Wirtschaft untersuchte und in einigen Forschungsprojekten den Einfluss der sozialen Herkunft auf die Wahrscheinlichkeit analysierte, in großen Wirtschaftsunternehmen eine Topmanagement-Führungsposition (Vorstand/ CEO) einzunehmen. Er studierte deshalb die Zusammenhänge von sozialer Herkunft, Ausbildungsweg und beruflicher Karriere von promovierten Ingenieuren, Juristen und Wirtschaftswissenschaftlern der Promotionsjahrgänge 1955, 1965, 1975 und 1985. Um den Einfluss der sozialen Herkunft im Verlauf seiner Forschungsarbeit herausarbeiten zu können, führte er eine inhaltsanalytische Auswertung der Lebensläufe der Promovierten durch, um unter anderem Aussagen zum Bildungsstatus des Vaters treffen zu können.

Dabei kam der Soziologe Hartmann zu beachtenswerten Erkenntnissen, die direkt die Bedeutung von Herkunftsdifferenzen für die Besetzung von Toppositionen sowie die mögliche Unterscheidung von Vertretern des Topmanagements von Mittelmanagern unterstreichen: Er arbeitete heraus, dass jeder zehnte der Promovierten der Jahrgänge 1955, 1965, 1975 und 1985 der Studienrichtungen

Jura, Wirtschaftswissenschaften und Ingenieurwissenschaften im Laufe seiner Karriere in die Chefetage eines Großunternehmens gelangte.
Es zeigte sich eine klare Korrelation zwischen der Herkunft aus dem Großbürgertum bzw. dem gehobenen Bürgertum einerseits und dem Erreichen der Topposition andererseits. Auf die sich zwingend anschließende Frage, was die Promovierten aus dem gehobenen Bürgertum und aus dem Großbürgertum erfolgreicher mache, griff Hartmann auf neun weitere, von ihm geleitete Forschungsarbeiten von 1995 bis 2001 zurück und stellte fest, dass es vor allem Persönlichkeitsmerkmale sind, die den Unterschied ausmachten. Bei der (Nachfolge-)Auswahl in den Wirtschaftsunternehmen spiele dabei vor allem eine Rolle, wie ähnlich man sich in der Persönlichkeitsstruktur sei. Hintergrund sei, so Hartmann, ein enormer Entscheidungsdruck und die häufig unsichere Informationsbasis, auf der die Topmanager ihre Entscheidungen treffen müssten. Die Folge sei, dass nach Persönlichkeiten für die Nachfolge oder weitere Führungspositionen gesucht werde, denen man vertrauen und die man gut einschätzen könne. Dies schaffe Sicherheit und ein Gefühl von Beherrschbarkeit der Situation. Und „die sicherste Grundlage für ähnliche Verhaltens- und Beurteilungsmuster bietet [...] eine vergleichbare soziale Herkunft" (Hartmann 2002, S. 120). Man höre dann häufig, dass die Chemie stimmen und man auf einer Wellenlänge kommunizieren müsse. „Im Kern" finde die Besetzung von Spitzenpositionen schließlich stark anhand des wahrgenommenen „Habitus" statt, der durch die folgenden (Persönlichkeits-) Merkmale gekennzeichnet sei (a. a. O., S. 122):

- „Vertrautheit mit den in den Vorstandsetagen gültigen Dress- und Verhaltenscodes",
- „breite bildungsbürgerlich ausgerichtete Allgemeinbildung",
- „ausgeprägte unternehmerische Einstellung",
- „persönliche Souveränität und Selbstsicherheit".

Im Einzelnen heiße dies: Das Wissen um den bestimmten Dress- und Verhaltenscode signalisiere, ob eine Vertrautheit mit und eine Akzeptanz der ungeschriebenen Spielregeln vorliege.
Hinter einer ausgeprägten unternehmerischen Einstellung stünden vor allem „Tatkraft, unternehmerisches Gespür, Visionen und eine durch und durch optimistische Lebenseinstellung" (Hartmann 2002). Selbstsicherheit und Souveränität in Auftreten und Verhalten schließlich seien eine Art Kumulation der drei zuvor genannten Merkmale und würden den Unterschied verdeutlichen „zwischen denen, die qua Geburt dazugehören, und denen, die nur dazugehören wollen" (a. a. O., S. 125). Denn entscheidend sei insgesamt, dass der Prozess des Erwerbs der

wesentlichen Merkmale nicht erkennbar werde. Nur im Rahmen der familiären Sozialisation in der Kindheit und Jugend könne man sich die Selbstverständlichkeit bestimmter Merkmale aneignen, die als Habitus zusammengefasst werden. Werteorientierung, Habitus und die eigene Identitätskonstruktion stellen in dieser Perspektive Merkmale für den Coaching-Prozess zur Verfügung, die nach Auffassung des Autors auch für andere soziale Gruppen wie Führungskräfte verschiedener Ebenen und die Coaches für verschiedene soziale Gruppen Relevanz besitzen. Es wird deutlich, dass Coaching nicht nur inhaltlich näher bestimmt sein muss, sondern auch sogenannte „Randbedingungen" zu beachten hat, um abzuschätzen, welche Implikationen für den Prozess des Coachings zu berücksichtigen sind. Allein die Diskussion von Themen, Zielen und Interventionsstrategien bildet nicht hinreichend ab, welche Reflexions- und Akzeptanzbedingungen für den gesamten Prozess und die Zielsetzung berücksichtigt werden müssen, um erfolgreich zu sein.

4.3 Direktive Ansätze

Im Gegensatz zu der gängigen Auffassung im Feld, Coaches sollten sich hauptsächlich auf eine fragende Haltung und das Grundkonzept der „Hilfe zur Selbsthilfe" beschränken, gibt es seit einigen Jahren auch zunehmend abweichende Stimmen. Neben einer Reihe von anderen Kollegen griff auch der Managementtrainer und Coach Ulrich Dehner in der Zwischenzeit die These auf, konkrete Ratschläge seien im Coaching zuweilen unverzichtbar. Das „Dogma" von der reinen Prozesssteuerung und der „Spiegelfunktion" des Coaches stamme aus der Psychotherapie, einer der theoretischen Hauptwurzeln des Coachings. Dort allerdings habe es der Therapeut mit Patienten zu tun, denen es „nicht wichtig [ist], in welche Richtung sie gehen, für sie zählt nur, dass sie überhaupt eine Richtung haben" (Dehner 2009). Bei Coaching-Klienten sei das weniger bis gar nicht der Fall. Der Coach habe es „für gewöhnlich mit selbstbewussten und selbstbestimmten Menschen zu tun". Dies gilt vor allem für eine der Hauptzielgruppen von Coaching, nämlich Führungskräfte. Diese und auch eine Reihe von anderen Coaching-Klienten können Ratschläge des Coaches ohne Weiteres ablehnen, wenn sie ihnen nicht zustimmen. Die Gefahr einer Abhängigkeit vom Coach besteht viel weniger, als eine Reihe von Praktikern und Wissenschaftlern immer wieder behauptet, im Gegenteil: „Topmanager erwarten, dass ihre Coaches Stellung nehmen und klare Aussagen machen" (a. a. O.).

Dehner nennt drei Gründe, die aus Sicht des Coaching-Klienten für eine aktive Rolle des Coaches sprechen: (1) In vielen Situationen bringe die konsequente Auseinandersetzung mit Lösungsvorschlägen einen erheblichen Zeitgewinn. (2) Der Coach könne Lösungsvorschläge einbringen, auf die der Klient selbst vielleicht nicht gekommen wäre, weil sie außerhalb seines Bezugsrahmens liegen. Ein rein reflektierender Ansatz hätte hier nicht weitergeholfen, da der Klient in diesem Fall seinen eigenen Bezugsrahmen nicht verlässt. (3) Im Coaching-Gespräch würden oft Probleme angeschnitten, die dem Klienten nicht vertraut seien und zu deren Lösung er folglich auch nicht auf Erfahrungen zurückgreifen könne. Für den Coach bedeute die aktivere Rolle, dass er vom „Reisebegleiter" zum „Reiseführer" werde (a. a. O.) oder das zumindest phasenweise werden könne! Die Vorschläge des Coaches seien keine Direktiven, sondern Einladungen. Über die Brauchbarkeit von Vorschlägen, Alternativangeboten oder Alternativvorschlägen entscheidet in jedem Fall der Klient. Wichtig ist aus meiner Sicht, dass der Coach grundsätzlich die Aufgabe hat, den Coaching-Prozess u. a. auch durch die Einnahme vorübergehender Rollen zu gestalten, um Alternativen in der Wahrnehmung, der Interpretation, der Bewertung und der Entscheidung vor jeder Festlegung anzubieten. Die Formel „Könnte es auch sein, dass ..." würde so zwar nicht zu einer immer praktikablen Erlösungsformel, aber der Eintritt in eine konstruktiv zu interpretierende Lösungshaltung.

Nach Auffassung des Autors lässt sich diese eher guidende Verhaltens- und Rollenkomponente unter anderem an dem Unterschied zwischen Top- und Mittelmanagement festmachen, was in einer Felduntersuchung an realen Coaching-Fällen empirisch untersucht und untermauert wurde (vgl. Böning 2015). Als Beschreibungsmerkmale eines an die verschiedenen Hierarchieebenen angepassten Coaching-Stils finden hier die nachfolgenden Gesichtspunkte Anwendung: Auf der Ebene des Top-Managements ist der Coaching-Prozess mehr analytische Durchdringung als empathische Unterstützung. Es werden Schlussfolgerungen und Lösungsansätze erwartet – ohne dass allerdings die Entscheidungsfreiheit des Coaching-Partners infrage gestellt wird. Auf der Ebene des Mittelmanagements andererseits ist der Coaching-Prozess mehr emotionale und empathische Unterstützung als analytische Durchdringung. Daraus ergeben sich Ableitungen für die Interventionsschwerpunkte: Im Topmanagement werden mehr Gespräch, Analyse, Erörterung, Klärung und Orientierung verlangt, die das rationale Verstehen fördern. Im Mittelmanagement dagegen sind eher ein spielerisches Vorgehen, ein ernstes empathisches Verstehen, erlebnisaktivierende Interventionen, Selbstentfaltung und die Entwicklung der Persönlichkeit des Coaching-Partners gefragt.

5 Zukunftslinien

5.1 Behavioral Economics

Die hier wesentlichen Fragen lauten: Wird das Coaching-Feld in zehn bis zwanzig Jahren immer noch von der gleichen inhaltlichen Themenpalette geprägt sein wie heute (Inhaltsaspekt)? Wird das Coaching in der Zukunft immer noch primär auf die Vier-Augen-Konstellation fokussiert sein wie heute (Setting- und Organisationsaspekt)? Und wird sich das Coaching der Zukunft immer noch auf das reflektierende Individuum in seinem unmittelbaren Kontext konzentrieren (Systemaspekt) oder mehr gruppen-, gremien- oder gar unternehmensbezogene Aspekte in den Vordergrund stellen?

Jeder, der heute Antworten an dieser Stelle geben will, muss sich der Gefahr einer Spekulation aussetzen. Gleichwohl ergibt es Sinn, über künftige Entwicklungen nachzudenken. Hier soll eine der möglichen, wahrscheinlichen oder wünschenswerten Zukunftsentwicklungen skizziert werden: Coaching als Brücke zu den Behavioral Economics.

Dieser sich schon seit Längerem entwickelnde Arbeitsbereich der Wirtschaftswissenschaften, der unter anderem mit den Namen der Nobelpreisträger Selten (vgl. Selten und Harsanyi 1988), Kahneman (vgl. Kahneman und Tversky 1979) sowie Akerlof und Shiller (vgl. Akerlof und Shiller 2009) verbunden ist, bearbeitet psychologische Verhaltensfragen aus dem Wirtschaftsbereich. Böte sich für den Business-Coaching-Bereich nicht an, sich diesen oder ähnlichen Themenfeldern ebenfalls zuzuwenden, um über die naheliegende Brücke der zwischenmenschlichen Interaktion zu gehen und sich mit wirtschaftlich und/oder sozial relevanten Themen auseinanderzusetzen, die über das Individuum oder die dyadischen Interaktionen und kleingruppendynamischen Phänomene hinausgehen? Führungsverhalten und Zusammenarbeit im Führungskräfte-Coaching hängen ja eng mit den gleichnamigen Themen im Wirtschaftsbereich zusammen. Entscheidungsverhalten, Kooperationsstrategien und emotionale Reaktionen bei Kaufprozessen sind ja keine Lichtjahre davon entfernt.

Die Wahrnehmung von äußeren Reizen, von emotionalen Ereignissen, die Entwicklung von Marketinguntersuchungen mithilfe der Gehirn- und Gedächtnisforschung, die motivationalen Beweggründe beim Verhalten von Individuen und kleinen Gruppen, von kleinen Organisationen und großen internationalen Konzernen, die Leistungsförderung wie das Konfliktmanagement sind komplexe Phänomene, die nicht aus einer einzigen Wissenschaftsperspektive heraus bearbeitet werden können. Und gerade das Business-Coaching mit seinem Schwerpunkt auf dem Verhalten und Erleben von Führungskräften (und Mitarbeitern) auf allen

Unternehmensebenen und in den verschiedensten nationalen wie internationalen Großprojekten könnte hier handelnd wie forschend wertvolle Beiträge zur wirtschaftlichen, zur organisationalen wie zur gesellschaftlichen Entwicklung leisten. Die Führungskräfteentwicklung und die Personalentwicklung, der HR-Bereich mit seinen überkommenen Strukturen, Prozessen und Organisationsformen, die Hochschulen mit ihren traditionellen Budget- und Zuständigkeitsrestriktionen, aber auch und gerade der engere Coaching-Bereich könnten ihre Elfenbeintürme verlassen und sich in dieser Perspektive neu erfinden. Dazu könnten unter Umständen auch Shared-Service-Gesellschaften bzw. Kompetenzzentren gehören, wie sie zurzeit in der Wirtschaft im Galopp eingerichtet werden. Warum sollten sich Business- (oder Life- oder Health-)Coaches nicht in Kompetenzzentren zusammenschließen, um gemeinsam Entwicklungsarbeit oder Marketing zu betreiben, gemeinsam für Innovationen zu sorgen, Marktforschung zu machen, wissenschaftliche Forschung zu ermöglichen oder auch nur pragmatisch Abrechnungsstellen zu organisieren, damit sich die Verhaltensfachleute stärker auf ihre Kernkompetenzen konzentrieren könnten?!

5.2 Die nächste Coaching-Generation

In der vollen Ausreifung der letzten Phase der von Böning und Fritschle (2008) beschriebenen sieben Entwicklungsstufen des Coachings, sozusagen an der Schwelle des Übergangs zur nächsten Phase, erscheinen zwei Bücher, die die allmähliche „Wachablösung" mit all ihren möglichen Implikationen beschreiben: Der Einfluss der Pioniere geht langsam zurück, die nächste Generation übernimmt und findet nun veränderte Rahmenbedingungen vor.

Ein interessantes Buch markiert augenfällig den Entwicklungsprozess des Coachings in Deutschland: Karsten Drath begibt sich in seinem 2012 veröffentlichten Buch *Coaching und seine Wurzeln* auf die Suche nach den Ursprüngen des Coachings überhaupt. Das andere Buch, *Professionell coachen* (2014), stammt von einer jungen Autorengruppe (Alica Ryba, Daniel Pauw und David Ginati) und Coaching-Adepten der dritten Generation in Deutschland unter der Leitung von Dr. Stephan Rietmann. Basis der Publikation bildet eine Fülle von Interviews, die die jungen Nachwuchs-Coaches mit wichtigen Personen/Pionieren der ersten Stunde des Coachings in Deutschland geführt haben und noch führen, um deren Perspektiven, Gedanken, Ziele und Erfahrungen an die nächste Generation weiterzugeben. Ein inhaltlich ausgerichtetes Buch mit dem Charme der persönlichen Wertschätzung, der ja gerade den Coaching-Dialog prägt und wenn er gelingt. Eine schöne Form des respektvollen allmählichen Übergangs der bisherigen Leitgeneration im Coaching an die kommende nächste Leitgeneration, die die künftigen Schwerpunkte und Merkmale der Branche weiterentwickeln und neu gestalten wird. Und die vor allem ihre eigenen Netzwerke schon hat und damit zunehmend auch über eine eigene Einflussposition verfügt, für die sie aber den Namen „Macht" nur ungerne verwenden möchte, da dieser eher in die Werte- „Hölle" als ins Werte-„Paradies" selbsterlöster Coaches gehört.

5.3 Coaching als Plattform für die große Erzählung des eigenen Lebens?

Ein Kennzeichen der Postmoderne ist das „Ende der großen Erzählungen" (Lyotard 1994; Kubsch 2004). Kulturbildende Erzählungen wie „die Aufklärung" oder „der wissenschaftliche Fortschritt" haben ihre Allgemeingültigkeit verloren. An ihre Stelle sind kleinere und individuellere Lebensentwürfe getreten, in denen Einzelpersonen zunehmend autonom entscheiden (wollen), aus welcher Perspektive sie das Leben sehen und wie sie es in Eigenverantwortung zu gestalten beabsichtigen – oder gar zu gestalten beanspruchen. Das Individuum erhebt sich sozusagen über sich selbst und definiert seinen Lebensentwurf, seinen Daseinssinn und seine Identität fast autonom. Aber nicht im Sinne von Nietzsche in der Volte des Übermenschen, sondern eher in der Variante des Alltagsmenschen, der seine tägliche Zufriedenheit, sein Alltagsglück und seine konsumptiven Freiheiten im demokratischen Freiheitsraum wahrnehmen möchte. Insofern ist eine identitätsstiftende Reflexion eine zunehmende *conditio sine qua non* des modernen westlichen Menschen.

Schaut man sich eine Reihe von wichtigen Interventionen im Führungskräfte-Coaching an, kann Folgendes ins Auge fallen: Es geht um Perspektivenwechsel wie beim Reframing. Es geht um Feedback und um Ressourcenaktivierung. Es geht auch um die Interpretation von Kommunikations- und Interaktionsabläufen im Lichte der schon aus der systemischen Therapie bekannten positiven Symptombewertung von befremdlich oder aggressiv erlebten Verhaltensweisen von anderen. Alles das sind Technikaspekte.

Werden im Rahmen des Selbstreflexionsprozesses zusätzlich die Lebensläufe von Coaching-Klienten in den Blick genommen, dann wird ein größerer Zusammenhang hergestellt: Orientierung und Zielsetzung des eigenen Handelns, Rollengestaltung, leitende Werte und Begründungen stehen im Kontext des eigenen Lebens bzw. der eigenen Lebensgeschichte (vgl. Loebbert 2006, S. 199; 2013, S. 303 f.). Aus einer systemischen Sicht lässt sich Coaching als Erzählung begreifen, bei der es nicht primär auf die logischen Zentralkriterien „wahr" und „falsch" ankommt, sondern auf psychologische Kriterien wie „passend", „angemessen", „stimmig", „konstruktiv" und „funktional". Diese Sichtweise ermutigt, Sinnkonstruktionen nicht in blinder Fantasie und Willkür zu benutzen, sondern als „phänomenologische Erkundung" mit heuristischem Charakter: Deutung von Lebens- und Berufserfahrungen nicht als methodologisch eingeengte oder nur spezifisch auf einen Ansatz reduzierte Lösungsvorbereitung einer pragmatischen Zielsetzung, sondern als Beitrag zu einer ganzheitlichen Betrachtung der eigenen Identität.

Literatur

Akerlof, George, & Shiller, Robert (2009). *Animal Spirits – How Human Psychology Drives the Economy, and Why It Matters for Global Capitalism.* Princeton: University Press.
Böning, Uwe (2015). *Business-Coaching: Feldstudie zum Einzel-Coaching mit Top-, Senior- und Mittelmanagern aus großen Wirtschaftsunternehmen.* Dissertation, Universität Osnabrück. Online im Internet unter: https://repositorium.uni-osnabrueck.de/handle/urn:nbn:de:gbv:700-2015122313766 . Zugegriffen am: 06.01.2016.
Böning, Uwe, & Kegel, Claudia. *Ergebnisse der Coaching-Forschung: Aktuelle Studien - ausgewertet für die Coaching-Praxis.* Berlin Heidelberg: Springer Verlag.
Böning, Uwe, & Fritschle, Brigitte (2008). *Coaching fürs Business.* Bonn: ManagerSeminare
Böning, Uwe, Fritschle, Brigitte, & Hoppenrath, Matthias (2011). Marketing für Coachs – Pfui Teufel? In: Michael Stephan & Peter-Paul Gross (Hrsg.), *Organisation und Marketing von Coaching – Aktueller Stand in Forschung und Praxis* (S. 49–78). Wiesbaden: Springer VS.
Bourdieu, Pierre (1982). *Die feinen Unterschiede – Kritik der gesellschaftlichen Urteilskraft.* Frankfurt am Main: Suhrkamp.
Bowles, Stephen V., Cunningham, Christopher, De La Rosa, Gabriel M., & Picano, James (2007). Coaching leaders in middle and executive management: goals, performance, buy-in. *Leadership and Organization Development Journal, 28*(5), 388–408.
Buer, Ferdinand, & Schmidt-Lellek, Christoph (2008). Life-Coaching. Göttingen: Vandenhoeck & Ruprecht.
De Haan, Erik, & Page, Nadine (2014). Does executive coaching work? ... and if so, how? *The Psychologist 27 (8),* 582–587.
Dehner, Ulrich (2009). Beratung mit Ratschlag – Tabubruch im Coaching. *Manager Seminare 131*(2), 46–49.
Drath, Karsten (2012). *Coaching und seine Wurzeln – Erfolgreiche Interventionen und ihre Ursprünge.* Freiburg: Haufe-Lexware.
Graf, Jürgen (2013). Was der Coach verdient. *Training aktuell,* (3), 6–9.
Grant, Anthony M., Frith, Linley, & Burton, Geraldine (2009). Executive coaching enhances goal attainment, resilience and workplace wellbeing – a randomised controlled study. *Journal of Positive Psychology, 4*(5), 396–407.
Greif, Siegfried (2008). *Coaching und ergebnisorientierte Selbstreflexion.* Göttingen: Hogrefe.
Greif, Siegfried (2013): Wie wirksam ist Coaching? Ein umfassendes Evaluationsmodell für Praxis und Forschung. Im vorliegenden Band, S. 159–177.
Hartmann, Michael (2002). *Der Mythos von den Leistungseliten. Spitzenkarrieren und soziale Herkunft in Wirtschaft, Politik, Justiz und Wissenschaft.* Frankfurt am Main: Campus.

Hradil, Stefan (1987). *Sozialstrukturanalyse in einer fortgeschrittenen Gesellschaft. Von Klassen und Schichten zu Lagen und Milieus.* Opladen: Westdeutscher Verlag.

Hradil, S. (2001). Soziale Ungleichheit (8. Aufl.), Wiesbaden: Leske und Budrich.

Kahneman, Daniel, & Tversky, Amos (1979): Prospect theory – an analysis of decision under risk. *Econometrica, 47*(2), 263–292.

Kubsch, Ron (2004). *Vom Ende der großen Erzählungen. Jean-François Lyotard und „Das post- moderne Wissen".* www.bucer.de/uploads/tx_org/mbstexte003.pdf#page=2&zoom=auto,0,12 [16.5.2013].

Loebbert, Michael (2006). *Storymanagement. Der narrative Ansatz für Management und Beratung.* Stuttgart: Schäffer Poeschel.

Loebbert, Michael (2013). Angewandte Geschichten im Coaching. In: ders. (Hrsg.), *Professional Coaching – Konzepte, Instrumente, Anwendungsfelder* (S. 295–312). Stuttgart: Schäffer Poeschel.

Loebbert, Michael, & Wilmes, Christa (2013). Coaching als Beratung. In: Michael Loebbert (Hrsg.), *Professional Coaching. Konzepte, Instrumente, Anwendungsfelder* (S. 17–48). Stuttgart: Schäffer Poeschel.

Lyotard, Jean-François (1994). *Das postmoderne Wissen – Ein Bericht.* Wien: Passagen-Verlag.

Maurer, Ingmar (2009). *Führungskräftecoaching – Eine Studie zur Wirksamkeit von prozessorientierten Interventionstechniken bei der Problemklärung.* Marburg: Tectum.

McCarthy, E. Jerome (1975). *Basic Marketing – A Managerial Approach.* Homewood, Ill.: Irwin.

Middendorf, Jörg, & Fritsch, Michael (2013). Coaching-Honorare stiegen 2012 um 5,3 Prozent. *Manager Seminare,* (3), 32–34.

Moen, Frode, & Skaalvik, Einar (2009). The Effect from Executive Coaching on Performance Psychology. *International Journal of Evidence Based Coaching and Mentoring, 7*(2), 31–49.

Möller, Heidi, & Kotte, Silja (2011). Die Zukunft der Coachingforschung. Organisationsberatung, Supervision, Coaching (OSC), 18, 445–456.

Ryba, Alica, Pauw, Daniel, Ginati, David, & Rietmann, Stephan (2014). *Professionell coachen.* Weinheim: Beltz.

Schulze, Gerhard (2000). *Die Erlebnisgesellschaft – Kultursoziologie der Gegenwart.* Frankfurt am Main: Campus.

Selten, Reinhard, & Harsanyi, John (1988). *A General Theory of Equilibrium Selection in Games.* Cambridge, MA: MIT-Press.

Sinus Sociovision (2012). *Die Sinus-Milieus® in der VuMA 2012.* http://dtserv3.compsy.uni-jena.de/_C1257A94002BDFD4.nsf/0/3DA8EAD35399370DC1257AB0002CF-6CB/$FILE/Sinus_Milieus_in_VuMA_2012.pdf [16.5.2013].

Stephan, Michael, & Gross, Peter-Paul (2011). Coaching aus wirtschaftswissenschaftlicher Sicht– Ergebnisse der Marburger Coaching Studie 2009. In: Michael Stephan & Peter-Paul Gross (Hrsg.), *Organisation und Marketing von Coaching – Aktueller Stand in Forschung und Praxis* (S. 3–34). Wiesbaden: Springer VS.

Stephan, Michael, Gross, Peter-Paul, & Hildebrandt, Norbert (2010). *Management von Coaching. OrganisationundMarketinginnovativerPersonalentwicklungsdienstleistungen.* Stuttgart: Kohlhammer.

Vogelauer, Werner (2010). *Coaching spürt keine Krise – vermehrte Nachfrage – steigende Professionalität.* O.O.: Trigon Entwicklungsberatung. www.trigon.at/aktuelles/pdf/downloads/Coa- ching_Befragung_2010.pdf[16.5.2013].

Health and Wellness Coaching in Practice

Margaret Moore and Barrett W. McBride

In the US and spreading globally, heart disease, stroke, and cancer account for 50 percent of deaths, while obesity, pre-diabetes and diabetes are reaching epidemic levels of prevalence. Not only are lifestyle-related diseases bringing early disease and death, US healthcare costs associated with lifestyle-related chronic diseases are estimated as 75 percent of total costs (CDC 2013) and growing rapidly with an aging population engaged in unhealthy lifestyles (Moore and Jackson 2014).

Medicine is designed to diagnose disease and deliver acute care. Healthcare practitioners are effective at caring for someone who has appendicitis, a car accident or a heart attack. However, most healthcare systems are not designed to effectively address prevention and care for people with chronic conditions that are not immediately life-threatening. In addition, most adults have a low score in the *Values in Action* character strengths assessment (www.viacharacter.org) for self-regulation and persistence (Niemiec 2013), which makes it challenging to change habits for good.

Health and wellness coaching was designed to address this gap, positioned to help clients attain and sustain a health enhancing lifestyle. Specifically, health and wellness coaches 'facilitate a partnership and change process that enables clients to change their mindsets, and develop and sustain behaviors proven to improve health

---

M. Moore (✉)
Wellcoaches Corporation, Wellesley, USA
E-Mail: margaret@wellcoaches.com

B.W. McBride
University of San Francisco, San Francisco, California, USA
E-Mail: bmcbride@wellcoaches.com

© Springer Fachmedien Wiesbaden 2016
R. Wegener et al. (Hrsg.), *Coaching-Praxisfelder*,
DOI 10.1007/978-3-658-10171-8_3

and wellbeing, going beyond what clients have been able to achieve on their own' (Moore 2011). Health and wellness coaches facilitate client development of goals, behaviors, and skills that improve health and well-being, and may prevent or treat disease. Ideally, health and wellness coaches assist clients to bridge the gap between their current state of health and their personal vision of optimal health. Along the way, health and wellness coaches help clients experiment with behaviors that will ultimately lead to a personal formula that brings a higher level of health and wellbeing (Moore and Jackson 2014).

R. Wegener et al. (Hrsg.), *Coaching-Praxisfelder. Forschung und Praxis im Dialog*, DOI 10.1007/978-3-658-01819-1_3, © Springer Fachmedien Wiesbaden 2014

1 What Is a Health and Wellness Coach?

Executive coaches are typically hired by organizations to facilitate improvement or development of leadership skills and performance. Life coaches are often focused on helping their clients manage transitions in their lives, or identify and fulfill their core values, purpose, and desired legacy. While both executive coaches and life coaches may address client health issues, their primary goal is not helping clients to focus on establishing health-promoting behaviors. This is the work of health and wellness coaches.

Professional health and wellness coaches have emerged as experts who are competent in helping people become autonomous, self-motivated, confident, resilient, and fully engaged in leading a health-promoting lifestyle. Health and wellness coaching is a growth-promoting relationship designed to facilitate positive and sustainable changes that support optimal health including physical activity, nutrition, weight, stress management and emotion regulation, and life satisfaction. Health and wellness coaches typically help clients focus on their health goals, developing the behaviors, knowledge, and skills needed to prevent or treat disease, tracking health outcomes along the way. Coaches may also provide expert guidance and advice where clients lack expert knowledge, and only in the areas where they have professional credentials, while facilitating referrals to other experts as needed (Moore and Jackson 2014).

Wolever et al. (2013) published a systematic review of the health and wellness coaching literature to identify 284 articles that operationalized health and wellness coaching:

1. As a process that is fully or partially patient-centered
2. Included patient-determined goals

3. Incorporated self-discovery and active learning processes (vs more passive receipt of advice)
4. Encouraged accountability for behavioral goals
5. Provided some type of education along with using coaching processes
6. Coaching occurs as an ongoing relationship with a human who coach who is trained in specific behavior change, communication, and motivational skills

In addition to professional coaches, credentialed health professionals (including physicians, nurses, nurse practitioners, physician assistants, exercise physiologists, dietitians, therapists, social workers, rehabilitation professionals) seek to combine coaching skills with their expert knowledge to help clients manage medical conditions such as heart disease, hypertension, diabetes, obesity, arthritis, chronic pain, cancer, and depression. Models of peer health and wellness coaching are also emerging (Moore and Jackson 2014).

2 Some Underlying Principles of Health and Wellness Coaching

The goal of a health and wellness coach is to elicit personal responsibility, focus and clarity, self-discovery, inspiration, and self-efficacy, in order to help clients change for good. To the maximum extent possible, coaches facilitate a dynamic that allows clients to find their own answers, create their own possibilities, and design their own experiments, rather than being directed to follow an expert-determined agenda. The coach approach helps clients generate new insights, generating new brain connections and networks over time, which is not well-supported in directive or prescriptive expert consulting settings (Moore and Jackson 2014). Table 1 lays out the distinctions between the expert approach, the main relational mode in healthcare, and the coach approach, what is needed to support personal responsibility and sustained engagement. While medical experts play an essential and life-saving role in diagnosing ailments, prescribing and delivering medicines and other interventions, the expert approach falls short when helping people figure out how to live their lives in a way that optimizes health (Moore and Jackson 2014).

Health and wellness coaching is a strengths-based approach, rooted partly in positive psychology, to helping clients achieve their goals. As its name implies, positive psychology tools shift the emphasis away from the traditional problem and pathology-focused approach to helping clients expand awareness of their strengths, achievements, and skills as the foundation for fueling their success (Snyder and Lopez 2009). For example, instead of asking, "what's the matter with you?", coaches ask: "What matters most to you?" This is not to say that health and wellness

Table 1 Expert versus coach approach

Expert approach	Coach approach
Authority	Partner
Educator	Facilitator of change
Defines agenda	Elicits client's agenda
Feels responsible for client's health	Client is responsible for health
Solve problems	Foster possibilities
Focus on what's wrong	Focus on what's right
Has the answers	Co-discover the answers
Interrupt if off topic	Learn from the client's story
Working harder than the client	Client working as hard as the coach
Wrestle with client	Dance with client

coaches ignore problems and roadblocks. They approach them with a growth mindset, as positive opportunities for learning and growth, which are more manageable when clients are connected to a full spectrum of positive emotions, capacities, and strengths.

Along with positive psychology interventions, evidence-based theories and models translated into coaching competencies used by health and wellness coaches include the transtheoretical model of change, motivational interviewing, self-determination theory, emotional intelligence, mindfulness, social cognitive theory, and empathy (Moore and Jackson 2014). We explore the coaching application of some of these theories further below.

2.1 Self-Determination Theory

Self-determination theory, developed by researchers Edward Deci and Richard Ryan (1985), is widely respected as the most well grounded theory of human motivation, and has identified autonomy, competence, and connection as primary human drives. Coaches help clients discover their autonomous motivation as a first step toward achieving a vision and goals, and then build competence, and connection (relationship support) to increase the probability of success.

2.2 Social Cognitive Theory

Albert Bandura's (1986) social cognitive theory and his related work around self-efficacy asserts the importance of one's belief in one's ability to achieve a goal as an important indicator of whether a goal will be achieved and sustained.

Eliciting autonomous motivation and helping clients develop self-efficacy are co-dependent cornerstones of change. Health and wellness coaches help clients build self-efficacy by finding role models to improve vicarious learning, developing an optimal personal environment and social support to enable progress, and carefully designing action steps which are both realistic and a stretch, and build mastery slowly and surely.

2.3   Transtheoretical Model of Change

James Prochaska and colleagues' (2005) transtheoretical model of change teaches health and wellness coaches to help clients determine their readiness for change for any new behavior under consideration. Originally developed and researched for smoking cessation, this behavior change model acknowledges that there are distinct stages of readiness for change, including precontemplation (I won't or I can't), contemplation (I'm thinking about it), preparation (I'm getting ready), action (I am doing it), and maintenance (I am still doing it). Coaches help clients understand their readiness for change for a wide variety of health behaviors in order to select the best starting point where motivation and confidence are both at a promising level. It is more important to select a health behavior that a client wants to work on and is confident that success is possible, in order to initiate an upward spiral of success, rather than prioritizing according to health behavior guidelines which are often well beyond a client's confidence level, such as exercising five days a week for 30 minutes each day when the starting point is a sedentary lifestyle (Moore et al. 2015).

2.4   Positive Emotions

Barbara Fredrickson's extensive research of the psychology and biology of positive emotions has proven their vital role in improving cognitive performance and physical health, and enabling resilience, the ability to overcome setbacks on the change journey. A good surplus of positive emotions over negative emotions leads to thriving which supports learning, adaptation, and change. 80 percent of American adults are only surviving or even languishing, due to an insufficient daily dose of positive emotions. Helping clients develop positive emotional habits, such as gratitude, purposeful intention, love and kindness, savoring, and hope, are as vital to brain function and learning as regular exercise and healthful nutrition (Fredrickson 2009).

2.5 Appreciative Inquiry

David Cooperrider's (1986) theory of Appreciative Inquiry provides health and wellness coaches with a strengths-based coaching process, (5-D cycle of *discover, define, dream, design, deliver/destiny*) that helps clients develop and sustain change by focusing on positive possibilities rather than the less-inspiring approach of closing the gap between a weakness and a performance goal.

2.6 Motivational Interviewing

William Miller and Stephen Rollnick's (2013) Motivational Interviewing model provides relational techniques, including empathy, open questions, active listening, and reflections that raise awareness of the discrepancy between a client's desired goals and current behaviors, that coaches use to help clients reduce ambivalence or resistance to changing a behavior.

2.7 Adult Development

In his developmental stage theory based on levels of consciousness, Harvard psychologist Robert Kegan has taught us that we construct and continually reconstruct our own reality, our assumptions, values, and beliefs, which are then amenable to change. Kegan suggests that we cannot achieve lasting change unless we outgrow an old mindset. Kegan and fellow Harvard psychologist Lisa Lahey's Immunity to Change model is an excellent tool that coaches use in helping clients become aware and objective about the hidden forces that are holding them back, and then construct and test new perspectives that support change in mindset and behavior (Kegan and Lahey 2009).

2.8 Neuroscience

Neuroscientists are exploring the biological processes of neuroplasticity, the generation of new neural connections and integrated brain-wide networks, and identifying the optimal conditions for the brain to focus, learn, and create (cf. Pascual-Leone et al. 2005). New neural networks are believed to undergird the formation of new behaviors, and the cognitive and emotional mindsets needed to sustain them.

Harvard Health book, *Organize Your Mind, Organize Your Health,* presents six brain functions that coaches can leverage to help clients' brains perform at their best (Hammerness and Moore 2012): tame frenzy, sustain focus, manage distractions, access working memory, improve cognitive agility, and see new connections and patterns that bring a strategic perspective.

3 Current State of Research and Practice

A small and growing body of research is beginning to confirm the effectiveness of health and wellness coaching interventions. Today's preliminary results indicate that coaching *alone* is effective in improving health outcomes for diverse conditions including cardiovascular disease, diabetes, asthma, cancer pain, cancer survivors, weight loss, and ADHD (Frates and Moore 2013). An expanded body of research is critical to support wider implementation of health and wellness coaching in coming years.

Health and wellness coaching is a fast-growing domain of the coaching industry, as evidenced by the expanding number of commercial and academic training and education programs. The authors estimate that more than 10,000 health and wellness professionals have received coaching skills training in the United States and other countries since 2000. The demand for health and wellness coaches is growing in clinical as well as corporate and consumer settings. Hospitals and health systems are hiring health and wellness coaches to serve patients. Health insurers and private organizations are hiring coaches as a means of reducing healthcare costs. Corporations and health clubs are integrating health and wellness coaching programs. Pharmaceutical companies are sending their sales representatives through coach training programs and investigating coaching interventions as companion programs to medicines.

As is the case for any new professional domain, there is much progress to be made in coming years to enable health and wellness coaching to become integrated into mainstream healthcare and consumer wellness. A US volunteer organization, the National Consortium for Credentialing Health & Wellness Coaches (www.ncchwc.org) is developing standards, a national certification, as well as a collaborative research agenda to expand the evidence base and support financial reimbursement by healthcare payors. The Institute of Coaching, at McLean Hospital, a Harvard Medical School affiliate, is awarding coaching research grants and furthering the translation of science into best coaching practices in healthcare and other coaching domains. The UK government's National Health Service held a health coaching summit in early 2013 to discuss how to study and expand health coaching initiatives (Moore and Jackson 2014).

A 2013 benchmarking survey of 154 healthcare organizations conducted by Healthcare Intelligence Network (HIN) indicates a growing formalization of health and wellness coaching programs within healthcare organizations. Seventy-five percent of organizations surveyed reported having a health coaching program in place – a 10 percent increase over 2012. The survey also found that more than 60 percent of organizations use the transtheoretical model and motivational interviewing (described above) as coaching tools. Rounding out the top five tools were self-efficacy, social cognitive theory, and mindfulness practice.

When it comes to mode of coaching, organizations surveyed reported that although the telephone and in-person coaching continue to be the preferred methods of coaching, an increase in interactive online coaching was noted. More research needs to be done on the comparative effectiveness of each approach.

The ways in which organizations are enrolling participants in health and wellness coaching programs is also expanding. Indicating an increase in more formalized health and wellness coaching programs, more than 70 percent of those surveyed reported that they use health risk assessments, 60 percent receive clients through self-referral, 50 percent through physician referral and 46 percent through claims data.

HIN (2013) found that 81 percent of survey respondents provided coaching for weight and physical activity, with goal achievement topping the list of incentivized actions by 63 percent of organizations. This represents a doubling since 2010, when enrolling in programs was the primary incentive. Most organizations reported employing registered nurses as health and wellness coaches.

4 Moving Forward

As health and wellness coaching continues to grow and its positive outcomes are further investigated and widely disseminated, it has the potential to be a driving force in the transformation of health consistency care to a more patient-centered practice that enables personal responsibility and engagement in self-care. Health and wellness coaches coach the whole person, beyond a narrow focus on nutrition or exercise that may have been the initial rationale for referral to a coach. Based on evidence gathered from both biological and psychological research, health and wellness coaches play an important role in helping clients develop skills to change and thrive in all aspects of their wellbeing. Furthermore, healthcare re-form efforts worldwide provide the potential for the expansion, standardization, and recognition that will enable the health and wellness coaching industry to realize its full potential.

References

Bandura, Albert (1986). *Social foundations of thought & action: A social cognitive theory.* Upper Saddle River, NJ: Prentice Hall.

Centers for Disease Control and Prevention (CDC) (2013). Website. www.cdc.gov/ [16.5.2013].

Cooperrider, David L. (1986). *Appreciative inquiry: Toward a methodology for understanding and enhancing organizational innovation.* Unpublished doctoral dissertation. Cleveland, OH: Department of Organizational Behavior, Case Western Reserve University.

Deci, Edward L., & Ryan, Richard M. (1985). *Intrinsic motivation and self-determination in human behavior.* New York: Plenum Press.

Frates, Elizabeth P., & Moore, Margaret (2013). Health and Wellness Coaching: Skills for Lasting Change. In: James E. Rippe (ed.), *Lifestyle Medicine* (2nd edition). New York: CRC Press.

Fredrickson, Barbara (2009). *Positivity.* New York: Three Rivers Press.

Hammerness, Paul G., & Moore, Margaret (2012). *Organize Your Mind, Organize Your Life.* Harvard Health book. New York: Harlequin.

HIN (2013). *2013 Healthcare Benchmarks in Health Coaching.* Sea Girt, N.J.: Healthcare Intelligence Network. www.hin.com/library/2013HealthcareBenchmarks_HealthCoaching_pre-view.pdf [16.5.2013].

Kegan, Robert, & Lahey, Lisa L. (2009). *Immunity to Change: How to Overcome It and Unlock the Potential in Yourself and Your Organization.* Boston: Harvard Business Review Press.

Miller, William R., & Rollnick, Stephen (2013). *Motivational interviewing: Helping people change* (3rd edition). New York: Guilford Press.

Moore, Margaret (2011). Grand Rounds presented to Cleveland Clinic. www.wellcoach.com/work-shops/Cleveland/cleveland.html [16.5.2013].

Moore, Margaret, & Jackson, Erika (2014,). Health & Wellness Coaching. In: Elaine Cox, Tatiana Bachkirova, & David Clutterbuck (eds.), The Complete Handbook of Coaching (2nd edition).

Moore, Margaret, & Tschannen-Moran, Bob, Jackson, Erika (2015). Coaching psychology manual. Baltimore: Wolters Kluwer.

Niemiec, Ryan M. (2013). Character Strengths, A Research Update. IPPA Newsletter, 5(4).

Pascual-Leone, Alvaro, Amedi, Amir, Fregni, Felipe, & Merabet, Lofti B. (2005). The plastic human brain cortex. Annual Review of Neuroscience, (28), 377–401.

Prochaska, James O., DiClemente, Charles C. (2005). The transtheoretical approach. In: John C. Norcross & Marvin R. Goldfried (eds.), Handbook of psychotherapy integration (2nd edition) (pp. 147–171). New York: Oxford University Press.

Snyder, Charles R., & Lopez, Shane J. (eds.) (2009). The Oxford Handbook of Positive Psychology (2nd edition). New York: Oxford University Press.

WHO (2012). World health statistics 2012. Geneva: World Health Organization. http://apps.who.int/iris/bitstream/10665/44844/1/9789241564441_eng.pdf [16.5.2013].

Wolever, Ruth Quillian; Simmons, Leigh Ann; Sforzo, Gary A.;Dill, Diana; Kaye, Miranda P.; Bechard, Elisabeth Matteson; Southard, Mary Elaine; Kennedy, Maura; Vosloo, Justine; Yang, Nancy (2013). A Systematic Review of the Literature on Health and Wellness Coaching: Defining a Key Behavioral Intervention in Healthcare: *Global Advances in Health & Medicine*; Volume 2, Number 4; 35–53.

Wann wird Dornröschen wachgeküsst? Coaching in der Politik: Einblick in die Praxis – Ansätze für die Forschung

Hanne Weisensee

Sich dem Thema „Coaching in der Politik" zu nähern und dabei den Fokus auf Deutschland zu richten, ist eine Herausforderung an sich. Weder aus der Praxisperspektive noch aus Sicht der Wissenschaft gibt es bisher Definitionen oder theoretische Ansätze, die den Kern von Coaching in der Politik erfassen. Lediglich zwei Coach- Kolleginnen haben sich mit grundlegenden Fragestellungen an das Thema gewagt und Analysen und Praxistipps vorgelegt (Esders 2011; Jankowitsch 2009). Ein weiterer Artikel beleuchtet das Thema unter dem Blickwinkel „Coaching im Wahlkampf", wobei die Situation im Wahlkampf Politik wie unter einem Brennglas zeigt – verstärkt, verdichtet und verkürzt – und damit nur einen Ausschnitt aus dem Politikbetrieb betrachtet, in dem Coaching hilfreich sein kann (Dietze 2008). Coaching in der Politik kann zudem, obwohl es selten ein inhaltlich akzentuiertes Fachcoaching ist, als eine Form der Politikberatung angesehen werden: „Im Unterschied zu der Beratung mittels und in Gremien ist die intensive, zeitknappe individuelle Gesprächssituation gefragt (…). Politisches Coaching ist der Prozess der Beratung (…) mit dem Ziel, auch persönliche und statusbezogene Probleme des Coachee vertrauensvoll zu besprechen" (Böhret 1994, S. 215). Dennoch konzentrieren sich die grundlegenden Studien zur Politikberatung auf Public Affairs, Lobbying und wissenschaftliche Beratung sowie deren Wirkung auf den Politikbetrieb. Coaching als individuelle Maßnahme zur *persönlichen*

H. Weisensee (✉)
Firma: WeisenseePolitikcoach, Rote Villa, Schweinfurter Straße, Bamberg, Deutschland
E-Mail: weisensee@politikcoach.de

Weiterentwicklung von Mandatsträger/innen bleibt unsichtbar (Dagger et al. 2004; Falk et al. 2006). In der Politikwissenschaft wiederum spielt Coaching als Instrument zur Professionalisierung des Politikbetriebs in Deutschland ebenfalls kaum eine Rolle. In der Studie von Grasselt und Korte zum Vergleich von Führung in Politik und Wirtschaft vertreten diese die Einschätzung, dass Coaching in der Politik nur eine Chance auf Etablierung hat, wenn es „Nicht-Transparenz garantiert", also unsichtbar bleibt, und nicht nur als „Kommunikationsberatung" verstanden wird (2007, S. 200). Eine Einschätzung, die von mir momentan noch geteilt und im Folgenden erläutert wird. Nähert man sich Coaching von seinem Schlüsselthema „Führung" aus an, findet man aus politikwissenschaftlicher Sicht vor allem Analysen, die sich mit Führungsverhalten und Führungsmodellen von Kanzlern und Kanzlerin, Minister/innen und Partei- oder Fraktionsführer/innen beschäftigen, und damit in Analogie zur Wirtschaft mit den „Top-Führungskräften" oder „Leadern" in der Politik. Bei dieser Betrachtung gelangt aber nur ein kleiner Teil von meist prominenten Berufspolitiker/innen in den Fokus. „Führung" wird dabei vor allem als ein Verhalten oder Muster interpretiert, das *nach außen* wirkt, orientiert an der Frage, wie politische Positionen durchgesetzt werden können und Macht gesichert werden kann (Grasselt und Korte 2007; Rauen 2003; Rosenberger 2008). Die spezifischen Dimensionen, die Wirkung nach innen und die Komplexität, die Führung in der Politik im Unterschied zu Führung in der Wirtschaft ausmachen, werden leicht übersehen. Dazu im Folgenden mehr. In den aktuellen Managementtheorien spielt Politik als „Branche" auch keine Rolle, obwohl mittlerweile viele Elemente, die zur Modernisierung von Management empfohlen werden, dem idealen demokratischen Prozess entnommen zu sein scheinen (Burns 1978; Löhner 2005; Pfläging 2009; Sattelberger et. al. 2015): „Kommunikation, Kooperation, Überzeugungsfähigkeit, Durchsetzungsvermögen" fordert Malik für die neuen Manager/innen- Kompetenzen, die den Kern von Politikkompetenz ausmachen (Malik 2001, S. 37). Zieht man schließlich noch die kleine Menge an Ratgeberliteratur hinzu, die sich explizit an politische Mandatsträger/innen richtet, wird auch hier Coaching nur am Rande und meist mit Blick auf die kommunalpolitische Ebene erwähnt (Osner 2003, 2006; Witt 2010). In diesem Artikel soll deshalb das Praxisfeld „Coaching in der Politik" in Deutschland umrissen werden. Ziel ist es, die Spezifika sichtbar und verstehbar zu machen, um auf dieser Grundlage die Herausforderungen für Coaching-Praxis und Coaching-Forschung abzuleiten und einen Impuls für weitere Forschungsarbeit zu geben.

1   Begriffsklärung

Da es selbst der Politikwissenschaft schwerfällt, „Politik" eindeutig zu definieren (Blum und Schubert 2011, S. 14 f.), möchte ich an dieser Stelle meinen Politikbegriff, bezogen auf Coaching, erläutern und damit gleichzeitig die Zielgruppe für Coaching in der Politik umreißen: Wenn ich in diesem Artikel von Politik spreche, meine ich den engen Bereich um *gewählte* und damit durch Wählerwillen legitimierte Mandatsträger/innen: vom Stadtrat über Bürgermeister/innen bis zu den Landtags-, Bundestags- und Europaabgeordneten. Dazu zählen des Weiteren die gewählten Funktionsträger/innen in den Parteien (Vorstände) und Fraktionen sowie die jeweiligen persönlichen Mitarbeiterteams. Nicht einbezogen sind Führungskräfte in den Kommunal-, Landes- und Bundesverwaltungen, weil sie für die Vorbereitung und Durchführung politischer Entscheidungen zuständig sind, nicht jedoch für die politische Entscheidung an sich. Nach rein staatstheoretischer Definition wird hier keine klare Unterscheidung zwischen Legislative (Parlamente auf Bundes- und Landesebene) und Exekutive (u. a. Kreis- und Gemeinderäte) vorgenommen. Als Kriterium gilt alleine die Legitimation von politischem Handeln durch *Wahl*. Hierdurch wird erreicht, dass jenseits der bekannten Politikprominenz Führungskräfte *aller* politischen Ebenen in den Blick genommen und die Besonderheiten von Führung in der Politik analysiert werden können, wie etwa die Verschränkung von hauptamtlichen und ehrenamtlichen Führungsfunktionen. *Coaching* wiederum wird in diesem Beitrag im Sinne einer *individuellen* Beratung auf Zeit definiert, zugeschnitten auf die jeweilige berufliche beziehungsweise politische Situation, im Vorgehen lösungsorientiert, pragmatisch und auf zukünftiges Handeln und Verhalten ausgerichtet. Die Rollenteilung im Einzelcoaching weist dem Coach die Verantwortung für Rahmen, Methoden und Prozessgestaltung zu, dem Coachee hingegen die Verantwortung und „Expertise" für die zu bearbeitenden Inhalte, Zieldefinitionen und deren Umsetzung (Radatz 2003, S. 85 ff.). Individuelle Anliegen, Strategien und Ziele sowie persönliche Kompetenzen, Ressourcen und Entwicklungsmöglichkeiten stehen im Zentrum. Ziel ist es, die Selbstorganisations- und Reflexionsfähigkeit des Coachee zu stärken. Dabei werden *Umfeld* (hier Parteien, Fraktionen, Teams), *Kontext* (politische, berufliche, private Situation) und *Agenda* (eigene politische Themen, Projekte, Aktionen) einbezogen. Diese Definition wird gewählt, um herauszuarbeiten, bei welchen Maßnahmen in der Politik zwar Coaching als Label verwendet wird, eigentlich aber Trainings- und andere Beratungsformen oder Mentoring gemeint sind. Um für Maßnahmen zu werben, wird auch in der Politik von den Anbieter/innen gerne das Modewort Coaching als Synonym für verschiedenste Weiterbildungsangebote benutzt.

2 Praxisfeld „Coaching in der Politik" – Spezifika

2.1 Die Systeme Wirtschaft und Politik im Vergleich

Bevor ich konkret auf die Coaching-Praxis in der Politik, die Zugänge und Erwartungen sowie die Herausforderungen für Coaching in der Politik eingehe, möchte ich einen kurzen Ausflug in das „System Politik" unternehmen. Wer sich als Coach dort etablieren möchte, muss das System, den Menschentypus und die Motivationen einschätzen können. Dazu gehören auch zentrale Kategorien, Abläufe, Werte und spezifische Kompetenzen, weil diese dem politischen Denken und Handeln zugrunde liegen. Vor allem die informellen Regeln, die sich in der Arbeitskultur niederschlagen, sollten bekannt sein: Wieso gilt die Außenpolitik als „Königsklasse" der Politik? Weshalb sind Bildung, Familie oder Soziales die „weichen Themen", obwohl dort das meiste Geld bewegt wird? Welche Konkurrenz besteht zwischen Bund und Kommunen? Welche Vorbilder und „Mythen" gibt es in der Politik insgesamt und welche in jeder Partei? Welche „Codes" werden verwendet bei Kleidung, Sprache und Orten? Welcher Zeitrhythmus wird gelebt und gibt Regeln für das Handeln vor (Sitzungszeiten, sitzungsfreie Zeiten)? Weil viele Coaches und Coaching-Methoden aus dem wirtschaftlichen Kontext stammen, sind Wirkung und Prägung von politischen Akteur/innen durch die spezifische Arbeitskultur in der Politik häufig nicht bekannt. Es bietet sich ein Vergleich zwischen den Systemen Wirtschaft und Politik an, um die Spezifika sichtbar zu machen. Das „System Politik" hat andere Rahmenbedingungen und Zugänge als das „System Wirtschaft": In der Wirtschaft geht es – zugespitzt gesagt – ums Geld: Gewinn und Verlust sind die zentralen Kategorien (Grasselt und Korte 2007, S. 28 ff.; Malik 2001, S. 77 f.). Wirtschaft läuft zwischen Vertragspartnern ab, beteiligt an und betroffen von Entscheidungen sind wenige. Das Ziel ist es im Idealfall, einen Vorteil für die Vertragspartner zu erreichen. Entscheidungen werden in der Regel top–down getroffen und durchgesetzt. Grundlage ist der Tausch von Waren, Dienst- und Arbeitsleistungen, Wissen und Personen. Das Risiko tragen Einzelne. Im Vergleich dazu sieht das *System Politik* anders aus: Hier besteht die zentrale Kategorie aus Werten, Menschen- und Gesellschaftsbildern. Im Mittelpunkt steht nach Lehrbuch das Wohl des Gemeinwesens. Es muss funktionsfähig sein, um ein gutes Zusammenleben zu garantieren. Alle sind von den Entscheidungen betroffen und durch Wahlen direkt oder indirekt beteiligt. Entscheidungen werden durch Mehrheiten gefällt und müssen immer ausgehandelt und erklärt werden, damit sie Legitimität erlangen (Habermas 1981, S. 279 ff., S. 578 ff.; Habermas 1992, S. 45 ff.; Zürn 1998, S. 233 ff.). Die Grundlage von Politik ist der Tausch von Informationen und Argumenten. Argumente sind das zentrale Instrument (Blum und Schubert 2011, S. 89). Das Risiko verteilt sich auf viele Schultern. In beiden Systemen geht es natürlich auch um Macht und Prestige – in der Politik ganz offen, in der Wirtschaft etwas verdeckter. Für politisch aktive Menschen ist es zentral, sich mit den Inhalten, Zielen und Personen, aber auch mit der Organisation zu identifizieren, für die sie sich engagieren. Etwas gestalten zu wollen und auch zu können, ist der Hauptmotivator für politisches Engagement (beispielhaft sind die Politikerinterviews in Zimmer und Jankowitsch 2008, S. 349 ff.). Die gemeinsame politische Identität ist dabei die Grundlage der Zusammenarbeit. Zugehörigkeit, Loyalität und ein bestimmtes Gemeinschaftsgefühl durch geteilte übergeordnete Werte und Ziele sind Bedingung für das politische Engagement. Manche verlieren dies im Lauf der Zeit allerdings aus den Augen. Die bewusst holzschnittartige Skizze der beiden Systeme soll nicht verdecken, dass es selbstverständlich in der Wirtschaft Menschen gibt, für die ethische Kategorien wichtig sind – genauso wie es in der Politik Egoisten, Mitläufer und Karrieristen gibt, für die ihr politischer Einsatz vor allem die Möglichkeit bietet, prestigeträchtige Funktionen zu erringen oder den sozialen Aufstieg zu schaffen.

2.2 (Un-)Sichtbarkeit von Coaching?

Der bayerische Ministerpräsident hat 2013 vor der Landtagswahl erklärt, dass er für ein Fernsehduell mit seinem Herausforderer weder gecoacht noch trainiert werden müsse, da er „authentisch" bleiben wolle (dpa 2013). In dieser Aussage sind bereits die wesentlichen Aspekte enthalten, die es Coaching schwer machen, in der Politik Breitenwirkung und damit Sichtbarkeit zu erreichen: 1. Erfolgreiche Politiker/innen brauchen kein Coaching. 2. Wer ein Coaching benötigt, kann „es" nicht. 3. Coaching hat etwas mit Defiziten zu tun, die keinesfalls öffentlich werden dürfen. 4. Coaching schadet der Authentizität, unechtes Verhalten wird antrainiert. Das sind die gängigen Vorurteile gegenüber Coaching, wie sie anfangs auch in der Wirtschaft zu beobachten waren, wo sie heute aber durch eine positive Konnotation abgelöst sind. In der Politik sind sie jedoch noch weit verbreitet. Die defizitorientierte Perspektive verhindert, dass die Potenziale von Coaching erkannt und systematisch genutzt werden. Coaching als strategisches Instrument zur positiven Machtgestaltung und persönlichen Entwicklung schlummert also noch und muss erst „wachgeküsst" werden. Eine Studie von Bertelsmann Stiftung, Deutschem Städtetag und Deutschem Städte- und Gemeindebund zu Bürgermeisterinnen und Bürgermeistern in Deutschland zeigt, dass vor allem Frauen in der Politik Coaching als sinnvolle Maßnahme ansehen (Bertelsmann Stiftung et al. 2008, S. 48). Durch die Unsichtbarkeit von Coaching in der Politik fehlen aber prominente Multiplikator/innen, und es bleibt schwierig, es als stärkende Maßnahme zu bewerben und zu implementieren.

2.3 Zugang zu Coaching

Der Zugang zu Coaching in der Politik funktioniert (immer noch) in erster Linie im Kontext von Kandidaturen und Wahlkämpfen (Dietze 2008). Medientraining oder Auftrittscoaching sind aktuell die Türöffner. Geschuldet ist dies der mittlerweile engen Verwobenheit von Politik und Medien und den dadurch definierten Anforderungen an Menschen, die permanent im Fokus der Öffentlichkeit stehen (Grasselt und Korte 2007, S. 43 f.). Die Maßnahmen sind somit in der Regel stark auf die Außenwirkung und das professionelle Transportieren von politischen Botschaften fokussiert. Zudem werden diese Coachings oder Trainings häufig für (Klein-)Gruppen angeboten. Enthalten die Maßnahmen tatsächlich einen stärkeren Anteil an Coaching-Elementen, also neben Trainingssequenzen vor der Kamera und Beratungsleistungen zu Wahlkampf und Rhetorik auch Reflexionseinheiten über die eigene Person, über Werte, Stärken und persönliche Ressourcen, kann Interesse an Coaching geweckt werden. Ähnliches gilt für die sogenannten Fraktions- und Teamcoachings, die vom Coach in der Regel vor allem Moderations- und Konfliktlösungskompetenzen erfordern und stark durch Strategieberatung gekennzeichnet sind. Kontakt zu Coaches wird häufig über Empfehlung hergestellt, zunehmend aber auch über die Websites aufgenommen, wenn diese den Kriterien „übersichtlich, klarer Leistungskatalog, keine reinen Managementbegriffe" entsprechen und Referenzen aus dem politischen oder politiknahen Bereich vorweisen.

2.4 Erwartungen an Coaching

Zwei Besonderheiten zeichnen die politische Kultur aus und wirken auf die Erwartungen an Coaching und Coaches zurück: Die Arbeitskultur ist insgesamt eher von Misstrauen geprägt, und die Akteur/innen leiden unter „Zeitarmut" (Osner 2006, S. 33 f.). Berufung oder Beruf können in der Politik an verantwortlicher Stelle nur dann ausgeübt werden, wenn das Mandat oder die Funktion durch Wahlen und damit durch einen Sieg gegenüber Mitbewerber/innen legitimiert werden kann. Muss man sich aber immer wieder gegen andere durchsetzen, wägt man im Laufe der Zeit sehr genau ab, wie man sich verhält und was nach außen sichtbar werden darf.

Die Erwartungen an einen Coach beinhalten als Allererstes Vertraulichkeit und absolute Verschwiegenheit. Wegen der negativen Konnotation von Coaching im Politikbetrieb sollte sich nicht herumsprechen, wenn ein Coaching in Anspruch genommen wird. Hier verstärkt sich für die Coaching-Forschung das Problem, Zugang zu Fallbeispielen zu bekommen. Für die Vernetzung und den Austausch zwischen den Praktiker/innen entsteht ebenfalls eine zusätzliche Hürde. Die Zeitarmut im Politikbetrieb bedingt, dass möglichst pragmatisch und zügig Lösungen für Probleme gefunden werden müssen – auch wenn dies von außen oft nicht so wahrgenommen wird (Grasselt und Korte 2007, S. 16). Zeit zum Innehalten und für (Selbst-)Reflexion gibt der politische Alltagsbetrieb, der sieben Tage die Woche läuft, nicht her. Deswegen muss ein Coaching ebenfalls diesen Anforderungen entsprechen: Es muss kurzfristig möglich sein, am besten nur wenige Sitzungen (maximal drei) umfassen oder in ein bis zwei Kompaktterminen abgearbeitet werden können. Außerdem muss es sich an Sitzungskalendern und engen Zeitfenstern orientieren, was eine Bereitschaft zur flexiblen Termingestaltung vonseiten des Coaches verlangt. Ein Coaching-Prozess im klassischen Sinn mit bis zu zehn Sitzungen ist in der Praxis unrealistisch, psychologischen Methoden wird häufig mit Skepsis begegnet. Für den Coach bedeutet dies, ebenfalls möglichst pragmatisch mit den Anliegen umzugehen.

3 Aktuelle Coaching-Praxis

Neben Kurzzeit- und Kompaktcoaching, Fokussierung auf Auftritt und Präsentation sowie einer skeptischen Sicht auf Coaching insgesamt gehört zur aktuellen Coaching-Praxis in der Politik, dass ein Coach häufig zwischen seiner Coach-Rolle und der Rolle des Beraters oder der Beraterin wechseln muss (Böhret 1994, S. 216). Im Kandidaten-Coaching beispielsweise wird neben der individuellen Entwicklung von Profil, Agenda und Vision gleichzeitig erwartet, dass der Coach auch Tipps zu konkreten Wahlkampinstrumenten geben kann oder die aktuellen politischen und personalen Konstellationen im Wahlkreis kennt, um darauf bezogen strategisch Rat zu geben. Die zurückgenommene Haltung des Coaches als Prozessgestalter/in gegenüber dem Coachee muss immer wieder gebrochen werden durch die Übernahme der Rolle als Berater/in. Der Coach sollte den Rollenwechsel im Coaching transparent machen, damit die Unterschiede zwischen Coaching und anderen Beratungsformen nicht weiter verwischt und einem unprofessionellen Umgang mit Coaching nicht noch Vorschub geleistet wird.

3.1 Erschwerende Rahmenbedingung

Eine ganz konkrete Rahmenbedingung erschwert in der Praxis zusätzlich, dass sich Coaching in der Politik flächendeckend durchsetzt. Es geht um die Art und Weise, wie Coaching angeboten und finanziert wird. In Unternehmen gehört Coaching schon seit Langem zur Personalentwicklung (Freitag 2012, S. 206 ff.), und die Förderung von high potentials ist Standard. Auch in den Verwaltungen von Kommunen, Ländern und Bund hat dieser Prozess vor kurzem begonnen. Es werden Programme angeboten, die Nachwuchsführungskräfte nutzen können und durch die sie frühzeitig mit Coaching und dessen Mehrwert in Berührung kommen. Gelungene Beispiele sind der berufsbegleitende Master-Studiengang „Public Management" für Führungskräfte aus dem öffentlichen Sektor an der Hochschule für Verwaltung und Finanzen in Ludwigsburg. Als Lehrcoach kann ich dort die positive Wirkung unmittelbar verfolgen. Auch die Angebote der Bundesakademie für öffentliche Verwaltung fördern gezielt Führungskräfte in den Bundesverwaltungen. Selten jedoch muss der Coachee das Coaching privat bezahlen.

Das ist in der Politik anders: Zum einen ist die Frage ungeklärt, welche Ebenen oder Personen die Legitimation haben, *high potentials* zu identifizieren – zumal es nie eine kalkulierbare Wahrscheinlichkeit gibt, dass die Geförderten in die angestrebten Ämter gewählt werden. Frei gewählte Mandatsträger/innen sind zum anderen ihre eigenen Chefs. Die Organisationen, in die sie eingebunden sind, sind Parteien, Fraktionen und öffentliche Ämter. Die einen finanzieren sich über die Beiträge ihrer Parteimitglieder, die anderen über Steuergelder. Beide Kanäle werden ungern, wenn überhaupt, für die *individuelle* Förderung Einzelner verwendet, weil regelmäßig Rechenschaft über die verwendeten Mittel abzulegen ist (Osner 2006, S. 35 ff.). Scheitert ein kollektiv geförderter Kandidat, stellt sich sehr schnell die Frage, ob die Gelder sinnvoll verwendet wurden. Fortbildung ist in der Politik daher stark gruppenorientiert – egal, ob für Berufspolitiker/innen, ehrenamtliche Führungskräfte oder hauptamtliche Mitarbeiter/innen. Coaching als persönliche und individuelle Entwicklungsmaßnahme muss somit in der Regel privat finanziert werden, was den Zugang erschwert.

3.2 Coachees

Neben Kandidat/innen und gewählten Mandatsträger/innen buchen interessanterweise auch diejenigen auf privater Basis Coaching, die man in der politischen Praxis dem „Politikmanagement" zurechnet. Das sind die hauptamtlichen Mitarbeiter/innen der Abgeordneten, Fraktionen und Parteigliederungen (anders definiert bei Grasselt und Korte 2007, S. 20). Grund dafür ist, dass viele von ihnen selbst politisch aktiv sind und neben der hauptamtlichen Mitarbeit auch ehrenamtlich politische Funktionen ausüben. Die angesprochene Verschränkung von ehrenamtlicher und hauptamtlicher Führung kommt hier zum Tragen und nimmt im Bewusstsein der Aktiven an Bedeutung zu. Auch Fragen zur Karriereplanung in der Politik oder umgekehrt, Exit-Optionen aus der Politik spielen eine zunehmende Rolle. Obwohl in der Politik eigentlich ein Tabu, reflektieren Kandidat/ innen und Mandatsträger/innen darüber hinaus zunehmend über ein mögliches Scheitern ihrer Kandidatur und die damit verbundenen Konsequenzen. Vor allem die Jüngeren sehen im Coaching verstärkt ein adäquates Instrument zur persönlichen Unterstützung.

4 Führung in der Politik – (K)ein Türöffner für Coaching?

Am Beispiel „Führung" ist gut zu illustrieren, an welchen Stellen Politik anders funktioniert als Wirtschaft oder Verwaltung. Es gibt fünf zentrale Aspekte, auf denen Führung in der Politik basiert: Führung erfolgt immer *auf Zeit*, weil sie an die jeweilige Wahlperiode gebunden ist. Führung erfolgt *im Fokus der Öffentlichkeit*. Das Medieninteresse und die gesellschaftliche Bedeutung von politischen Entscheidungen lassen Führungsverhalten schnell ins Scheinwerferlicht rücken. Führung basiert auf *Motivation*. Die Mehrheit der Engagierten macht Politik ehrenamtlich, wird also nur aktiv, wenn sie sich für Projekt oder Person begeistern kann. Führung muss mit *flexiblen Hierarchien* arbeiten. Parteimitglieder sind zuerst einmal alle gleich, egal, welches Amt der/die Einzelne innehat. Durch Wahlen können politische Hierarchien rasch wechseln. Oft muss Führung zudem *ohne Führungskraft* und aus der Mitte einer Gruppe heraus oder „von unten" funktionieren. Was bedeutet das konkret fürs Coaching?

4.1 Führung auf Zeit

Weil Führung in der Politik auf Zeit verliehen wird, erreicht sie im täglichen Denken und Handeln nicht den gleichen Stellenwert und nicht die gleiche Professionalität wie in einem Berufsbild, in dem Führung ein fester Bestandteil des Aufgabenportfolios ist (Malik 2001). Führung meint in diesem Kontext, dass gewählte Mandats- und Funktionsträger/innen in der Lage sind, andere Menschen gezielt anzuleiten, zu motivieren oder zu befähigen, ein gemeinsames Ziel im

Sinne der eigenen Organisation oder einer staatlichen Ebene zu erreichen (Burns 1978; Wegge und Rosenstiel 2004). In Deutschland haben nur bei der Sozialdemokratischen Partei ausgewählte Mandatsträger/innen seit einigen Jahren die Möglichkeit, in einer Führungsakademie professionelle Führung zu lernen (Netzwerk politische Bildung 2007). „Führungskraft" ist zudem kein Begriff, den Mandatsträger/innen in der Regel mit sich und ihren Aufgaben verbinden. Man geht in die Politik, um ein Mandat mit Gestaltungsmacht zu erhalten. Man stellt sich zur Wahl, weil man etwas bewegen und verändern will (so auch Rita Süssmuth im Interview in Zimmer und Jankowitsch 2008, S. 400). Man geht nicht in die Politik, um auf eine längere Perspektive gesehen Führungskraft zu werden, Teams zu steuern oder Zielmargen zu erreichen – obwohl man genau dies dann tun muss. Dass mit einem Mandat auch Führung und damit Führungskompetenz verbunden sind, Teams im eigenen Büro, in den Fraktionen und Parteigliederungen professionell geführt werden müssen, stellen viele Politiker/innen erst nach einiger Zeit fest. Führung nach innen von Hauptamtlichen und Ehrenamtlichen ist ein weitgehend untergeordneter Aspekt in der Politik und auch in der öffentlichen und wissenschaftlichen Wahrnehmung. Der Zugang zum Coaching funktioniert aber oft genau über diesen Aspekt, weil er eng mit den eigenen Fähigkeiten, dem unmittelbaren Umfeld und dem System verknüpft ist. Nicht zuletzt hat sich Coaching auch in den Wirtschaftsunternehmen über das Topmanagement und Führungsfragen verbreitet und etabliert (Geißler 2012).

4.2 Führung im Fokus der Öffentlichkeit

Führung in der Politik ist gleichzeitig immer öffentlich. Politiker/innen stehen immer unter Beobachtung. Auch ihr interner Führungsstil wird zum Politikum. Als der deutsche Finanzminister Wolfgang Schäuble seinen Pressesprecher 2010 auf offener Bühne rügte, waren die Zeitungen voll davon: „Frau Weisensee, was sagen Sie als Politik-Coach zu dem Führungsstil des Ministers?" (Maier und Roth 2010). In der Wirtschaft ist ein solches Medieninteresse kaum vorstellbar, es sei denn, es handle sich um das Topmanagement eines DAX-Konzerns oder einer mächtigen Bank (Jakobs 2012; Meck 2012). Auch „Aufstieg und Fall" sind in der Politik öffentlich, wie die Karrieren von Karl Theodor zu Guttenberg und Christian Wulff gezeigt haben. Politiker/innen durchlaufen, bevor sie überhaupt in Führungsfunktionen kommen, zwei „öffentliche Assessmentcenter": Zuerst müssen sie die parteiinterne Nominierung für sich entscheiden und sich danach im Wahlkampf durchsetzen, unter reger Anteilnahme der Medien. Das „Assessmentcenter" in der

Politik hat damit eine größtmögliche Öffentlichkeit, die über Können oder Unvermögen der Bewerber/innen mitentscheidet. Welche Führungskraft aus anderen Branchen muss sich einem solchen Beurteilungsverfahren aussetzen? Dass diese Mechanismen Menschen auch verändern, sie abgehoben, unecht oder machtversessen wirken lassen, ist ein unschöner Nebeneffekt. Auch die beschriebene Misstrauenskultur hat hier eine ihrer Ursachen. Für Coaches bedeutet das, den Aspekt des öffentlichen Interesses und die Eigenlogik der Medien zu kennen und ins Coaching zu integrieren. Zwar sollten Erfolgsstrategien im Zentrum stehen, aber auch Szenarien eines Scheiterns müssen durchgespielt werden und das, ohne den Coachee mental zu schwächen. Fehler und Scheitern sind auf der politischen Bühne immer öffentlich und daher ein Tabu, wie die ehemalige Bundesbildungsministerin Annette Schavan erleben musste. Häme, Mitleid und Sensationslust bestimmen nicht selten die öffentlichen Stellungnahmen, ein Faktor, den politisch engagierte Menschen aushalten können müssen, auf den sie aber auch vorbereitet sein sollten.

4.3 Führung mit Motivation

Ohne das Engagement der Ehrenamtlichen ist Politik nicht möglich. Daher hat in der Politik der Faktor Motivation einen ganz anderen Stellenwert als in anderen Branchen. Politik könnte hier ein Vorbild sein. „Engagement" ist das Schlüsselwort, weil Ehrenamtliche anders „geführt" werden müssen als angestellte Mitarbeiter/innen eines Unternehmens. Dass Politik in Deutschland überwiegend von ehrenamtlich tätigen Mandats- und Funktionsträger/innen wie Stadt-, Gemeinde- und Kreisräten und nicht von Berufspolitiker/innen bestritten wird, spielt in der Diskussion um Politik und Politik(er)verdrossenheit selten eine Rolle. In der Politik haben Führungskräfte jedoch keine Sanktionsmechanismen wie in anderen Branchen. Sie müssen im Gegenteil auf Motivation, Loyalität und Vertrauen setzen. Auch positive Anreize durch Aufstiegsperspektiven, Boni oder Beurteilungen gibt es kaum. Wer in der Politik andere führen will (oder muss), ist darauf angewiesen, die Menschen aufgrund der gemeinsamen politischen Ziele und Überzeugungen und vor allem kraft seiner Persönlichkeit zu gewinnen und zu motivieren. Dass demokratische Politik immer noch gut durch die Unterstützung von Ehrenamtlichen funktioniert, zeigt, dass Führung auch auf diese Weise möglich ist. Vieles, was heute als moderne Managementtheorie postuliert wird (Felfe 2015; Leipprand et al. 2012; Pflüging 2009), ist in der Politik Grundbedingung für die Zusammenarbeit – auch wenn diese in der Alltagspraxis oft zu kurz kommt.

4.4 Führung mit fiexiblen Hierarchien

In der Politik funktioniert Führung zudem nur bedingt über Hierarchien und Weisungen. Das hat verschiedene Gründe: Einer davon ist, dass jede und jeder in die Politik gehen kann, weil es keine Zugangsvoraussetzungen oder -beschränkungen gibt. Alle, die sich um politische Mandate und Funktionen bewerben, kommen letztendlich aus „demselben Stall". Der Aufstieg in den Bundestag oder in ein Bürgermeisteramt kann jedem Einzelnen gelingen. Nach der nächsten Wahl kann aber der Schritt zurück ins Glied erforderlich sein, wenn es zur Abwahl kommt. Er oder sie wird wieder zum „normalen Parteimitglied". Viele ehemalige Bundesminister/innen sind wieder als einfache Abgeordnete im Bundestag zu finden. Die Ausgangslage und die Befindlichkeiten sind somit andere als in einem Unternehmen: Ein Topmanager, der wieder Teamleiter oder gar Teammitglied wird, ist kaum vorstellbar. Solche Brüche zu begleiten und darauf vorzubereiten, ist eine weitere Aufgabe von Coaching in der Politik.

4.5 Führung ohne Führungskraft

Eine weitere Besonderheit, die es ansonsten vor allem noch im dritten Sektor gibt, ist die Führung *durch* Ehrenamtliche: Dazu zählen Gemeinde-, Stadt- und Kreisräte, Fraktionsvorsitzende und Vorstände auf Kreis-, Unterbezirks- und Landesebene. Fraktionsvorsitzende in der Kommune führen ehrenamtlich andere Ehrenamtliche. Eine festgeschriebene Hierarchie ist wenig gewünscht, Führung soll dennoch ausgeübt werden. In den Geschäftsstellen auf Kreis-, Unterbezirks- und Landesebene gibt es zudem einen hauptamtlichen Mitarbeiterstab, der von ehrenamtlichen Vorständen geführt wird. Angestellte Mitarbeiter/innen müssen akzeptieren, dass ihre Chef/innen Führung ehrenamtlich ausüben und daher wenig Zeit in Führung investieren können. Meistens sind die Vorstände wenig greifbar, weil sie ihre Vorstandsfunktion neben dem Beruf ausüben (Osner 2006, S. 33 f.). Führung funktioniert auf Entfernung oder unter Abwesenheit. Hier wird ein Modell der Zusammenarbeit erwartet, das viel Koordination und Kommunikation erfordert – und diese Foderung natürlich nicht immer erfüllt. „Führung von unten" erlangt in diesem Kontext eine wirkliche Bedeutung, wobei die Rollenklärung zwischen Chef/in und Team sehr genau erfolgt sein muss – es aber oft nicht ist.

5 Herausforderungen für Praxis und Wissenschaft

5.1 „Politik-Coaching"

In den Begriffen „Politik-Coaching" oder „Politik-Coach" liegt bereits der erste Auftrag an die „praxisorientierten Wissenschaftler/innen" und die „forschenden Praktiker/innen" (Ukowitz 2012, S. 47): Coaching in der Politik ist nicht gleichzusetzen mit „Politik-Coaching", denn es existiert noch keine Definition davon, was Politik-Coaching eigentlich ausmacht, was es konkret beinhaltet und wo Besonderheiten und Grenzen liegen. Es gibt Coaching in der Politik und somit auch Coaches, die dort arbeiten. Die meisten verstehen ihre Coachings aber nicht explizit als Politik-Coaching und sich selbst auch nicht als Politik-Coaches, sondern sie arbeiten in der Regel branchenübergreifend und bieten einzelne ihrer Coaching-Leistungen auf Nachfrage *auch* in der Politik an. Politik-Coaching muss sich meiner Auffassung und Erfahrung nach an drei Schritten orientieren, die durchaus in eine Reihung zu bringen sind und einen ganzheitlichen und damit langfristigen Ansatz verfolgen. Drei Schwerpunktthemen sind auszumachen:

(1) Auseinandersetzung mit dem persönlichen und politischen Profil. Es muss Klarheit über individuelle Stärken und Kompetenzen, Werte, persönliche Ressourcen und die eigenen Motivationen geschaffen werden. Dieser Schritt steht fast zwingend an erster Stelle, weil jemand, der die politische Bühne betritt und damit „öffentlich" wird, sehr genau reflektieren muss, was von sich und seinem persönlichen Umfeld er oder sie zeigen will (und damit eventuellen öffentlichen Diskussionen aussetzt). Die Frage: „Wie will und kann ich mich selbst führen?", muss beantwortet werden. In diesem Bereich liegen auch immer die Grenzen für politisches Engagement verborgen, die man besser zu Beginn des politischen Engagements auslotet. Dieser Schritt wird von Coachees selten gemacht. (2) Im zweiten Schritt dreht sich das Coaching dann um die politische Vision, also die politischen Ziele, die Agenda und die Themen sowie die politischen Ressourcen. Ausgangspunkt ist das Mandat oder Amt, das angestrebt bzw. bereits ausgefüllt wird. Auch die Fragen nach der Erreichbarkeit des angestrebten Amts und die nach den immateriellen wie materiellen Kosten spielen hier eine Rolle. Die Fragen: „Wie kann ich durch meine politische Vision begeistern, Mehrheiten schaffen und damit politisch führen?" und „Wie gehe ich mit anderen um, wenn ich in Verantwortung bin?", sind an dieser Stelle zu beantworten. Oft wird im Politik-Coaching die erste Frage beantwortet, die zweite Frage nach der Führungskompetenz im eigenen Umfeld wird hingegen selten gestellt. (3) Aus den ersten beiden Schritten ergibt sich dann die politische und persönliche Strategie. Erst hier kommt

die Frage ins Spiel, wie der Coachee seine politischen Botschaften und Ziele medientauglich, aber authentisch präsentiert und kommuniziert. In diesen Bereich gehören dann Kampagnenplanung, Wahlkampfstrategien und Medientraining sowie die Antwort auf die Frage: „Wie setze und halte ich ein Team zusammen, wie agiere ich als Führungskraft?" Wie beschrieben, wird ein Coaching in der Politik vor allem dann gebucht, wenn es um das eigene Auftreten geht. Nach der hier vorgenommenen Definition von Politik-Coaching wird also der dritte Schritt in der Regel vor den ersten beiden Schritten gemacht und werden damit wesentliche Dimensionen für professionelles Arbeiten in der Politik übersehen. Deutlich wird, dass der Komplex „Führung in der Politik" eine Sonderrolle einnimmt, weil er alle drei Schritte durchzieht und somit ein Grundthema ist. Die Prinzipien der *werteorientierten* Führung können hierbei für Politik-Coaches Richtschnur sein. Grasselt und Korte beschreiben in ihrer Studie, dass im Kontext von Qualifizierung in der Wirtschaft ein Übergang vom Thema Führung hin zum Thema „öffentliche Kommunikation" zu beobachten ist (Grasselt und Korte 2007, S. 194 f.). In der Politik ist genau der umgekehrte Weg notwendig, damit sich Coaching nicht mehr länger in erster Linie mit Fragen von „Äußerlichkeiten" beschäftigt: Politik-Coaching muss den Übergang von Kommunikation, Medienpräsenz und Auftreten hin zu werteorientierter (Selbst-)Führung schaffen, um einen ganzheitlichen Blick auf die Anforderungen im Politikbetrieb zu erhalten.

5.2 Feldkompetenz

Es wurde deutlich, dass Coaching in der Politik noch keine Selbstverständlichkeit ist. Wer in diesem Bereich coachen will, benötigt einen langen Atem, um an der Implementierung und Etablierung von Coaching mitzuwirken. Bis es so weit ist, spielt die *Feldkompetenz* eine wesentliche Rolle. Soll ein Coaching über ein Medien- oder Kommunikationstraining hinausgehen und dennoch pragmatisch und ergebnisorientiert sein, erleichtert das Wissen um politische Inhalte, Prozesse, Strukturen und Motivationen den Coaching-Prozess. Zeitaufwendige Erklärungen über Funktionen, Abläufe und personelle Konstellationen können im Coaching vermieden werden, was dem knappen Zeitbudget der Coachees entgegenkommt. Die Bedeutung einzelner Funktionen und politischer Ebenen einschätzen zu können, macht die Coaching- und Beratungs-Leistung erst komplett: Zu wissen, ob ein Coachee mehr Einfluss als Bürgermeister/in oder Bundestagsabgeordnete/r hat oder was es für die politische Karriere bedeutet, vom Abgeordneten zum Parlamentarischen Staatssekretär zu werden, ermöglicht erst, Führungs- und Karrierefragen auf der jeweiligen politischen Ebene angemessen zu reflektieren.

Und schließlich gilt als oberstes Gebot, trotz vieler Vorurteile gegenüber Politik und Politiker/innen, den Coachees und ihren Anliegen mit Wertschätzung und Interesse zu begegnen. So ist es also für einen Coach zurzeit noch hilfreich, Politik in ihren verschiedenen Facetten zu kennen und sich auf die Besonderheiten einzulassen. Der „politikverstehende" Coach ist gefragt (Böhret 1994, S. 217; Browde 2011, S. 75). Trotzdem ist es wichtig, konstruktiv kritisch zu bleiben und eine gewisse Distanz zu politischen Themen und Haltungen zu bewahren. Die Nähe zur Macht darf nicht „verführen" oder glauben machen, auf diesem Weg eigene Ansichten transportieren zu können.

5.3 Übersetzungsleistung

Wie skizziert, „tickt" Politik anders als Wirtschaft. Hier existiert ein Coaching-immanentes Problem: Da viele Methoden im Coaching auf Unternehmenskontexte zugeschnitten sind, macht bereits die Begriffswahl eine Übersetzung ins Politische notwendig: Management, Zielvereinbarung und Führungskraft sind keine Begriffe, die originär für Handeln in der Politik verwendet werden. Oftmals erntet man ein Stirnrunzeln, wenn Methoden und Modelle vorgestellt werden. Auch „Politik*management*" ist ein Begriff, der erst in den letzten fünfzehn Jahren aufgekommen ist und von den Politikmanager/innen selbst, also den hauptamtlichen Mitarbeiter/innen, mit Skepsis betrachtet wird. Politik beispielsweise als Projekt zu definieren, kann in die Irre führen, weil kontextübergreifende Zusammenhänge ausgeblendet werden und politische Anliegen selten einen Endpunkt haben, sondern Langzeitprozesse sind (Lepsius 2011). Viele Menschen in der Politik beäugen das Übertragen von ökonomischen Kategorien und Begrifflichkeiten auf die diversen Kontexte mit Misstrauen oder missbilligen es sogar. Das bedeutet für den Coach, Methoden und Modelle sprachlich dem politischen Code anzupassen, um so eine stärkere Akzeptanz zu erreichen. Viele Begriffe aus den Tools müssen in eine politikkompatible Sprache übersetzt und es müssen Fragestellungen entwickeln werden, die auf den politischen Bereich anwendbar sind.

6 Fazit

Es gibt also zahlreiche Herausforderungen für die Profession der Coaches in der Politik und die Coaching-Forschung. Für Coaches liegt eine wesentliche Herausforderung in der *täglichen Praxis* darin, dem Coachee und dessen Arbeitswelt trotz vieler Klischees und Vorurteile Wertschätzung entgegenzubringen, um glaubwürdig in der Politik arbeiten zu können. Dem Coach muss klar sein, welchen Stellenwert Loyalität, Moral und Vorbildsein im politischen Kontext haben. Auch hier muss der Faktor Öffentlichkeit immer als Verstärker mitgedacht werden, so dass der Coach unter Umständen als Frühwarnsystem für seinen Coachee fungieren kann. Dafür benötigt ein „Politik-Coach" aber selbst ein gewisses politisches Gespür, vielleicht sogar eine moralische Haltung. Des Weiteren ist ein Grundverständnis von Politik, politischen Prozessen, Strategien und Logik sinnvoll. Ein bisschen politisch zu „ticken", dazu vielleicht selbst Erfahrungen im politischen oder ehrenamtlichen Engagement zu besitzen, kann nur helfen. Generell heißt das, dass eine klare, eindeutige Definition dessen sinnvoll wäre, was Coaching in der Politik umfasst und was es bewirken soll und kann. Die gesamte Bandbreite der Anliegen – über die Themen „Auftreten" und „Wahlkampf" hinaus – muss erfasst und definiert werden. Die defizitorientierte Sicht auf Coaching muss Schritt für Schritt überwunden werden, wozu es „Erfolgsgeschichten" von Multiplikator/ innen braucht. Coaches, die in der Politik coachen, sollten auf eine angemessene Art und Weise in die „Offensive" gehen und in politischen Organisationen darüber aufklären, was Coaching leisten kann. Aggressives (Selbst-) Marketing ist damit allerdings nicht gemeint. Konkret für den einzelnen Coach heißt das, sich auf Politik vorzubereiten (vorbereiten zu lassen): Das umfasst, die Bedeutung einzelner Funktionen und Ebenen und die damit verbundenen Unterschiede zu begreifen; den politischen Betrieb mit seinen (auch informellen) Regeln kennen-, verstehen und schätzen zu lernen; sich Methodenkompetenz für die Politik anzueignen sowie Methoden, Begrifflichkeiten und Fragestellungen anzupassen und in einen politischen Code zu übersetzen. Zuletzt muss der Coach kontinuierlich daran arbeiten, nicht Teil des Systems zu werden, sondern eine gewisse Distanz zu wahren, um konstruktiv kritisch zu bleiben.

Zum Abschluss noch ein Aspekt, über den man streiten kann, den ich aber für zentral halte: Arbeitet ein Coach im Kernbereich der Politik, muss er sich bewusst sein, dass die Gefahr besteht, unglaubwürdig zu werden, wenn gleichermaßen Mandatsträger/innen aller politischen Richtungen beraten werden sollen. Dies gilt vor allem für den Bereich des konkreten Mandatsaufbaus. Man stärkt als Coach (ungewollt) immer auch eine politische Richtung und damit deren Weltsicht, Wertesystem und Machtposition. Insoweit handelt auch der Coach ein Stück weit politisch. Dessen sollten sich alle Coaches bewusst sein, die sich im politischen Bereich etablieren möchten.

Für die *Coaching-Forschung* ergeben sich mit Blick auf Deutschland folgende Aufgaben: Ein erster Schritt könnte sein, die Coaches zu recherchieren, die in der Politik coachen, um überhaupt eine Grundlage für Befragungen und Auswertungen zu erhalten. Im nächsten Schritt sollte die Zielgruppe für Politik-Coaching umrissen werden: Wer fragt Coaching überhaupt nach? Aus welcher politischen Ebene und aus welchen Funktionen? Hier können dann die Besonderheiten herausgearbeitet werden: Was unterscheidet Coaching auf der kommunalen von der Landes-, Bundes- oder EU-Ebene? Ein weiterer Schritt liegt darin, die spezifischen Anlässe, Anliegen und Themen zu identifizieren, die im Politik-Coaching bearbeitet werden, um gegebenenfalls einen Kern von Politik-Coaching herauszufiltern. Darüber hinaus sollte der Rahmen von Coaching in der Politik definiert werden: Welche Formate werden nachgefragt? Neben Einzel- auch Team- und Gruppencoachings? Werden diese mit anderen Qualifizierungsmaßnahmen kombiniert, wenn ja, mit welchen und zu welchem Zweck? Ist der Unterschied zu Training, Mentoring oder Beratung überhaupt bekannt? Wie lange dauern Coaching-Prozesse in der Politik im Durchschnitt und welche Finanzierungsmodelle gibt es? Darauf aufbauend, wäre zu prüfen, welche Methoden im Politik-Coaching als hilfreich angesehen werden, um zu sehen, ob und in welcher Form „klassische" Methoden auf die Besonderheiten von Politik zuzuschneiden sind. Ein weiterer Schritt könnte sich mit der Abgrenzung zu anderen Branchen wie Verwaltung, Wirtschaft, Medien oder Wissenschaft beschäftigen, um die Unterschiede zwischen den Branchen und damit die spezifischen Bedarfe besser definieren zu können. Insgesamt muss die Coaching-Forschung zusammen mit den Praktiker/ innen aus dem politischen Bereich Wege finden, wie und in welcher Form Fallstudien bei Einhaltung von Vertraulichkeit und weiter andauernder „Unsichtbarkeit" erfasst werden können. Ob die Coaching-Forschung momentan bereits Zugang zu Coachees aus der Politik bekommt, um auch die Zielgruppe von Politik-Coaching zu befragen, wäre zu prüfen. Meiner Einschätzung nach dürfte es aber gerade in der Politik aus den genannten Gründen noch schwierig sein, eine aussagekräftige Schnittmenge zu erhalten. Ebenso stellt sich wie in den anderen Praxisfeldern auch hier die Frage, wie die Wirkung von Coaching in der Politik erhoben, gemessen und definiert werden kann. Als letzten Schritt kann die Coaching-Forschung insgesamt einen Anstoß geben, über Politik-Coaching nachzudenken und darüber mit Praktiker/innen branchen- und disziplinübergreifend zu diskutieren. Dieser Artikel soll ein Impuls auf diesem spannenden Weg sein.

Literatur

Bertelsmann Stiftung, Deutscher Städtetag und Deutscher Städte- und Gemeindebund (Hrsg.) (2008). *Beruf Bürgermeister/in. Eine Bestandsaufnahme für Deutschland.* Gütersloh: Bertelsmann Stiftung.
Blum, Sonja, & Schubert, Klaus (2011). *Politikfeldanalyse* (2. Auflage). Wiesbaden: VS Verlag für Sozialwissenschaften.

Böhret, Carl (1994). Vom Hofnarren zum Politik-Coach. Zum Wiederaufstieg der persönlichen Beratung des Politikers. In: Carl Böhret & Matthias Nowack (Hrsg.), *Gesellschaftlich denken – kommunal handeln. Festschrift für Christian Roßkopf zum 65. Geburtstag* (S. 203–221). Mainz: AMV-Verlag.

Browde, Beth (2011). Coaching political leaders: Can coaching be used to improve the quality of executive-level government? *Journal of Leadership Studies, 5*(1), 71–75.

Burns, James McGregor (1978). *Leadership*. New York: Harper & Row.

Dagger, Steffen, Greiner, Christoph, Leinert, Kirsten, Meliß, Nadine, & Menzel, Anne (Hrsg.) (2004). *Politikberatung in Deutschland. Praxis und Perspektiven*. Wiesbaden: VS Verlag für Sozialwissenschaften.

Dietze, Anja (2008). Coaching im Wahlkampf. *Zeitschrift für Politikberatung (ZPB), 1*(3–4), 558–571. dpa (2013). Seehofer für TV-Duell mit Herausforderer Ude. *Süddeutsche Zeitung* vom 4.2.2013.

Esders, Elke (2011). *Coaching für Politiker. Nachhaltig denken und handeln*. Göttingen: Vandenhoeck & Ruprecht.

Falk, Svenja, Rehfeld, Dieter, Römmele, Andrea, & Thunert, Martin (Hrsg.) (2006). *Handbuch Politikberatung*. Wiesbaden: VS Verlag für Sozialwissenschaften.

Felfe, Jörg (Hrsg.) (2015), *Trends der psychologischen Führungsforschung. Neue Konzepte, Methoden und Erkenntnisse*, (S. 15-113), Göttingen: Hogrefe.

Freitag, Thomas (2012). Coaching in der Schweiz. Ein Praxisforschungs-Beitrag zur Marktsituation. In: Robert Wegener, Agnès Fritze & Michael Loebbert (Hrsg.), *Coaching entwickeln. Forschung und Praxis im Dialog* (2., durchgesehene Auflage) (S. 200–214). Wiesbaden: VS Verlag für Sozialwissenschaften.

Geißler, Harald (2012). Das virtuelle Coaching schliesst eine strategische PE-Lücke (Auszug). *HR Today,* (1&2). www.coaching-meets-research.ch/medien/s.-42-43.pdf [4.9.2012].

Grasselt, Nico, & Korte, Karl-Rudolf (2007). *Führung in Politik und Wirtschaft. Instrumente, Stile und Techniken*. Wiesbaden: VS für Sozialwissenschaften.

Habermas, Jürgen (1981). *Theorie des kommunikativen Handelns*. Band 2: Zur Kritik der funktionalistischen Vernunft. Frankfurt am Main: Suhrkamp.

Habermas, Jürgen (1992). Drei normative Modelle der Demokratie. Zum Begriff deliberativer Politik. In: Herfried Münkler (Hrsg.), *Die Chancen der Freiheit. Grundprobleme der Demokratie*. München: Piper.

Jakobs, Hans-Jürgen (2012). Da geht´s zu wie in der Politik. *Süddeutsche Zeitung* vom 17.3.2012.

Jankowitsch, Regina M. (2009). Chancen und Grenzen von Coaching in der politischen Führung. *Zeitschrift für Politikberatung (ZPB), 2,* 285–295.

Leipprand, Tobias, Allmendinger, Jutta, Baumanns, Markus, & Ritter, Jörg (2012). *Jeder für sich und keiner fürs Ganze? Warum wir ein neues Führungsverständnis in Politik, Wirtschaft, Wissenschaft und Gesellschaft brauchen*. Berlin: Egon Zehnder International, stiftung neue verantwortung und Wissenschaftszentrum Berlin.

Lepsius, Oliver (2011). Niemand traut sich an heikle Zukunftsfragen. Interview. *Der Tagesspiegel* vom 14.8.2011. www.tagesspiegel.de/politik/oliver-lepsius-niemand-traut-sich-an-heikle-zu-kunftsfragen/4493604.html [16.5.2013].

Löhner, Michael (2005). *Führung neu denken. Das Drei-Stufen-Konzept für erfolgreiche Manager und Unternehmer*. Frankfurt am Main: Campus.

Maier, Jutta, & Roth, Eva (2010). Eine Frage des Stils. *Berliner Zeitung* vom 10.11.2010.
Malik, Fredmund (2001). *Führen. Leisten. Leben* (13. Auflage). München: Heyne.
Meck, Georg (2012). Deutsche Bank: Neues Führungsduo stolpert aus Startblöcken. faz.net vom 16.3.2012. www.faz.net/aktuell/wirtschaft/deutsche-bank-neues-fuehrungsduo-stolpert-aus-startbloecken-11679621.html [16.5.2013].
Netzwerk Politische Bildung (2007). Newsletter, Ausgabe 3. www.netzwerk-politische-bildung.de/newsletter/www_article.php3?nlID=1&id=495&in=3&nlType=web [16.5.2013].
Osner, Andreas (Hrsg.) (2003). *Ratsarbeit besser machen. Ein Handbuch für kommunale Mandatsträger, sachkundige Bürger und Verwaltungschefs* (2. Auflage). Gütersloh: Bertelsmann Stiftung.
Osner, Andreas (Hrsg.) (2006). *Personalentwicklung in der Politik. Kommunale Mandatsträger qualifizieren – politischen Nachwuchs fördern* (2. Auflage). Gütersloh: Bertelsmann Stiftung.
Pfläging, Nils (2009). *Die 12 neuen Gesetze der Führung. Der Kodex: Warum Management verzichtbar ist.* Frankfurt am Main: Campus.
Radatz, Sonja (2003). *Beratung ohne Ratschlag. Systemisches Coaching für Führungskräfte und BeraterInnen* (3. Auflage). Wien: Verlag Systemisches Management.
Rauen, Christopher (2003). Coaching für Politiker. *Coaching-Newsletter, 3.* www.coaching-news-letter.de/archiv/2003/2003_03.htm [16.5.2013].
Rosenberger, Sigrid (2008). Leadership Revisted: Zur Wiederentdeckung der Persönlichkeit in der Politik. In: Annette Zimmer & Regina Jankowitsch (Hrsg.), *Political Leadership* (S. 69–87). Berlin: polisphere.
Sattelberger, Thomas, Welpe, Isabell & Boes, Andreas (Hrsg.) (2015), Das demokratische Unternehmen: Neue Arbeits- und Führungskulturen im Zeitalter digitaler Wirtschaft. Freiburg/Münche: Haufe
Ukowitz, Martina (2012). Auf dem Weg zu einer interdisziplinären Praxeologie: Interventionsforschung in der prozessorientierten Beratung. In: Robert Wegener, Agnès Fritze & Michael Loebbert (Hrsg.), *Coaching entwickeln. Forschung und Praxis im Dialog* (2., durchgesehene Auflage) (S. 45–54). Wiesbaden: VS Verlag für Sozialwissenschaften.
Wegge, Jürgen, & Rosenstiel, Lutz von (2004). Führung. In: Heinz Schuler (Hrsg.), *Lehrbuch Organisationspsychologie* (S. 475–513). Bern: Huber.
Witt, Paul (2010). *Karrierechance Bürgermeister. Leitfaden für die erfolgreiche Kandidatur.* Stuttgart: Boorberg.
Zimmer, Annette, & Jankowitsch, Regina (Hrsg.) (2008). *Political Leadership.* Berlin: polisphere.
Zürn, Michael (1998). *Regieren jenseits des Nationalstaats.* Frankfurt am Main: Suhrkamp.

Coaching für Wissenschaftler/innen

Monika Klinkhammer

Der Hochschul- und Wissenschaftsbereich ist heute einer der größten Beratungsmärkte in Deutschland: So gab es im WiSe 2013/14 insgesamt 423 deutsche Hochschulen und Universitäten mit Ende 2012 über eine halbe Million Beschäftigte, davon ungefähr jeweils die Hälfte wissenschaftliches und nicht wissenschaftliches Personal (Statistisches Bundesamt 2014). Im Jahr 2012 lehrten insgesamt 43.862 Professor/innen an deutschen Hochschulen. Der Frauenanteil liegt hier bei rund 20 Prozent (Gesamtzahl 8.957 Frauen), wird jedoch deutlich geringer, je höher der Status und je höher die Dotierung einer Professur ist.

Dass Beratung, auch Coaching, in diesem Bereich immer mehr Bedeutung bekommt, hat auch damit zu tun, dass an den Hochschulen vieles in Bewegung ist: Mit dem derzeitigen Generationenwechsel bei den Professuren (je nach Bundesland war bei 30 bis 70 Prozent der Stellen bis 2014 eine Neubesetzung erforderlich, insgesamt waren oder sind es in den letzten Jahren über 20 000 Professuren) werden vielschichtige Erwartungen zur Innovation der Organisationen, der Hochschulkulturen, der Hochschulbildung und des Wissenschaftsstandorts Deutschland insgesamt verknüpft. Die Förderung des wissenschaftlichen Nachwuchses, die Identifizierung bislang ungenutzter *high potentials* und die Steigerung des Frauenanteils in allen Wissenschafts- und Hochschulpositionen sind seit Jahren hochschulpolitisch verfolgte Ziele. An vielen Universitäten haben sich Stellen für

---

M. Klinkhammer (✉)
Berlin Deutschland
E-Mail: Monika.Klinkhammer@t-online.de

© Springer Fachmedien Wiesbaden 2016
R. Wegener et al. (Hrsg.), *Coaching-Praxisfelder*,
DOI 10.1007/978-3-658-10171-8_5

Organisations- und Personalentwicklung, Mentorinnen-Programme, *Career Center* oder Gründungsberatungsstellen etabliert. Mit deutlich zunehmender Tendenz wird prozessorientierte und personenbezogene Beratung im Wissenschaftsfeld implementiert.

Ziel des folgenden Textes ist es, die grundlegenden Besonderheiten und Herausforderungen von Coaching im Hochschul- und Wissenschaftsbereich zu skizzieren. Dazu wird im ersten Abschnitt Coaching in diesem Praxisfeld zunächst einmal umrissen. Es werden hochschulpolitische und strukturelle Einflussfaktoren und die besonderen Zielgruppen beleuchtet sowie das Verständnis, die Implementierung und feldspezifische Qualitätskriterien von Coaching beschrieben.

Im zweiten Abschnitt folgt die Darstellung der aktuellen Entwicklungen in der Praxis. Der dritte Abschnitt fokussiert den recht dünnen Stand der Forschung. Im letzten Teil wird ein Fazit gezogen und ein Ausblick auf künftige Trends gewagt.

1 Zum Praxisfeld Coaching in Hochschule und Wissenschaft

1.1 Hochschulpolitische und Strukturelle Einflussfaktoren

Das Praxisfeld ist beeinflusst durch die tief greifenden hochschulpolitischen und strukturellen Veränderungen der deutschen Hochschullandschaft in der letzten Dekade. Insbesondere die Exzellenzinitiative (das seit 2005 laufende und mehrfach modifizierte Programm des Bundes und der Länder zur Förderung von Wissenschaft und Forschung an deutschen Hochschulen), aber auch andere Trends, wie zum Beispiel die durch ungünstige Studienbedingungen geprägte Bildungskrise, die durch den Bologna-Prozess initiierte Vereinheitlichung des europäischen Hochschulraums, die Masterisierung und der damit verbundene Zwang zur Akkreditierung von Studiengängen, sind hier prägend.

Exzellente Forschung und Lehre bedarf exzellenter Rahmenbedingungen: Auch aufgrund der Finanz- und Wirtschaftskrise und des Drucks, den Arbeitsmarkt zu beeinflussen, Lösungen gegen den Fachkräftemangel zu schaffen usw., erkennt die Politik, dass (technisches) Know-how nur über Hochschulbildung entwickelt werden kann. Hier liegt der Schlüssel für den zukünftigen Wirtschaftsstandort Deutschland. Dazu bedarf es – neben materiell-technischer Ausstattung – auch der Personalentwicklung, durch die neue Bildungs- und Beratungsformate implementiert werden.

Angebot und Nachfrage nach Coaching steigen in diesem Beratungsfeld kontinuierlich an. Der Coaching-Boom hat damit auch den Hochschul- und Wissenschaftsbereich erreicht. Es gibt kaum eine hochschulpolitische Zeitschrift, Tagung, Organisation, die sich nicht mit dem Thema beschäftigt.[1,2]

Die Hochschulpolitik hat zahlreiche Reformen auf den Weg gebracht. Diese wirken dynamisch auf den Ebenen der Organisation, der Profession und der Person, was sich auch in der Nachfrage nach Coaching spiegelt.

So erreicht die mit der Benennung von Exzellenzhochschulen und -einrichtungen verbundene erhöhte Aufmerksamkeit auch die Ebene des Subjektes: Wissenschaftler/innen, die in solchen Einrichtungen begutachtet und aufgenommen werden, fühlen sich einerseits zu Recht als der wissenschaftlichen (Nachwuchs-) Elite zugehörig. Andererseits lastet auf ihnen ein extremer Erfolgsdruck. Mit der Aufnahme in die exzellente Einrichtung ist die Erwartung verbunden, dass die Aufgenommenen wissenschaftliche Spitzenergebnisse produzieren, publizieren und die Einrichtung nach außen repräsentieren. Wissenschaftler/innen verinnerlichen diesen Erfolgsdruck.

---

[1] In den letzten Jahren gab es zahlreiche Fachtagungen, zum Beispiel die Tagung der BAköV 2013 in Brühl, eine Tagung des Instituts für Hochschulbildung, des Stifterverbandes für die Deutsche Wissenschaft in Kooperation mit der Uni Konstanz zu „Perspektiven der akademischen Personalentwicklung" in 2013 in Berlin; die Tagungen „Coach me if you can" im Jahr 2010 in Köln (Klinkhammer et al. 2010); „Coaching und Meer" in den Jahren 2010, 2012 und 2014; ein Workshop im Rahmen der Tagung der Deutschen Gesellschaft für Hochschuldidaktik 2011 in München; die Tagung „Coaching als Programm" 2011 in Dortmund; der Workshop zu „Coaching als Instrument für die Führungskräfteentwicklung" im Rahmen des Kongresses „Personalentwicklung an Hochschulen – weiterdenken" in 2013 an der Universität Duisburg-Essen; das "Lab „Wissenschaftsbetrieb" im Rahmen des 3. Internationalen Coaching-Fachkongresses "Coaching meets Research" Coaching in der Gesellschaft von morgen in Olten/Schweiz in 2014; die Fachtagung des Stifterverbands für die Deutsche Wissenschaft zu „Perspektiven der Akademischen Personalentwicklung" in 2015 in Berlin.

Auch steigt die Zahl der Beiträge in Fachzeitschriften kontinuierlich an. Im Jahr 2005 wurden die beiden Zeitschriften Personal- und Organisationsentwicklung in Einrichtungen der Lehre und Forschung (P-OE) und die Zeitschrift für Beratung und Studium (ZBS) aufgelegt. Die Zeitschrift OSC hatte mittlerweile zweimal als Themenschwerpunkt „Coaching in Hochschule und Wissenschaft" gewählt (OSC Hefte 2/2009 und 1/2012). In 2014 widmete sich die Zeitschrift Supervision, Mensch, Arbeit Organisation (ZfS) Heft 3/2014 dem Schwerpunktthema „Hochschulen gut beraten?!" Auch nehmen Fachpublikationen zu (Buer 2001; Wildt et al. 2006; Reinhardt et al. 2006; Mehrtens 2006; Hubrath et al. 2006; Klinkhammer 2004, 2005, 2006, 2007a, 2007b, 2009a, 2009b, 2011, 2012; Klinkhammer und Frohnen 2013; Brüning, 2008; Fuleda 2010; Schreyögg 2009).

[2] Vgl. auch die Zeitschrift Supervision, Mensch, Arbeitsorganisation mit dem Schwerpunktthema „Erschöpft – Arbeit und Gesundheit im Konflikt" (Heft 1/12).

Dies wirkt oftmals zusammen mit bereits vorhandenen, manchmal deutlich überhöhten Ansprüchen an die eigene Leistung und Performance. Zudem unterliegt der Arbeitsplatz Hochschule einem grundlegenden Wandel (Böckelmann 2009).

Diese Dynamik und das im Hochschulbereich besondere Arbeitsethos gehen einher mit in der Arbeitswelt allgemein feststellbaren Veränderungen wie Arbeitsverdichtung oder Beschleunigung: Sie lassen den Druck auf die Beschäftigten in Hochschulen drastisch ansteigen. Spiewak (2011) sieht die an Kennzahlen, Drittmitteln, Promotionen, Veröffentlichungen, Patenten usw. gemessenen „Hochschulen unter Druck", der zu einer bis dato nicht vorhandenen „Produktivitätsexplosion" führe. Lenzen spricht sogar von einem „organisatorischen Burn-out" (Lenzen, zit. nach Spiewak 2011). Auch im Hochschulbereich haben wir es also mit einer „riskanten Arbeitswelt" (Haubl und Voß 2011) und einer „Belastungsstörung mit System" (Haubl et al. 2013) zu tun, auch hier stehen „Arbeit und Gesundheit im Konflikt" miteinander.[3]

Da der beschriebene Druck über die Universitäten und ihre Exzellenzeinrichtungen letztlich auch auf die Ebene des Subjekts übertragen wird, wirkt er auch im Individuum. Coaches benötigen deshalb eine feldspezifische, fundierte Beratungskompetenz und Strategien zum Umgang mit Symptomen ihrer Coachees wie dem „sich selbst erschöpfenden Selbst" (Keupp 2012), mit strukturell verursachten Gefühlen von Sinnentleerung – oder anders formuliert: mit dem/ der „Prof. Dr. Depressiv" (Spiewak 2011). Zudem sind professionsspezifische Besonderheiten im Coaching zu berücksichtigen: Insbesondere in den Naturwissenschaften und der experimentellen Forschung, jedoch nicht nur hier, bedarf es eines adäquaten Umgangs mit Misserfolgen. Denn diese Art von Forschung basiert auf vielfachen Fehlversuchen und Fleißarbeit. Bahnbrechende Forschungsergebnisse stützen sich auch auf vorangegangene gescheiterte Experimente, die oftmals nicht wertgeschätzt werden. Ähnliches gilt für die zunehmende Forschungsfinanzierung über Drittmittel und dem damit verbundenen Antragsflut und zugleich zwangsläufigen Scheitern eines Teils der Anträge. Hier bedarf es einer in den Wissenschaftsorganisationen weiterzuentwickelnden „Kultur des Scheiterns", durch die auch die letztlich nicht öffentlichkeitswirksam vermarktbaren Leistungen wertgeschätzt werden. Dies stärkt auch die Identität als Wissenschaftler/in.

---

[3] In folgenden Einrichtungen wird unter anderem dazu Forschung betrieben: Institut für Hochschulforschung an der Martin-Luther-Universität Halle-Wittenberg (HoF), Bayerisches Staatsinstitut für Hochschulforschung und Hochschulplanung (IHF), Internationales Zentrum für Hochschulforschung Kassel (INCHER-Kassel), Hochschul-Informations-System (HIS), Zentrum für Hochschulbildung an der TU Dortmund (zhb), Leibniz-Institut für Sozialwissenschaft/Center of Excellence Women and Science (GESIS/CEWS). Siehe auch Konsortium Bundesbericht Wissenschaftlicher Nachwuchs (2013).

Die Wissenschaftskarriere erfordert – wie kaum ein anderes Arbeitsfeld – das Management unterschiedlichster finanzieller Rahmenbedingungen – von zeitweise finanziell exzellent ausgestatteten Beschäftigungsverhältnissen bis hin zum „wissenschaftlichen Prekariat" (Neis und Rubelt 2010). Burkhardt (2008) benennt die Wissenschaftskarriere sogar als „Wagnis Wissenschaft". Diese prekären Beschäftigungsbedingungen sind eine aktuelle Herausforderung in der Hochschulsteuerung, die sich im Coaching spiegeln. „Angesichts des erheblichen Bedeutungszuwachses von Befristung, Drittmittelfinanzierung und Teilzeit für die Beschäftigungssituation von wissenschaftlichen Mitarbeiterinnen und Mitarbeitern rückt die Frage nach der Attraktivität des Arbeitsplatzes Hochschule und damit verbunden nach der Wettbewerbsfähigkeit des Hochschulbereichs im Vergleich zu anderen Berufsfeldern für Hochqualifizierte zunehmend in das Zentrum der hochschulpolitischen Diskussion (Quaißer und Burkhardt 2013, S. 2).

1.2 Zielgruppen und zielgruppenspezifischer Beratungsbedarf

Die zahlreichen Zielgruppen unterscheiden sich in ihrem Beratungsbedarf insbesondere durch ihren beruflichen Status, durch ihre Aufgaben (Forschung, Lehre, Hochschulmanagement, Verwaltung, wissenschaftliches bzw. nichtwissenschaftliches Personal), ihre jeweilige Karrierephase und durch wissenschaftliche Disziplin und Orientierung. Aus der nachfolgenden Übersicht geht hervor, wie differenziert der Beratungsbedarf auch aus der beratungspraktischen Sicht von im Hochschul- und Wissenschaftsbereich erfahrenen Coaches umrissen wird (Klinkhammer 2009b) (Abb. 1):

An die Zielgruppe der *Führungskräfte* im Hochschulbereich (z. B. Rektor/innen, Professor/innen, Personalverantwortliche, Gleichstellungsbeauftragte, Dekan/innen, Koordinator/innen von Studiengängen, Leiter/innen von Forschungsgruppen, Leiter/innen von Sonderforschungsbereichen und besonderen Forschungseinrichtungen oder Führungskräfte in Graduiertenkollegs und -schulen) werden – über die normalen Anforderungen an Führungspositionen hinaus – thematisch und inhaltlich besondere Ansprüche gestellt, die es zu berücksichtigen gilt. So bringt zum Beispiel die für die Wissenschaftskarriere zunehmend relevante Drittmittelakquise neue Herausforderungen an eine Antragstellung, strategische Planung, Personalauswahl und -führung usw. (Herrmann und Spath 2011). Hier wird künftig die Berücksichtigung neuer Führungsthemen im Coaching, wie z. B. der Umgang mit „Minderleistung" (Haller 2013, 2014) eine Herausforderung sein.

Forschung, Lehre und Wissensmanagement	Übergänge gestalten
• Professorinnen und Professoren, Lehrbeauftragte, wissenschaftliches und administratives Personal, Wissenschaftsmanager/innen, … • Personen in außerhochschulischen Forschungseinrichtungen, in Ministerien, in hochschul- und wissenschaftsnahen Einrichtungen, …	• Individuelle Karriereplanung und Karriereentscheidungen • Agieren in Bewerbungssituationen und Verhandlungen • Einstieg in neue Rollen und Funktionen
Menschen vor, während und nach Übergängen	**Projekte, Teams und Organisationen begleiten**
• Nachwuchswissenschaftler/innen, Promovierende und Habilitierende • Ein-, Auf-, Um- und Aussteiger/innen • Erst- und Neuberufene	• Beratung zu Teamentwicklung, Personalentwicklung und Kulturwandel • Begleitung bei Antragsentwicklung, Projektplanung und -management
Leitung und Hochschulmanagement	**Führungskompetenz entwickeln**
• Personen mit Leitungsaufgaben (z. B. Hochschulleitung, Dekanat, Team, Abteilungsleitung, Projekt) • Gleichstellungsbeauftragte und Diversity Management, PE/OE, QM • Projektleitungen und Leitungen von Funktionsabteilungen/Stabsstellen	• Führungsrolle, Führungsstil und Selbstverständnis; Führung als „primus inter pares" • Umgang mit Konflikten im Team, am Arbeitsplatz, im Projekt • Menschen führen – aber wohin?
Teams und Organisationen	**Mit Herausforderungen umgehen**
• Arbeitseinheiten, Abteilungen, Arbeitsgruppen und Projektteams • Netzwerke, Verbünde, Institutionen • …	• Life-Work-Balance • Umgang mit Stress; Zeit- und Selbstmanagement • Umgang mit Rollenerwartungen • Klärung und Stärkung der eigenen professionellen Identität • …

Quelle: www.coachingnetz-wissenschaft.de (erstellt von Boris Schmidt in Anlehnung an Klinkhammer 2009b).

Abb. 1 Themen, Anliegen, Fragen und Ziele von Coaching in der Wissenschaft

Auch wird zunehmend Coaching für Personal im sogenannten *Third Space,* also Personen, die mit einem wissenschaftlichen Profil im Wissenschaftsmanagement und eher in mittleren Führungspositionen tätig sind, konzipiert und auch ein spezifischer Beratungsbedarf formuliert (Böckelmann et al. 2013; Nickel und Ziegele 2010). Eine besondere Zielgruppe sind Neuberufene, die im Coaching auch die mit dem Übergang in den neuen Status als Professor/in verbundenen Herausforderungen thematisieren (Hubrath 2009; Hammerl 2002) sowie in den letzten Jahren Juniorprofessor/innen. Zentrale Themen sind neben der Identitätsentwicklung und der weiteren wissenschaftlichen Profilierung insbesondere auch Fragen zur Verstetigung und Aufwertung der eigenen Stelle zum weiteren Aufstieg, zu Bleibeverhandlungen usw.

Eine weitere Zielgruppe sind (Nachwuchs-)*Wissenschaftler/innen in verschiedenen Karrierestadien* (Buer 2001; Klinkhammer 2004 Koall und Wengelski-Strock 2014): Hier stehen Fragen des Aufbaus und der Genese von professioneller Identität als Wissenschaftler/in bzw. Hochschullehrer/in ebenso im Mittelpunkt wie vielfältige Fragen zur Bewältigung der jeweiligen spezifischen Qualilfikationsanforderungen oder der weiteren Lebens- und Karriereplanung. Dabei spielen oft auch Aspekte zur Vereinbarkeit von Karriere und Familie/Kindern eine Rolle. Zudem wird Coaching mit Berufsprofilierung und Existenzgründungsberatung verknüpft (Hilzinger 2013). Das Thema Forschungsfinanzierung und Drittmittelakquise ist nicht nur für Professor/innen, sondern zunehmend für alle Wissenschaftler/innen und auch im Coaching relevant. Hier ist eine Herausforderung im Coaching dabei zu unterstützen, wie Wissenschaftler/innen einen Überblick über sich permanet verändernde Förderprogramme bekommen und sich über das Coaching hinaus paßgenaue Information und Beratung zu organisieren können, z. B. über Datenbanken (wie z. B. www.stipendiumplus.de; www.euroconsult.uni-bonn.de; www.stipendienlotse.de; www.kisswin.de).

Oftmals werden Hochschulkarrieren – auch vor dem Hintergrund der Existenzsicherung – in phasenüberschneidenen Verläufen angelegt, so dass sich Projekte und Publikationen, wie z. B. die Promotion mit dem DFG-Projekt / „Eigene Stelle", überschneiden und das Karrieremmodell der „Pferderennbahn" entsteht (Klinkhammer 2013).

Im Coaching mit Professor/innen sind weitere zentrale Themen einzubeziehen wie Lehrstuhlmanagement, Personalführung, Teamleitung und -entwicklung, strategische Planung, Life-Work-Balance, Gremienmanagement, Verwaltungsarbeit, transdisziplinäre und transorganisationale Koorperationen, Aufbau, Entwicklung und Abbau von Studiengängen oder auch die eigene Karriereplanung bzw. der Übergang in den Ruhestand und berufliche Aktivitäten über die Emeritierung hinaus.

Auch Professor/innen sind verstärkt mit den vielschichtigen Auswirkungen von Organisationsveränderungsprozessen und strukturellen Veränderungen, wie z. B. der Fusion von Fachbereichen oder ganzen Hochschulen beschäftigt. Themen im Coaching sind neben z. B. der eigenen Verortung auch Fragen der Wertschätzung der (Lebens-) Leistung durch Entscheidungsträger oder die weitere strategische Positionierung bis hin zur inneren Kündigung.

Weitere Zielgruppen sind *Organisationseinheiten oder Teams,* zum Beispiel im Kontext von Strukturveränderungen, Fachbereichsräten usw. (Belardi 1999) oder unterschiedlich zusammengesetzte Teams im Kontext von „Managing Gender & Diversity" (Bruchhagen und Koall 2002) oder der Curriculumentwicklung (Nolten 2014). Hier wird eine neutrale Moderation beim Projektmanagement, bei der Entwicklung von Zielvereinbarungen, Konzepten oder Spielregeln, bei Fragen der Zusammenarbeit bzw. bei Konflikten im Team oder zwischen dem Team und der Teamleitung angefragt.

Zudem sind Hochschullehrer/innen und Lehrbeauftragte in allen Positionen als Lehrende – hier dient Coaching der Qualifizierung durch Beratung – als weitere Zielgruppe zu identifizieren (Klinkhammer 2007a; Futter 2013). Dazu zählen neben Professor/innen, Juniorprofessor/innen, Gastprofessor/innen, Hochschuldozent/innen, Privatdozent/innen auch honorierte und nicht honorierte Lehrbeauftragte. Bei Hochschullehrenden, die in ihrem Rollenverständnis sich auch als Coach ihrer Studierenden definieren, dient Coaching auch als Qualifizierung zur Beratung.

Ein weiterer Bereich stellt die *Forschungssupervision* zur Beratung von Forschungsprojekten dar (Barkhausen 2002; Giesecke und Rappe-Giesecke 1997; Rappe-Giesecke 1999, 2000). Zielgruppe sind hier die *Forscher/innen bzw. Forschungsteams.* Bei ihnen stehen vor allem inhaltliche, forschungsmethodische und -strategische Fragen, aber auch die Akquise von Drittmitteln und die damit verbundenen Fragen und Konflikte im Vordergrund. Auch mehren sich Coaching-Anfragen von internationalen, transdisziplinären Forschungsteams (Rabelt et al. 2007), bei denen es unter anderem um die Klärung der Zusammenarbeit oder von Konflikten geht. Dies dürfte den selbstreflexiven Beratungsbedarf in verschiedenen Settings auch vor dem Hintergrund der zunehmenden Relevanz von Mobilität, der gleichzeitigen Internationalisierung von Wissenschaftskarrieren, aber auch der Arbeit in transdisziplinären Forschungsgruppen und Forschungsverbünden künftig ansteigen lassen und zu weiteren[4] Differenzierungen im Coaching führen.

Last but not least kann Coaching Nachwuchswissenschaftler/innen, Lernenden und Studierenden als *Lerncoaching* dienen, also der Förderung von subjektiven, themenbezogenen Lernprozessen im Studium.

---

[4] Siehe z. B. internationales Symposium „Creating Future – Establishing Networks with Industry and Creating Capacity for Young Scientists" dort hat die Graduierten- und Forschungsakademie der TU Bergakademie Freiberg 09/2014 ein Netzwerk zur Promotionsförderung, Promotionsprogramme im Ressourcenbereich sowie promotionsbegleitende Bildungs- und Coachingprogramme gegründet (http://tu-freiberg.de/presse/netzwerk-zur-promotionsfoerderung-gegruendet) Zugegriffen am 22.11.14.

Der aufgrund von beratungspraktischer Erfahrung zusammengestellte, zielgruppenspezifische Beratungsbedarf wird durch eine aktuelle Studie zur Personalentwicklung für den wissenschaftlichen Nachwuchs bestätigt (Briedis et al. 2013). Sowohl bei den Anbietern als auch bei den Nutzern von Personalentwicklung an Hochschulen und außeruniversitären Forschungseinrichtungen wird ein großer Bedarf an zielgruppenspezifischen, passgenauen und vor allem individualisierten Maßnahmen der Beratung und Weiterbildung empirisch belegt. Ein weiteres zentrales Ergebnis ist, dass Frauen diese Leistungen mehr in Anspruch nehmen als Männer.

1.3 Verständnis und Implementierung von Coaching im Hochschulbereich

Auf dem Beratungsmarkt Hochschule ebenso wie bei Anbietern von Coaching-Programmen herrscht – wie sich schnell im Internet auf entsprechenden Webseiten erkennen lässt – Vielfalt in Bezug auf das Coaching-Verständnis. Es reicht von einem professionellen Verständnis von Coaching als prozessorientierter, klar kontraktierter Beratung über Coaching als (Selbst-) Reflexion im beruflichen Kontext (z. B. analog den Qualitätskriterien der Deutschen Gesellschaft für Supervision, des Deutschen Coaching-Verbandes oder des Deutschen Bundesverbandes Coaching) bis hin zu Coaching als einmaligem Event, als Fachberatung, als Weitergabe von Expertenwissen, als Training zur Leistungssteigerung, als Persönlichkeitsentwicklung, als „Life-Coaching" oder zu Coaching anstelle von Psychotherapie. Coaching kann vieles davon beinhalten, jedoch liegt nach meinem Verständnis das Kernangebot im der (Selbst-)Reflexion im beruflichen Kontext dienenden, dialogischen Beratungsprozess, der maßgeblich durch die professionelle Beziehungsarbeit von Coach und Coachee gestaltet wird: „Coaching ist ein professionelles und prozessorientiertes Beratungsverfahren, das Raum für alle mit der Berufsrolle und beruflichen Identität zusammenhängenden Themen und Fragen bietet. Genutzt werden kann es von Wissenschaftler/innen, die sich im Spannungsfeld von Person, Berufsrolle und Institution orientieren und weiterentwickeln wollen" (www.coachingnetz-wissenschaft.de).

Um das Beratungsformat und den Begriff des Coachings im Hochschulbereich nicht zu verwässern und dadurch seine eben erst gewonnene Akzeptanz zu riskieren, aber auch aufgrund einer entsprechend grundlegenden professionellen Beratungshaltung im Kontraktgeschehen, sollten alle Anbieter und Programmverantwortliche darum bemüht sein, das eigene Verständnis vor dem Hintergrund seriöser Beratungstheorie und den Beratungsverständnissen anerkannter

Fachverbände zu definieren und von anderen Beratungs- und Bildungsformaten deutlich abzugrenzen.

Teilweise wird Coaching auch nach meinem Verständnis missverständlich bis an der Grenze zu missbräuchlich benutzt. Beispielsweise wird unter dem Begriff „Wissenschafts-Coaching" auch zunehmend eine Fachberatung gemischt mit anderen Dienstleistungen oder Beratungsformaten wie zum Beispiel Lektorat oder Online-Coaching verstanden, die eine mangelnde Betreuung von Professor/innen im Rahmen von Dissertationen oder anderen Qualifikationsarbeiten kompensiert oder ergänzt, bis hin zu ghostwriterähnlichen Angeboten. Hier wird Coaching oftmals im Sinne einer Expertenberatung insbesondere durch das Beantworten von individuellen Fragen verstanden, das eine fachlich kompetente Anleitung z. B. zum wissenschaftlichen Arbeiten integriert. Auch wird Coaching oftmals mit Inhalten von Trainings gleichgesetzt (Lind und Löther 2006).

Auch große Auftraggeber von Coaching, wie z. B. die Ludwig-Maximilians-Universität München, Center for Leadership and People Management, kommen zum Ergebnis, dass auch zum Schutz vor Mißbrauch des Beratungsformates Coaching klar z. B. wie folgt zu definieren ist: „Coaching ist ein Begriff, der in vielen Kontexten gebraucht und dabei auch manchmal missbraucht wird. Deshalb ist es uns wichtig, Ihnen unser Verständnis von Coaching darzulegen: Coaching ist eine individuell zugeschnittene und zeitlich begrenzte Einzelberatung für Leistungsträger. Coaching dient der fachlich fundierten Begleitung von Entwicklungs- und Veränderungsprozessen (egal, ob diese freiwillig oder bedingt durch externe Anlässe stattfinden). Der aus dem Leistungssport übernommene Begriff steht für einen interaktiven und prozessorientierten Ablauf des Beratungsprozesses. Wir präsentieren Ihnen keine vorgefertigten Lösungen, sondern Unterstützung bei der Bearbeitung beruflicher und privater Themen. Als Coach arbeiten wir nicht direktiv – vielmehr bieten wir eine dialogorientierte Zusammenarbeit. Dies eröffnet Ihnen die Möglichkeit, eigene Ressourcen zu erkennen und zielorientiert zu nutzen. Coaching ist für verschiedenste Anlässe geeignet. Es ist für jeden sinnvoll, der gerne mit einem geschulten Reflexionspartner persönlich bedeutsame respektive belastende Thematiken durchsprechen/bearbeiten möchte. Es gibt keine thematischen Einschränkungen. Sollten wir im Beratungsprozess zu der Überzeugung gelangen, dass eine andere Art der Beratung oder Schulung sinnvoller wäre, werden wir dies mit Ihnen besprechen (und Ihnen gegebenenfalls Kontakte vermitteln). Zu Beginn einer Zusammenarbeit steht ein Kennenlernen zur Abklärung der persönlichen und fachlichen Bedürfnisse. Wenn der passende Coach für Sie gefunden ist, können die Termine bei Ihnen am Arbeitsplatz oder bei uns in entspannter, neutraler Atmosphäre stattfinden" (http://www.peoplemanagement.uni-muenchen.de/angebot/indiv_angeb/coachings/index.html – Zugegriffen am 22.11.14).

Manche Definitionen setzen Coaching mit Promovierenden z. B. auch mit Betreuungsaufgaben gleich, konkurrieren oder erweitern so die Aufgaben der universitären Betreuer/innen: „Eine externe, d. h. nicht durch die eigentlichen Betreuer/innen der Promotion geleistete Betreuung/Beratung wird neudeutsch Coaching genannt" http://www.gew.de/Forschungssupervision_und_Coaching_2.html – Zugegriffen am 22.11.14.

Teilweise führt die genutzte Begrifflichkeit auch zu Verwirrung. So wird z. B. der Begriff „Lehrcoaching" vom PEP der Universität Bielefeld benutzt, um Coaching im hochschuldidaktischen Kontext für Lehrende zu definieren. Mit „Lehrcoaching" wird in anderen Zusammenhängen die in Coaching- und Supervisionsweiterbildungen angewandte und gängige Praxis, Teilnehmer/innen über „Lehrcoaching" als Coach auszubilden, bezeichnet. Ebenso gilt Vorsicht bei der Verwendung des Begriffs Supervision im wissenschaftlichen Kontext, insbesondere in international ausgerichteten Einrichtungen, da hier mit Supervision das Betreuungsverhältnis im Rahmen der Promotion bezeichnet wird und Supervisor/innen hier „Doktorväter und –mütter" sind.

Es gibt also kein einheitliches Verständnis von Coaching, und es gibt im Hinblick auf Coaching ebenso wie auf Supervision Deutungsvielfalt: Denn die generelle Diskussion um die theoretische und konzeptionelle Abgrenzung von Supervision und Coaching spiegelt sich auch in der einschlägigen Beratungsliteratur zum Coaching und zur Supervision im Hochschulbereich wider (Buer 2012). Es finden sich sowohl Vertreter/innen, die Coaching und Supervision als deutlich unterschiedliche Beratungsformate verstehen, als auch solche, für die diese annähernd identische Beratungsformate zur Förderung beruflicher Selbstreflexion darstellen. Letztere – zu denen auch ich gehöre – sehen Unterschiede allenfalls in den jeweiligen Entstehungs- und Anwendungsbezügen. Die Unterschiede innerhalb der Beratungsformate Coaching und Supervision, zum Beispiel im Hinblick auf die angewandten Konzepte und die (schulenbezogenen) Qualifizierungen der Berater/innen selbst, werden als prägnanter betrachtet als die Unterschiede zwischen den beiden Beratungsformaten.

Im Hinblick auf die *Implementierung* von Coaching an Universitäten lassen sich organisationsinterne Unterschiede feststellen: Coaching wird klassischer Weise über Stabsstellen, die Personalabteilung und die Personalentwicklung etabliert sowie über Weiterbildungseinrichtungen wie *Career Center* oder hochschuldidaktische Einrichtungen angeboten oder auch über die Gleichstellungsbeauftragten oder hier angesiedelte Frauenförder- oder Leadershipprogramme implementiert. Auch hier ist Wandel und Vielfalt festzustellen wie eine unveröffentlichte Recherche vom Netzwerk Studienqualität Brandenburg (2015) aufzeigt. Oftmals sind Coachingprogramme in Zertifikatsprogrammen z. B. in der Hochschuldidaktik oder Führungskompetenztrainings eingebunden. Als ein Beispiel, das für viele

Einrichtungen steht, kann das Berliner Zertifikat für Hochschullehre des Berliner Zentrum für Hochschullehre (BZHL) genannt werden.[5]

Zunehmend werden Stellen für Coaching geschaffen, die teils Coaching-Programme konzipieren und koordinieren, teils als interne Coaches tätig werden. Ein Vorreiter für internes Coaching ist die Universität Konstanz (Müller 2013). Manche Universitäten bieten zudem Coaching über ihre internen psychologischen Beratungsstellen oder im Rahmen von Existenzgründungsberatung an. Dabei entstehen im Idealfall synergetische Kooperationen innerhalb der Organisationen oder kommt es im negativen Fall zu einem Neben- oder durch Konkurrenzen geprägten Gegeneinander mit typischen Beratungsfallen.

Erwähnt werden sollten auch Studienstiftungen, die im Rahmen von Förderprogrammen für (Nachwuchs-)Wissenschaftlerinnen verstärkt Coaching für ihre Kollegiat/innen anbieten, wie zum Beispiel die Hans-Böckler-Stiftung. Auch offerieren zunehmend außeruniversitäre Forschungseinrichtungen in strukturierten Promotionsverfahren eine Kombination von Coaching und Training. Daneben bieten berufsständische Organisationen, wie der Deutsche Hochschulverband (DHV), oder teilweise öffentlich finanzierte, gemeinnützige Organisationen, wie das Centrum für Hochschulentwicklung (CHE), oder auch öffentliche Einrichtungen der Frauenförderung, wie das Kompetenzzentrum Frauen in Wissenschaft und Forschung (CEWS), Beratungsleistungen an, die zum Teil auch als Coaching definiert werden, nach meinem Verständnis jedoch meist eher eine Orientierung gebende karrierestrategische Beratung, eine Experten- oder Rollenberatung oder Trainingselemente beinhalten. Zudem organisieren sich (Nachwuchs-)Wissenschaftlerinnen ihre Beratung selbst, zum Beispiel im Doktorandennetzwerk Thesis oder externe Coaches und Supervisor/innen treten entweder in Beratungsorganisationen oder als Freiberufler auf dem Markt auf oder beraten intern zum Beispiel als Angestellte in Hochschuleinrichtungen. Auch haben große Unternehmensberatungen den Beratungsmarkt Hochschule entdeckt.

1.4 Qualitätskriterien für Coaching und Coaches

Coaches sollten grundsätzlich eine professionelle und methodische Qualifizierung, Berufs- und Beratungserfahrung und eine fundierte „Beratungskompetenz" (Buchinger und Klinkhammer 2007) aufweisen. Für Coaches im Hochschul- und Wissenschaftsbereich ist darüber hinaus zentral, über ein besonderes, breites Kompetenzproil zu verfügen, also eine auf Wissenschaft und Forschung spezifizierte

---

[5] http://www.bzhl.tu-berlin.de.

Feld- und Beratungskompetenz. Erforderlich ist ein vielschichtiges Wissen über die Wissenschafts-, Hochschul- und Forschungskultur, über Wissenschaft als Profession, also ein eigenes „kulturelles Kapital" zum Umgang mit dem „Habitus des Wissenschaftlers" (Bourdieu 1992, 1997a, b). Coaches benötigen die Kompetenz zum adäquaten Zugang zum Feld sowie – vor dem Hintergrund der Statusunterschiede – zur Gestaltung einer Beratungsbeziehung in Augenhöhe. Dies gilt in der Arbeit mit Professor/innen im besonderen Maße. Ein eigenes wissenschaftliches Profil und der Doktorgrad, sozusagen der Nachweis der adulten Reife im System, vereinfachen die Akzeptanz als Coach. Ähnliches kann die durch Berufserfahrung im Wissenschaftsmanagement, in der Wissenschaftsverwaltung oder in der Koordination von Forschung und Wissenschaft geprägte Feldkompetenz bewirken.

Ebenso sind fundierte Kenntnisse über Wissenschaft als Profession unverzichtbar. Coaches sollten auf Wissen über die Herausforderungen der einzelnen Qualifizierungsstufen (von der Promotion, der Post-Doc-Phase, der weiteren thematischen Profilierung und über die Habilitation, Forschungsprojekte, Juniorprofessur bis hin zur befristeten oder unbefristeten Professur) zurückgreifen können und deren Implikationen auf die Berufsrolle, die weitere Karriereplanung, phasen-spezifische Konflikte und Belastungen usw. von Wissenschaftler/innen einschätzen und als Coach damit umgehen können (Kahlert 2013a, 2014a, b). Zentrale Themen sind hier die durchgängig starke Leistungsorientierung von Wissenschaftler/innen sowie zahlreiche formelle wie informelle Bewertungs-, Prüfungs- und Selektionsrituale. Nach wie vor wird – in idealisierter und überhöhter Form – von Wissenschaftler/innen erwartet, dass sie den Karriereweg „auf der Autobahn zur Professur" durchlaufen (Krimmer et al. 2004). Aktuell werden z. B. verstärkt sogenannte Fast-Track-Promotionsprogramme an Hochschulen implementiert, die eine verkürzte Promotion fast zeitgleich mit dem Masterabschluss ermöglichen. Die Wissenschaftsbiografie ist ohne Umwege und lückenlos zu gestalten – auch wenn in Realität viele erfolgreiche Wissenschaftler/innen über Umwege und mit Brüchen im beruflichen Werdegang Karriere machen. Dabei sind möglichst viele Publikationen mit einem hohen Impactfaktor aufzuweisen, umfangreiche Drittmittel einzuwerben und renommierte Forschungsprojekte umzusetzen. Mobilität, Internationalität und eine allzeitige Verfügbarkeit werden dabei selbstverständlich vorausgesetzt.

Coaches benötigen Beratungskompetenz für professionsinhärente Krisen von Wissenschaftler/innen, zum Beispiel bei lang andauernden Berufungsverfahren (Zimmermann 2000; Färber und Sprangenberg 2008; Färber und Riedler 2011), für Prüfungs- und Bewertungsrituale, bei Konflikten in Arbeitsbeziehungen, bei zum Teil extremen Macht- und Abhängigkeitsverhältnissen oder in Phasen des Scheiterns, prekärer Situationen und berufsbiografischer Brüche.

Ebenfalls notwendig sind Kenntnisse zur Unterstützung beim Management komplexer Forschungsgruppen und -projekte, dem Projektmanagement oder bei der Gestaltung der Führungskompetenz nicht nur von Professor/innen (Haller 2007; Schmidt 2010; Schmidt und Richter 2009). Auch bedarf es eines adäquaten Umgangs im Coaching mit besonderen thematischen Herausforderungen (z. B. dem „Hochstaplersyndrom", der Lebens- und Karriereplanung, der Forschungsfinanzierung, Burn-out- und Arbeitssuchtgefährdung, Life-Work-Kompetenz, Relevanz soziale Herkunft) (Klinkhammer und Saul-Soprun 2009; Klinkhammer 2011, 2012; Watts und Robertson 2011; Hartmann 2002). Thematisch relevant sind auch weitere Soft-Skills und Kommunikationskompetenzen wie Präsentationskompetenz (Franck 2001) oder Wissenschaftsmarketing.

Im Coaching insbesondere - jedoch nicht ausschließlich - mit Frauen, ist das Hintergrundwissen des Coach/der Coach um genderbedingte Besonderheiten und Konflikte in den verschiedenen Phasen der Wissenschaftskarriere ebenso erforderlich wie Genderkompetenz und die Genderbrille im Beratungsprozess bei Interventionen, Feedback usw. (Klinkhammer 2004); Beaufays et al. 2012; Zimmermann 2000) Färber und Spangenberg 2008; Kahlert 2013b: Dautzenberg et al. 2013; Beaufays 2003; Koall und Wegelski-Strock 2014; Gemeinsame Wissenschaftskonferenz 2014).

Markante Besonderheiten des Hochschulbereichs sind auch zum Beispiel der „Profilierungsdruck", das „Einzelkämpfertum", besondere „Eitelkeiten", „Konkurrenz", der „Habitus" von Wissenschaftler/innen usw. (Klinkhammer 2004, S. 393–408; Bourdieu 1992, 1997a, b). Belardi (1999, S. 370) spricht hier sogar von impliziten „Beratungsfallen im speziellen Milieu der Hochschulen", denen auch durch multiprofessionell zusammengesetzte Beratungsnetzwerke, durch fachkompetente Hochschullehrer/innen und externe Supervisor/innen, Coaches bzw. Organisationsberater/innen entgegengewirkt werden kann. In Kooperationen von multiprofessionellen Beraternetzwerken sieht Buchinger (Buchinger und Klinkhammer 2007) generell die „Zukunft der Supervision" und des Coachings. Darüber hinaus scheint auch der Bedarf von Beratungsanbietern und Coaches wie Auftraggebern gleichermaßen zu steigen, sich auf der Expertenebene als bzw. mit ausgewiesenen Coaches auszutauschen und zu vernetzen; so nahmen beim "Themenlab „Wissenschaftsbetrieb" im Rahmen des 3. Internationalen Coaching-Fachkongresses "Coaching meets Research Coaching in der Gesellschaft von morgen" in Olten/Schweiz erstmals über 30 Personen mit langjähriger PE und/oder Coaching- und Beratungsexpertise im Hochschulbereich teil.

Coaches benötigen Wissen und Handlungskompetenz im Hinblick auf die Vielfalt der Rollen und Aufgaben von Hochschullehrer/innen und Wissenschaftler/innen, die sich weiterhin verändern und komplexer werden (Klinkhammer 2004, 2006).

Zudem gilt es, sich auch themenspezifisch auf dem neuesten Stand zu halten, den State of the Art zu beherrschen, eigene Grenzen vielfältiger Art zu kennen und adäquat zu handeln. Allein beim Thema Forschungsförderung ändert sich die Förderlandschaft permanent und es ist nur möglich, hier den umfassenden Überblick zu behalten, wenn man sich als Coach auf dieses Thema spezialisiert.

Vor dem Hintergrund der Vielfalt der Coaching-Verständnisse besteht eine Herausforderung darin, das eigene Coaching-Verständnis immer wieder und anfragenbezogen zu kommunizieren und zu prüfen, ob es mit den Erwartungen der Auftraggeber harmoniert, sich dabei zugleich als Coach zu vermarkten, ohne das Beratungsformat Coaching zu „verwässern". Zunehmend bilden sich Beraternetzwerke, wie zum Beispiel das „Coaching-Netz Wissenschaft" oder Arbeitskreise in Fachverbänden, wie zum Beispiel die Arbeitsgruppe „Beratung, Coaching und Hochschule" der Deutschen Gesellschaft für Hochschuldidaktik (dghd), die neben marktstrategischen Interessen auch einen Beitrag dazu leisten wollen, Coaching ähnlich wie definiert weiter zu professionalisieren und seriöse Coaching-Programme zu etablieren. Diese Netze haben auch eine kollegiale Beratungsfunktion, um die eigene Professionalität als Coach zu bewahren und Herausforderungen und Risiken in der Rolle als Coach selbst zu managen.

2 Zum Stand der Entwicklungen in der Praxis

Personalentwicklung an Universitäten und Hochschulen und damit auch hier angesiedelte Coachingprogramme unterliegen nach meiner Wahrnehmung in den letzten Jahren einem systematischen Professionalisierungs- und Etablierungsprozess, in dem unterschiedliche Modelle zum Tragen kommen (Schmidt 2007), die auch zu unterschiedlichen Verständnissen von Coaching und Coachingprogrammen führen[6] Zwar bieten mittlerweile die meisten Universitäten und Hochschulen ihrem Personal – meist ihren Führungskräften und Professor/innen – Coaching an (Nickel und Ziegele 2010, S. 67). Vorreiter waren die Universitäten Bochum (Reinhardt et al. 2006) und Bremen (Mehrtens 2006; Hubrath et al. 2006). Jedoch ist der Grad der konzeptionellen Entwicklung und Implementierung nach wie vor unterschiedlich. Er reicht von Einrichtungen, die gut implementierte, differenzierte und praxiserprobte Coaching-Programme anbieten, bis zu Einrichtungen, die nach wie vor in den Anfängen – sozusagen in den Kinderschuhen – stecken. Dies trifft in Hochschulen vor allem auf das Coaching im nicht akademischen Bereich zu, wie

---

[6] So hat sich im Oktober 2014 ein neues bundesweites Netzwerk für universitäre Personalentwicklung als gemeinsame Plattform gegründet (www.http://uninetzpe.de).

Nickel und Ziegele feststellen (2010, S. 67). Nach einer Recherche der Zeitschrift *managerSeminare* im Jahr 2008 verfügten nach Erhebungen der Hochschulrektorenkonferenz von insgesamt 118 Universitäten in Deutschland 78 über Fort- und Weiterbildungsangebote für ihre Mitarbeiter/innen. Davon hatten lediglich neun ein Konzept zur Personalentwicklung, das auf einem Leitbild basierte und im Kontext von managementorientierten Veränderungsprozessen stand (Bergel 2008, S. 60).

Dabei wird auch hochschulpolitisch, zum Beispiel vom Wissenschaftsrat, eine systematische Personalentwicklung – und damit Coaching als etabliertes Beratungsformat – dringend empfohlen. Coaching (Supervision weniger) wird als ein wesentliches Instrument im zunehmenden – auch internationalen – Wettbewerb der Hochschulen um Rankings, Spitzenwissenschaftler/innen, aber auch um zahlungskräftige und geeignete in-wie ausländische Studierende und Nachwuchswissenschaftler/innen identifiziert. Dazu bedarf es eines professionellen Hochschulmarketings, einer Personalrekrutierung und einer systematischen und nachhaltigen Personalentwicklung (Brüning 2008). In den letzten Jahren ist jedoch deutlich die Professionalisierung der PE und damit des Coachings feststellbar, so dass Coaching als ein Instrument im Wettbewerb der Universitäten um die besten „Köpfe" z. B. durch „Talent Development" gewertet wird. (Schreyögg und Nazlic 2014)

Für Belardi waren Organisationsentwicklung und Wandel im Hochschulbereich eine Folge von Krisen, für deren innovative Lösungen innerhalb der Organisation Hochschule wenig Potenzial vorhanden war, sondern auf die eher mit suchtähnlichen Symptomen, wie zum Beispiel Arbeitssucht, oder mit Burn-out reagiert wurde, welche die Situation verschlimmerten (Belardi 1999, S. 372 f.). So sei trotz der vielfältigen Chancen des wachsenden Beratungsmarktes an Hochschulen und in Forschungseinrichtungen erwähnt, dass der Wissenschaftsbetrieb auch eine sehr anspruchsvolle und durchaus risikobehaftete Branche oder, wie *managerSeminare* es ausdrückt, immer noch ein „schwieriges Terrain für Berater" ist (Bergel 2008). Auch Allert (2014) teilt diese Einschätzung: „Die Ausgangssituation für beratende Berufe wird nicht einfacher durch die Einsicht darin, dass auch Eliten wahrnehmungsblind sein können."

Aus meiner Sicht scheint derzeit die Personalentwicklung an Hochschulen in Richtung individuelle Karriereberatung in Kombination mit Training zu tendieren. Die Beratung von Teams oder Organisationseinheiten ist eher (noch) die Ausnahme (so auch Nolten 2014). Verstärkt werden aber auch zielgruppenspezifische und für die jeweilige Einrichtung passgenaue Konzepte angefragt. Das ist seitens der Berater/innen im Sinne einer professionellen Beratung einerseits zu begrüßen. Andererseits sind diese Konzepte oft als Beginn einer OE-Maßnahme zu identifizieren, werden als solche aber weder von den Auftraggebern so bezeichnet, noch ist der finanzielle, konzeptionelle und personelle Rahmen dafür vorhanden. Hier spielt auch die hochschulspezifische Besonderheit eine Rolle, dass die meisten Arbeitsverhältnisse prekär, also kurzzeitig befristet, nur in Teilzeit auszuüben und unterbezahlt sind (Neis und Rubelt 2010).

Auch für Coaching-Programme verantwortliches Personal ist oftmals befristet sowie teils in Teilzeit beschäftigt; in 2009 waren 68% der wissenschaftlichen Mitarbeiter/innen befristet beschäftigt, davon fast die Hälfte jeweils in Teilzeit sowie über Drittmittelprojekte finanziert (Statistisches Bundesamt 2014). Durch den permanenten Personalwechsel gehen nicht selten bereits aufgebaute Strukturen oder Organisationswissen verloren. Hinzu tritt, dass viele Auftraggeber/innen wenig Erfahrung mit qualifizierten und von der Hochschullandschaft als hoch dotiert wahrgenommenen Beratungsprozessen haben. Oft ist diese Sicht mit einer Erwartung an Berater/innen gekoppelt, ihre Dienstleistung unter Marktwert zu verkaufen. Zudem spiegelt sich vielfach der Leistungsdruck des Hochschulsystems im Coaching wider, indem schnelle „Patentrezepte" für alle vorhandenen Probleme erwartet werden und zugleich die Ressourcen nur kurze Beratungsprozesse ermöglichen. Beides hat entsprechende Wirkungen auf den Beratungsprozess.

Ähnlich wie in vielen Arbeitsfeldern weiten sich auch im Hochschulbereich der Beratungsbedarf und die Beratungsangebote rasant (Nestmann et al. 2004a, b). Es findet eine Differenzierung in Bezug auf Themen, Zielgruppen, angewandte Methoden usw. ebenso statt, wie in diesen einzelnen Bereichen selbst weiter differenziert wird. Auch wird entlang der Funktionen und einzelnen Statusgruppen weiter differenziert. In der Praxis findet sich dies in einer Vielzahl von Bindestrichangeboten: Habilitations-Coaching, Schreib-Coaching, Karriere-Coaching, Drittmittelakquise-Coaching, Präsentations-Coaching, Berufungs-Coaching, Forschungs-Coaching, Promotions-Coaching usw. Auch Online-Coachingangebote sowie virtuelles Coaching und Coaching via Skype werden zunehmend angefragt.

Oftmals ist unklar, ob hier „Coaching" im oben definierten Sinne eines klar kontraktierten, zieldefinierten, dialogischen und berufliche Selbstreflexion initiierenden Beratungsprozesses benutzt wird oder ob der Begriff verwendet wird, um ein Training oder Seminar besser zu vermarkten. Hier besteht sicherlich eine Herausforderung darin, das „Scharlatanerieproblem" zu managen (Kühl 2005).

Aktuell lassen sich folgende weiteren Entwicklungen festestellen: In der Aufbauphase wurden zunächst über bestimmte Statusgruppen Zielgruppen avisiert, oftmals neu berufene Professor/innen sowie Promovend/innen. Die Differenzierung der Coachingprogramme ist auch eine Konsequenz aus der kontinuierlichen Fortschreibung z. B. des Bundesberichtes Wissenschaftlicher Nachwuchs (Bundesbericht Wissenschaftlicher Nachwuchs 2013), der sich aus der Hochschulforschung ergebenden differenzierten Erkenntnisse z. B. des Institutes für Hochschulforschung (HoF). So gibt es z. B. aktuell differenzierte Erkenntnisse zur Phase der Juniorprofessur, die auch Auswirkungen im Coaching haben werden.[7] Auch führte beispielsweise die Erkenntnis des Karrierebruchs nach der Promotion in der Post-doc-Phase oder über die Risiken der Juniorprofessur dazu, dass zunehmend PE- und Coachingprogramme für die Post-doc-Phase und den Übergang in die Professur etabliert werden z. B. in der Dahlem Research School der Freien Universität Berlin oder der Potsdam Graduate School der Universität Potsdam.

Vor diesem Hintergrund werden Coachingprogramme statusgruppenbezogen etabliert und seitens der Organisation entsprechend themenbezogen differenziert im Coachingsauftrag definiert. Beispiele sind spezielle Coachings rund um das Berufungsverfahren, wie z. B. der Gestaltung der Bewerbungsunterlagen und des -prozederes, der Präsentation von Forschungsthemen und –profilen, der Demonstration hochschuldidaktischer Kompetenz in der Berufungssituation, der strategischen und kommunikativen Gestaltung des Gesprächs mit der Berufungskommission, der Verhandlungskompetenz bei der Rufterteilung – zum Beispiel im Hinblick auf die zunehmende Befristung von Professuren oder der Vereinbarung von Tenure-Track-Optionen –, aber auch den mit diesen Situationen besonderen beruflichen, persönlichen und psychosozialen Belastungen.

Auch gibt es Coachingprogramme, die für Wissenschaftler/innen beim Entscheidungsmanagement nach der Promotion zur Frage „Wege in die Wissenschaft – Wege aus der Wissenschaft" angeboten werden und der Zukunfts- und Karriereplanung auch jenseits Professur als Karriereziel dienen. Auch das Career Center der Universität Hamburg bietet Nachwuchswissenschaftler/innen ein „Career Coaching" für Übergänge in Wissenschaft und Wirtschaft sowie ein „Young Leaders in Science Coaching" für den Übergang in Leitungspositionen an.[8]

Ein weiteres Best-Practice–Beispiel ist das Programm „Karrierekompass" der Frauenbeauftragten der Universität Potsdam in 2012/13, das Postdoktorandinnen auf dem Weg aus der Wissenschaftslaufbahn Richtung Professur auch durch ein begleitendes Coaching unterstützt hat.[9] Zudem wird für Frauen vielfach Coaching

---

[7] Ergebnisse wurden im Rahmen der Tagung „Die Juniorprofessur zwischen Anspruch und Wirklichkeit – Neue und traditionelle Wege wissenschaftlicher Qualifizierung im Vergleich"29./30. September 2014 in Berlin diskutiert. Zahlreiche Publikationen finden sich unter http://www.hof.uni-halle.de. Siehe auch Nickel und Rathmann 2014.

[8] Quelle: http://www.uni-hamburg.de/career-center/nachwuchswissenschaftler/beratung.html vom 23.11.14.

[9] Quelle: http://www.uni-potsdam.de/gleichstellung/themen/hochschulangehoerige/karrierekompass.html vom 23.11.14.

unter dem Leitziel der Frauenförderung angeboten. So haben Maßnahmen wie z. B. die „Forschungsorientierten Gleichstellungsstandards" der DFG in 2008 dazu geführt, dass die hochschulöffentliche und interne Aufmerksamkeit auf die Frauenanteile gerichtet wurde, um ihn auf allen wissenschaftlichen Karrierestufen zu erhöhen. Das sogenannte Kaskadenmodell führt beispielsweise zur Selbstverpflichtung der DFG-Mitglieder. Danach wird der Frauenanteil einer jeden wissenschaftlichen Karrierestufe durch den Anteil der Frauen auf der direkt darunter liegenden Qualifizierungsstufe definiert und ein Teil der Finanzmittel daran gebunden. Diese Finanzmittel werden u.a auch für Coachingprogramme zur Frauenförderung eingesetzt. Oftmals wird Coaching auch im Kontext von Mentoringprogrammen oder Leadership- und Führungskräfteprogrammen für Frauen implementiert und mit Zertifikatsprogrammen verbunden.

Im Bereich der Hochschuldidaktischen Zertifikate läßt sich einerseits der Trend der Integration von Coachings in die Weiterbildung feststellen, andererseits in einigen Einrichtungen auch und insbesondere aus Kostengründen die Umwandlung vom Coaching zu kollegialen Beratungsformaten und kollegialem Coaching. Die fachliche Diskussion um Vor- und Nachteile sowie der Kombination oder Grenzen von Coaching und kollegialer Beratungsformate ist bislang kaum geführt.

Auch gibt es zunehmend den Trend, bestimmte Trainings wie Berufungstrainings mit einer zeitnahen Einzelberatung zu kombinieren in einem Setting, dass oftmals nur eine (oder zwei) Sitzung ermöglicht und als Coaching bezeichnet wird. Nach gängigen Coachingdefinitionen sind jedoch hier markante Elemente wie z.B. Beratungsprozeß mit Auftragsklärung und mehreren Sitzungen über einen definierten Zeitraum sowie einer Auswertungssitzung nicht vorhanden. Die Bezeichnung als Coaching ist eher irreführend.

Zugenommen haben auch Anfragen nach Coaching im Kontext von entscheidenden Auftritten von Organisationseinheiten, Instituten oder Teams z.B. bei der Präsentation im Kontext des Drittmitteleinwerbs bei der DFG, bei SFB-Anträgen, bei Akkreditierungen, bei höchkarätigen Stiftungen oder bei öffentlichkeitswirksamen Veranstaltungen mit massenmedialer Aufmerksamkeit.

Einerseits also boomt Coaching, andererseits ist das Beratungsformat noch keineswegs als im Hochschulbereich selbstverständlich implementiert.

Eine weitere Herausforderung besteht darin, dass über anfragende Selbstzahler/innen, die mit Unterstützung des/der Coach sich um eine Finanzierung des Coachings durch ihre Einrichtungen bemühen, oftmals die Implementierung von Coaching überhaupt erst in Gang kommt und dass durch laufende Coaching-Prozesse institutionelle Konzepte und Rahmenbedingungen erst angestoßen und entwickelt werden. Hier ist Beratung über Beratung, also Entwicklungsarbeit erforderlich, für die jedoch oftmals kein Beratungssetting kontraktiert werden kann. Dies trifft auch auf Hochschulorganisationen zu, deren Coaching-Programme und -konzepte erst im Auf bau begriffen sind. Hier sind oft Rahmenvereinbarungen als Grundlage für Dreiecks- und Viereckskontrakte zu schaffen, ohne zugleich OE- und Konzeptberatungsprozesse zu initiieren. Dabei ist eine Abgrenzung wichtig, um den Coaching-Prozess nicht zu überfrachten.

Der Boom des Coachings im Hochschulbereich spiegelt sich auch auf der Ebene der Anbieter: Hier ist aktuell eine Zunahme der Anbieter generell sowie eine Vielfalt und Differenzierung im Hinblick auf Themenschwerpunkte, Status- und Zielgruppen, Disziplinen, usw. festzustellen (Klinkhammer 2014). Die einzelnen Coaches haben sehr unterschiedliche Hintergründe, Profile sowie Beratungsexpertise und -erfahrung. Überwiegend bieten Freiberufler/innen meist zugleich Coaching und Trainings an. Mittlerweile gibt es hier schätzungsweise 100 bis 300 Coaches (Xuân Müller 2013). Auch große, traditionelle Beratungsfirmen sowie Organisationen der Hochschulforschung und Politik rund um Wissenschaft und Forschung (z. B. CHE, DHV) entdecken den neuen Beratungsmarkt Hochschule und decken den Bedarf. Auch werden verstärkt Inhousecoaches eingestellt, wie z. B. an der Universität Konstanz.

Bislang gibt es keine feldspezifische Qualifizierung – jede/r kann sich als Hochschul- oder Wissenschaftscoach bezeichnen. Die meisten seriösen und qualifizierten Coaches in diesem Feld verfügen über eine qualifizierte Coachingweiterbildung und Beratungsexpertise, jedoch gibt es – wie im Coachingmarkt generell - eine Bandbreite von Weiterbildungen, die von einigen Wochenendseminaren bis hin zu mehrjährigen von der DGSv oder anderen Coachingverbänden zertifizierten Weiterbildungen reicht. Seit 2012 bietet bislang allein die Christian-Albrechts-Universität zu Kiel eine wissenschaftliche Weiterbildung zum Hochschulcoach an. Diese setzt ein abgeschlossenes Hochschulstudium, eine vorhandene Coachingausbildung, eine zweijährige Coaching-Erfahrung sowie ein Mindestalter von 30 Jahren voraus (Quelle: http://www.weiterbildung.uni-kiel.de/de/berufsbegleitende-weiterbildungsangebote/flyer-hochschulcoach-1). Diese Weiterbildung ist nicht nur für Coaches attraktiv, sondern zunehmend für Professor/innen und vor allem Nachwuchswissenschaftler/innen, die beim Ausstieg aus den Wissenschaftskarriere entweder damit ein neues Berufsbild verbinden oder die Coaching nebenberuflich anbieten wollen.

Die Zukunft das Coachings in Hochschule und Wissenschaft scheint sich weiter in Richtung Professionalisierung und Differenzierung zu entwickeln, welche u. a. mit einer professionellen Vernetzung qualifizierter Coaches einherzugehen scheint, z. B. im Coachingnetz Wissenschaft e.V. oder im Netzwerk Wissenschaftscoaching.

3 Zum Stand der Forschung

Die Profession Wissenschaft ist Gegenstand vielfältiger und differenzierter Forschung. Insbesondere die Geschlechterverhältnisse sind, vor allem durch das Engagement der Geschlechterforschung und Gleichstellungsbeauftragten an Hochschulen und außeruniversitären Forschungseinrichtungen, durchgängig gut erforscht. Umso bemerkenswerter ist, dass es zu Coaching in Hochschule und Wissenschaft nach wie vor wenig Fachliteratur und kaum empirische Studien gibt.[10] Eine Recherche beim CEWS ergab, dass 2013 in der Datenbank nur 27 Einträge zum Begriff „Coaching" zu finden sind, 2014 sind es schon 65[11] Die meisten Bezüge tauchen unter Stichpunkten wie Mentoring, Training oder allgemeine Konzepte zur Förderung von Wissenschaftlerinnen auf. Es finden sich nur zwei Beiträge, in denen Coaching als Beratungsformat beschrieben wird (Klinkhammer 2004; Wildt et al. 2006).[12] Die überwiegende Zahl der Studien fokussiert die Coaching-Praxis. Oftmals handelt es sich um die Darstellung von wenigen Einzelfallbeispielen, an denen Coaching-Themen verdeutlicht werden (so z. B. Klinkhammer 2011, 2013; Buer 2001; Nolten 2014). In der Fachliteratur beschreiben Hochschuleinrichtungen oftmals ihre Konzepte, Zielsetzungen und deren Umsetzung in der Praxis, so zum Beispiel den Ablauf, die angewandten Methoden oder die Inhalte im Coaching (Pohl und Husmann 2009; Hebecker und Szczyrba 2009; Brüning 2008; Peus et al. 2009; Jappe 2012; Linde und Szczyrba 2012; Klinkhammer 2007a, 2007b, 2009a; Frohnen 2009). Den Beratungsbedarf an „Supervision und Coaching für Wissenschaftlerinnen" fokussiert eine Studie im Rahmen meiner Dissertation (Klinkhammer 2004).

Eine Studie von Brendel et al. (2012) gilt der Evaluation von Coaching-Prozessen im Kontext des Berliner Zentrums für Hochschullehre (BZHL). Sie geht der Frage der Sinnhaftigkeit und Bewertung des Instruments Coaching an Hochschulen nach. Die Autor/innen kommen zum Fazit, dass Coaching für Professor/ innen ein sehr sinnvolles Angebot ist und als Programmangebot unbedingt beibehalten werden sollte. Nach wie vor scheint es hier jedoch eine Hemmschwelle bei Professor/innen zu geben, Coaching in Anspruch zu nehmen. Dazu sind viele hochschulinterne einzelne Schritte seitens des Coachee erforderlich. Wenn Hochschulen hier die Zugangsschwellen abbauen, wäre dies hilfreich.

---

[10] Ich habe alle mir bekannten Studien aufgeführt. Über eine Rückmeldung zu ungenannten oder geplanten Studien würde ich mich freuen.
[11] http://www.gesis.org/cews/suche/suche/treffer/?qt1=coaching&order=true 22.11.14.
[12] Quelle: www.gesis.org/cews/informationsangebote/literatur/suche/treffer/?qt1=coaching&order=pubyear%3E [3.4.2013].

Auch sollten von Auftraggebern hohe Qualitätsstandards für die Auswahl von Coaches beibehalten werden und sollte weiterhin kontinuierlich deren Qualität geprüft werden. Die Studie von Brüning (2008) mit Experteninterviews kommt zum Schluss, dass Coaching auch dem Marketing der Hochschule dient, um innovatives und exzellentes Personal zu rekrutieren.

Einige Studien fokussieren bestimmte Statusgruppen und Phasen in der Wissenschaftskarriere. Dörr (2013) erstellte im Rahmen einer Master-Thesis eine Studie zu „Coaching von Promovierenden – Promotionscoaching im Hinblick auf die Verbesserung des Promotionsablaufs unter besonderer Berücksichtigung von Coaching-Tools". Sie wertet Aussagen von Promotions-Coaches in dreizehn leitfadengestützten Expert/innen-Interviews qualitativ aus. Ziel der Studie ist es, praxiserprobte Methoden im Coaching von Promovierenden zu erfassen und einen Katalog von Coaching-Tools zusammenzustellen, der auf die verschiedenen Phasen der Promotion abgestimmt ist und den Ablauf der Promotion positiv unterstützen kann. Interessante Ergebnisse zur Personalentwicklung im weiteren Sinne und darin eingebunden zu differenzierten und spezifizierten Coaching-Angeboten für unterschiedliche Zielgruppen im Wissenschaftsfeld bietet die Studie von Nickel und Ziegele (2010). Insgesamt werden die Trends der Zunahme von Coaching, der horizontalen und vertikalen Differenzierung einerseits und andererseits der Unterschiedlichkeit und Vielfältigkeit der lokalen Angebote und Verständnisse von Coaching bestätigt. Es wird festgestellt, dass Coaching im akademischen Bereich und hier am häufigsten für Professor/innen implementiert ist und von ihnen eher angenommen wird als Fortbildungskurse (a. a. O., S. 76). Coaching-Angebote für die Zielgruppe Wissenschaftsmanagement/*Third Space,* die im Zentrum der Studie steht, sind kaum zu finden und eher für Verwaltungspersonal als für Personal im Wissenschaftsmanagement konzipiert (a. a. O., S. 67). In außeruniversitären Forschungseinrichtungen wird Coaching im Vergleich zu den Hochschulen deutlich weniger angeboten (a. a. O., S. 68).

Insgesamt sind zu Coaching im Wissenschaftsfeld zahlreiche Forschungslücken zu füllen und unterschiedliche Fragestellungen zu bearbeiten, wie zum Beispiel: Wie sind die Wirkungen und Effekte von Coaching für die Coachees, auf deren Forschungsqualität und deren eigene Profilierung? Welche Verbesserungen lassen sich durch Coaching im Hinblick auf Führungsfunktionen im Hochschulbereich feststellen? Benötigen unterschiedliche Statusgruppen unterschiedliche Tools im Coaching? Wie können Hochschulen und Forschungseinrichtungen das von Coaches gewonnene Organisationswissen nutzbar machen, ohne den Vertrauensschutz zu gefährden? Wie können Standards für gutes und gelingendes Coaching im Hochschulbereich definiert werden? Wie wird Coaching konkret durchgeführt?

4 Fazit und Ausblick

Abschließend möchte ich die Herausforderungen im Coaching mit Wissenschaftler/innen mit Blick auf die Coaches zusammenfassen: Ich komme zur Schlussfolgerung, dass Coaches sowohl auf der *Ebene der Profession* Wissenschaft als auch auf der *Ebene von Organisationen* noch eine Vielzahl an Herausforderungen zu meistern haben. Auf der *Ebene der Profession* Wissenschaft bedarf es der permanenten Professionalisierung, also als Coach der fortlaufenden eigenen Erweiterung des hochschulspezifischen Beratungsprofils. Es gilt, im Blick auf die strukturellen, organisatorischen und berufsrollenspezifischen Veränderungen der Profession Wissenschaft im Hinblick auf Wissen, aber auch mit Blick auf beratungsspezifische Kompetenzen „am Ball" zu bleiben.

Coaches arbeiten als „Vermittler" zwischen den „inneren Welten" ihrer Kund/innen, die durch eine Vielzahl von Ambivalenzen geprägt sind. Zu nennen sind hier beispielsweise das Spannungsfeld „rationale Erfordernisse der Profession Wissenschaft" versus „emotionale Befindlichkeiten" oder das Spannungsfeld zwischen „Identifizierung mit der (künftigen) Rolle als Professor/in" und den „realen Notwendigkeiten der aktuellen Karrierephase", die zum Teil durch Prekariat und Unsicherheit geprägt sind. Coaches benötigen deshalb eine klare Haltung zum Anforderungssystem Wissenschaft sowie im Hinblick auf die eigenen Kompetenzen und Grenzen. Neben der eigenen Professionalisierung ist die Selbstreflexivität für die eigene Rolle zentral. Es bedarf des systematischen und regelmäßigen Austausches, der kollegialen Beratung und der Vernetzung mit Kolleg/innen, die ich als Anker in den dynamischen und leistungsorientierten Feldern der Wissenschaft und Forschung sehe.

Auf der *Ebene der Organisation* ist aktuell eine große Herausforderung die implizite Erwartungshaltung, dass Coaching als relativ neues Instrument im Hochschulbereich, ähnlich wie ein Allheilmittel, alle Probleme der Kund/innen in kürzester Zeit mit wenigen Sitzungen lösen kann. Im Kontakt mit Organisationen gilt es, insbesondere mit den überhöhten und überhöhenden, vielschichtigen und komplexen Ansprüchen an Coaching seitens der Hochschulen und der Forschungseinrichtungen umgehen zu können. Hierzu gehört unter anderem auch, das Setting in Verhandlungen mit universitären Auftraggeber/innen bewusst zu kontraktieren und auf die Umsetzung des Kontrakts zu achten.

Die Zukunft des Coachings im Wissenschaftsbereich ist zum einen gekennzeichnet durch eine weitere Differenzierung und Spezifizierung sowohl der Nachfrage- als auch der Angebotsseite. Dies betrifft die Zielgruppen, die Inhalte, Zielsetzungen, aber auch die methodischen Ansätze. In interkulturellen, internationalen Kontexten oder in inter- und transdisziplinären Zusammenhängen bedarf es der Entwicklung spezifischer methodischer Bausteine.

Notwendig ist auch die Kooperation der beteiligten Professionen und Organisationen: Die Coaches werden in Zukunft mit anderen Berater/innen und Beratungsformaten kooperieren müssen. Coaching wird zunehmend in PE- und OE-Maßnahmen integriert werden: So steigt derzeit die Nachfrage nach einem maßgeschneiderten Fortbildungsprogramm (z. B. nach thematischen Workshops) in Kombination mit Coaching im Einzel- wie in Teamsettings. Hier stellt sich – nicht nur aufgrund der personellen Kapazität von einzelnen Berater/innen – die Frage nach der vernetzten Zusammenarbeit als Coach oder Supervisor/in. Herausfordernd sehe ich auch die gleichzeitige Ausübung verschiedener Rollen, zum Beispiel als Trainer/in und als Coach innerhalb einer Organisation, oder das gleichzeitige Coaching verschiedener Hierarchiestufen (Vorgesetzte und Mitarbeiter/in in derselben Organisation).

Im Idealfall gibt es aufseiten der Organisation eine konkrete Zusammenarbeit der verschiedenen Auftraggeber/innen (Personalentwicklung, Gleichstellungsbeauftragte, Koordinator/innen von Graduiertenschulen und -kollegs oder Mentoring-Programme) mit den Beratungsanbieter/innen und den einzelnen Coachees (Einzelpersonen, Teams, Gruppen) – selbstverständlich unter Einhaltung der gebotenen Verschwiegenheit.

Eine gute, auf Vertrauen und Wertschätzung basierende Beratungsbeziehung zwischen Coach und Coachee, die auch durch eine stringente Einhaltung der Verschwiegenheit, die Schaffung eines geschützten Raums und Rahmens sowie durch ein klar kontraktiertes Setting geprägt ist, sind aus meiner Sicht zentral für die Wirksamkeit und den Erfolg von Coachings, nicht nur bei Wissenschaftler/innen.

Resümierend gilt für mich, dass Coaching mit Wissenschaftler/innen eine fordernde, insbesondere wegen der hohen Motivation und Expertise der Coachees, aber auch sehr zufriedenstellende und abwechslungsreiche Tätigkeit ist.

Literatur

Barkhausen, Anita (2002). Forschung zwischen Elfenbeinturm und Kontakt. Assoziationen einer Forschungssupervisorin. *Gestalttherapie 16*(1), 125–133.

Beaufays, Sandra, Engels, Anita, & Kahlert, Heike (Hrsg.) (2012). *Einfach Spitze? Neue Geschlechterperspektiven auf Karrieren in der Wissenschaft.* Frankfurt am Main: Campus.

Belardi, Nando (1999). Entwicklungsberatung für den Hochschulbereich. In: Harald Pühl (Hrsg.), *Supervision und Organisationsentwicklung* (S. 359–376). Opladen: Leske+ Budrich.

Beratung und Studium, Jg. 2005ff. Bielefeld: Universitätsverlag Webler.

Bergel, Sabine (2008). Schwieriges Terrain für Berater. Weiterbildungsmarkt Hochschule. *managerSeminare, 129,* 58–63.
Böckelmann, Christine (2009). Arbeitsplatz Hochschule. *Vom Allrounder-Anspruch zum kompetenzbasierten Personalmanagement.* Münster: Waxmann.
Böckelmann, Christine, Erne, Cordula, Kölliker, Alexandra, & Zölch, Martina (2013). *Der Mittelbau an Fachhochschulen und Pädagogischen Hochschulen. Eine Situationsanalyse.* München: Rainer Hampp.
Bourdieu, Pierre (1992). *Homo academicus.* Frankfurt am Main: Suhrkamp.
Bourdieu, Pierre (1997a). Die männliche Herrschaft. In: Irene Dölling & Beate Krais (Hrsg.), *Ein alltägliches Spiel. Geschlechterkonstruktion in der sozialen Praxis* (S. 153–217). Frankfurt am Main: Suhrkamp.
Bourdieu, Pierre (1997b). Eine sanfte Gewalt. Pierre Bourdieu im Gespräch mit Irene Dölling. In: Irene Dölling & Beate Krais (Hrsg.), *Ein alltägliches Spiel. Geschlechterkonstruktion in der sozialen Praxis* (S. 218–230). Frankfurt am Main: Suhrkamp.
Brendel, Sabine, Krökmer, Sarah-Lena, Riedel, Anja, & Scholz Manuel (2012). Wo Coaching eine „schmerzende" Lücke füllt. Zur Einschätzung von Coaching als Instrument der akademischen Personalentwicklung in Hochschulen. *Personal- und Organisationsentwicklung in Einrichtungen der Lehre und Forschung (P-OE), 7*(2), 59–64.
Briedis, Kolja, Jaksztat, Steffen, Schneider, Julia, Schwarzer, Anke, & Winde, Mathias (2013). *Personalentwicklung für den wissenschaftlichen Nachwuchs. Bedarf, Angebote und Perspektiven– eine empirische Bestandsaufnahme.* Essen: Edition Stifterverband.
Bruchhagen, Verena, & Koall, Iris (2002). Supervision im Diversitymanagement. In: Iris Koall, Verena Bruchhagen & Friederike Höher (Hrsg.), *Managing Gender & Diversity. Vielfalt statt Lei(d)tkultur* (S. 121–152). Münster: LIT.
Brüning, Andreas (2008). Coaching für neu berufene Hochschullehrer/innen. Marketingwirkung beim Recruiting. In: Christoph J. Schmidt-Lellek & Astrid Schreyögg (Hrsg.), *Praxeologie des Coaching* (S. 229–241). Wiesbaden: VS Verlag für Sozialwissenschaften.
Buchinger, Kurt, & Klinkhammer, Monika (2007). *Beratungskompetenz. Coaching, Supervision, Organisationsberatung.* Stuttgart: Kohlhammer.
Buer, Ferdinand (2001). Supervision mit PromovendInnen. In: Ferdinand Buer (Hrsg.), *Praxis der Psychodramatischen Supervision. Ein Handbuch* (S. 245–259). Opladen: Leske + Budrich.
Buer, Ferdinand (2012). Coaching in Hochschule und Wissenschaft. *Organisationsberatung, Supervision, Coaching (OSC), 19*(1), 1–5.
Dörr, Jeanine (2013). *Coaching von Promovierenden – Potenziale des Promotions-coachings für die Verbesserung des Promotionsprozesses unter besonderer Berücksichtigung von Coaching-Tools. Unveröffentlichte Masterarbeit an der Donau-Universität Krems (download* http://www.google.de/url?sa=t&rct=j&q=&esrc=s&source=web&cd=1& cad=rja&uact=8&ved=0CCIQFjAA&url=http%3A%2F%2Fwww.ik-heidelberg.de%- 2Farchiv.cfm%3Ffuseaction%3Dfip.getFile%26fp_id%3D2771&ei=SLnoU-HOKOXS- 4QTzwICIAw&usg=AFQjCNEbXDw4UFDGLuT_CEKXqIbvYs0iAQ&bvm= bv.72676100,d.bGE
Färber, Christine, & Riedler, Ute (2011). *Black Box Berufung. Strategien auf dem Weg zur Professur.* Frankfurt am Main: Campus.
Färber, Christine, & Spangenberg, Ulrike (2008). *Wie werden Professuren besetzt? Chancengleichheit in Berufungsverfahren.* Frankfurt am Main: Campus.

Frohnen, Anja (2009). Promotionserfolgsteams. Mit Peer Coachingkompetenz zur individuellen Leistungssteigerung. *Organisationsberatung, Supervision, Coaching (OSC), 16*(2), 150–164
Fuleda, Stefanie (2010). Coaching an Hochschulen. Auf dem Weg zur Exzellenz. *Weiterbildung*, (6), 32–35
Giesecke, Michael, & Rappe-Giesecke, Kornelia (1997). *Supervision als Medium kommunikativer Sozialforschung. Die Integration der Selbsterfahrung und distanzierter Betrachtung in der Beratung und Wissenschaft.* Frankfurt am Main: Suhrkamp.
Haller, Reinhold (2007). *Mitarbeiterführung in Wissenschaft und Forschung. Grundlagen, Instrumente, Fallbeispiele.* Berlin: Berliner Wissenschafts-Verlag.
Haller, Reinhold (2014): Mitarbeiterführung in Wissenschaft und Forschung. Grundlagen, Instrumente, Fallbeispiele. Berliner Wissenschafts-Verlag. 2. Erweiterte Auflage.
Hammerl, Marianne (2002). Neu auf dem Lehrstuhl. Hochschullehrer/innen als Führungskraft. *Organisationsberatung, Supervision, Coaching (OSC), 9*(3), 217–227.
Hartmann, Michael (2002). Der Mythos von den Leistungseliten. Frankfurt a.M.: Campus.
Haubl, Rolf, & Voß, Günter (Hrsg.) (2011). *Riskante Arbeitswelt im Spiegel der Supervision. Eine Studie zu den psychosozialen Auswirkungen spätmoderner Erwerbsarbeit.* Göttingen: Vandenhoeck & Ruprecht.
Haubl, Rolf, Voß, Günter, Alsdorf, Nora, & Handrich, Christoph (Hrsg.) (2013). Belastungsstörung mit System.. *Die zweite Studie zur psychosozialen Situation in deutschen Organisationen.* Göttingen: Vandenhoeck & Ruprecht.
Hebecker, Eike, & Szczyrba, Birgit (2009). Promotionscoaching. Von einer Privatangelegenheit zum institutionellen Support. *Organisationsberatung, Supervision, Coaching (OSC), 16*(2), 183– 192.
Hilzinger, Sonja (2013). *Berufsprofilierung. Ein Praxisbuch für Akademikerinnen und Akademiker.* Opladen: Barbara Budrich.
Hubrath, Margarete (2009). Coaching für neu berufene Professor/innen. *Organisationsberatung, Supervision, Coaching (OSC), 16*(2), 202–211.
Hubrath, Margarete, Jantzen, Franziska, & Mehrtens, Martin (Hrsg.) (2006). *Personalentwicklung in der Wissenschaft. Aktuelle Prozesse, Rahmenbedingungen und Perspektiven.* Bielefeld: Universitätsverlag Webler.
Jappe, Arlette (2012). Coaching für Wissenschaftler in der außeruniversitären Forschung. *Organisationsberatung, Supervision, Coaching (OSC), 19*(3), 309–319.
Keupp, Heiner (2012). Riskante Chancen: Das sich selbst erschöpfende Selbst auf dem Fittnessparcours des globalen Kapitalismus. In: Martin Bentele & Jörg Fellermann (Hrsg.), *Womit wir es in der Supervision und Coaching zu tun haben werden. Schlaglichter auf Veränderungen in Gesellschaft, Arbeit und Beratung* (S. 24–43). Kassel: university press.
Klinkhammer, Monika (2004). *Supervision und Coaching für Wissenschaftlerinnen.* Wiesbaden: VS Verlag für Sozialwissenschaften.
Klinkhammer, Monika (2005). Supervision für Hochschullehrerinnen und Hochschullehrer: Beratungsbedarf kontra Beratungsbedürfnis? *supervision*, (1), 60–64.
Klinkhammer, Monika (2006). Supervision und Coaching im Hochschul- und Forschungsbereich: Beschreibung eines Beratungsformates. *Personal- und Organisationsentwicklung in Einrichtungen der Lehre und Forschung (P-OE), 1*(4), 89–94.
Klinkhammer, Monika (2007a). Perspektivwechsel durch (Selbst-)Reflexion. Supervision und Coaching im Kontext der Hochschullehre. In: Brigitte Behrend, Hans-Peter Voss &

Johannes Wildt (Hrsg.), *Neues Handbuch Hochschullehre*, L 3.4 (S. 1–30). Berlin: Raabe.

Klinkhammer, Monika (2007b). Zwischen C 4 und Hartz IV: Supervision und Coaching für Wissenschaftler/innen. In: Nino Tomaschek (Hrsg.), *Perspektiven systemischer Entwicklung und Beratung von Organisationen* (S. 260–275). Heidelberg: Carl-Auer.

Klinkhammer, Monika (2009a). Supervision und Coaching für Wissenschaftlerinnen und Wissenschaftler. In: Rolf Haubl & Brigitte Hausinger (Hrsg.), *Supervisionsforschung – Einblicke und Ausblicke* (S. 92–109). Göttingen: Vandenhoeck & Ruprecht.

Klinkhammer, Monika (2009b). Angebot und Nachfrage von Coaching für Wissenschaftler/innen. *Organisationsberatung, Supervision, Coaching (OSC), 16*(2), 122–133.

Klinkhammer, Monika (2011). Life-Coaching von Wissenschaftler/innen in der Praxis. In: Christoph Schmidt-Lellek & Ferdinand Buer (Hrsg.), *Life-Coaching in der Praxis* (S. 251–270). Göttingen: Vandenhoeck & Ruprecht.

Klinkhammer, Monika (2012). Das „Hochstaplersyndrom" bei Promovierenden: Hintergründe, Auswirkungen und Gegenstrategien im Coaching. *Zeitschrift für Beratung und Studium, 7*(2), 59–64.

Klinkhammer, Monika (2013): Charakteristika und Belastungen des Arbeitsplatzes Hochschule. In: OSC 3/13 - *Organisationsberatung, Supervision, Coaching*, S. 307–318.

Klinkhammer, Monika, & Frohnen, Anja (2013). Zwischen Exzellenz und Existenzsicherung: Aktuelle Herausforderungen im Coaching von Wissenschaftlerinnen und Wissenschaftlern. In: Robert Wegener, Agnès Fritze & Michael Loebbert (Hrsg.), *Coaching-Praxisfelder. Forschung und Praxis im Dialog*. Online-Teil. Wiesbaden: Springer VS Verlag. www.springer.com. Wegener, Coaching-Praxisfelder (S. 179–190). [Präsentation beim Kongress „Coaching meets Research" am 6. Juni 2012 in Basel.]

Koall Iris & Wengelski-Strock, Sabine (2014): „Und dann schrieb die Arbeit sich wie von selbst"– Die wissenschaftliche Qualifikation als professioneller Reflexionsprozess durch Gruppensupervision. In: Zeitschrift Supervision, Heft 3 (in Druck).

Klinkhammer, Monika, Pohl, Michael, & Hubrath, Margarete (2010). Tagungsbericht „Coach me if you can" – Zur Gestaltung von Coachingprogrammen an Hochschulen. *Organisationsberatung, Supervision, Coaching (OSC), 17*(4) 445–449.

Klinkhammer, Monika, & Saul-Soprun, Gunta (2009). Das „Hochstaplersyndrom" in der Wissenschaft. *Organisationsberatung, Supervision, Coaching (OSC), 16*(2), 165–182.

Konsortium Bundesbericht Wissenschaftlicher Nachwuchs (2013). *Bundesbericht Wissenschaftlicher Nachwuchs 2013. Statistische Daten und Forschungsbefunde zu Promovierenden und Promovierten in Deutschland.* Bielefeld: Bertelsmann. www.wbv.de [25.5.2013].

Krimmer, Holger, Stallmann, Freia, Behr, Markus, & Zimmer, Annette (2004). *Karrierewege von Professor/innen an Hochschulen in Deutschland.* Hrsg. vom Projekt Wissenschaftskarriere. Münster: www.wissenschaftskarriere.de

Kühl, Stefan (2005). *Das Scharlatanerieproblem. Coaching zwischen Qualitätsproblemen und Professionalisierungsbemühung.* Eine Studie im Auftrag der Deutschen Gesellschaft für Supervision e.V. Köln. www.dgsv.de [25.5.2013].

Lind, Inken, & Löther, Andrea (2006). Evaluation der Förderinstrumente Berufstraining und Coaching. In: Jutta Dahlhoff (Hrsg.), *Anstoß zum Aufstieg – Karrieretraining für Wissenschaftlerinnen auf dem Prüfstand* (S. 26–87). Bielefeld: Kleine Verlag (CEWS-Beiträge Frauen in Wissenschaft und Forschung, No. 4).

Linde, Frank, & Szczyrba, Birgit (2012). Lehrexzellenz – Lehrkompetenz: Herausforderungen für Neuberufene mit Coaching begegnen. In: *Organisationsberatung, Supervision, Coaching (OSC), 19*(1), 21–34.

Mehrtens, Martin (2006). Begleitung und Beratung neu berufener Professor/innen in der Universität Bremen. *Organisations- und Personalentwicklung* (3), 69–72.

Müller, Mirjam (2013): „Kompetenzerwerb für Postdocs – Kompetenzförderung on the job und off the job am Beispiel von Zukunftskolleg und Academic Staff Development der Universität Konstanz." In: Von Bülow, Isolde (Hrsg.), Nachwuchsförderung in der Wissenschaft. Best-Practice-Modelle zum Promotionsgeschehen - Strategien, Konzepte, Strukturen. Heidelberg: Springer, , S. 137–151.

Müller, Mirjam (2014): Promotion–Postdoc–Professur. Karriereplanung in der Wissenschaft. Frankfurt/New York: Campus.

Franck, Norbert (2001): Rhetorik für Wissenschaftler. Vahlen-Verlag.

Konsortium Bundesbericht Wissenschaftlicher Nachwuchs (2013): Bundesbericht Wissenschaftlicher Nachwuchs 2013. Statistische Daten und Forschungsbefunde zu Promovierenden und Promovierten in Deutschland, Bielefeld: Bertelsmann (http://www.hof.uni-halle.de/dateien/2013/BuWiN2013_Kurzfassung.pdf oder http://dip21.bundestag.de/dip21/btd/17/136/1713670.pdf)

Xuân Müller, Christine (2013): Forscher, du bist nicht allein. Wie private Coaches Wissenschaftlern bei der Karriere helfen In: duz - Deutsche Universitätszeitung Heft 8/2013, S. 33 – 35.

Neis, Matthias, & Rubelt, Jürgen (2010). *Wissenschaftliches Prekariat an Hochschulen. Nachwuchswissenschaftler/innen zwischen Karriere und Ausstieg.* Tagungsdokumentation zur Tagung „Campus der Zukunft", Berlin, März 2010. Hrsg. von ver.di Bundesfachbereich Bildung, Wissenschaft und Forschung und der Kooperationsstelle Wissenschaft/Arbeitswelt an der ZEWK der TU Berlin. www.zewk.tu-berlin.de/ileadmin/f12/Downloads/koop/tagungen/wiss_preka-riat_09/Tagungsdok.beste_Aufl_sung.Anstoesse0310_Rubelt.pdf [26.5.2013].

Nestmann, Frank, Engel, Frank, & Sickendiek, Ursel (Hrsg.) (2004a). *Das Handbuch der Beratung. Band 1: Disziplin und Zugänge.* Tübingen: dgtv.

Nestmann, Frank, Engel, Frank, & Sickendiek, Ursel (Hrsg.) (2004b). *Das Handbuch der Beratung. Band 2: Ansätze, Methoden und Felder.* Tübingen: dgtv.

Netzwerk Studienqualität Brandenburg (sqb) (2015): Coaching an Hochschulen — Angebote im hochschuldidaktischen Kontext. Unveröffentlichte Recherche zu Inhalt, Begründung und Anbindung von Coaching-angeboten an Hochschulen. Stand 2015.

Nickel, Sigrun, & Ziegele, Frank (2010). *Karriereförderung im Wissenschaftsmanagement – nationale und internationale Modelle. Eine empirische Vergleichsstudie im Auftrag des BMBF.* Aktenzeichen: 125-02333-1/1. Band 1. Gütersloh, Juni 2010. www.bmbf.de/pubRD/0_CHE-STUDIE_Endbericht_inal.pdf [26.5.2013].

Organisationsberatung, Supervision, Coaching (OSC), Jg. 16 (2009), Heft 2 und Jg. 19 (2012), Heft 1.

Personal- und Organisationsentwicklung in Einrichtungen der Lehre und Forschung (P-OE), Jg. 2005ff. Bielefeld: Universitätsverlag Webler.

Peus, Claudia, Weisweiler, Silke, & Frey, Dieter (2009). Coaching für Habilitand/innen am Beispiel der LMU München. *Organisationsberatung, Supervision, Coaching (OSC), 16*(2), 193–201.

Pohl, Michael/Dörte Husmann (2009). Navigationskompetenzen an der Hochschule – Coaching als Bestandteil wissenschaftlicher Qualifikation. *Organisationsberatung, Supervision, Coaching (OSC), 16*(2), 134–149.

Rabelt, Vera, Büttner, Thomas H., & Simon, Karl H. (Hrsg.) (2007). *Neue Wege in der Forschungspraxis. Begleitinstrumente in der transdisziplinären Nachhaltigkeitsforschung.* München: oekom.

Rappe-Giesecke, Kornelia (1999). Diagnose in Supervision und Organisationsberatung. In: Harald Pühl (Hrsg.), *Supervision und Organisationsentwicklung* (S. 319–331). Opladen: Leske + Budrich.

Rappe-Giesecke, Kornelia (2000). Vom Beratungsanliegen zur Beratungsvereinbarung. In: Harald Pühl (Hrsg.), *Handbuch der Supervision 2* (2. Auflage) (S. 18–29). Opladen: Leske + Budrich.

Reinhardt, Christine, Kerbst, Renate, & Dorando, Max (Hrsg.) (2006). *Coaching und Beratung an Hochschulen.* Bielefeld: UVW-Verlag.

Schmidt, Boris (2010). „Mit gutem Beispiel voran?" Eine empirische Studie zum veränderungs- und innovationsbezogenen Handeln von Professorinnen und Professoren. *Die Hochschule, 19*(1), 46–63.

Schmidt, Boris, & Richter, Astrid (2009). Zwischen Laissezfaire, Autokratie und Kooperation. Führungsstile von Professorinnen und Professoren. *Beiträge zur Hochschulforschung, 31*(4), 8–35

Spiewak, Martin (2011). Psychische Belastung: Prof. Dr. Depressiv. *Die Zeit*, 3. November. www.zeit.de/2011/45/Professoren-Burnout [26.5.2013].

Statistisches Bundesamt (2012). *Bildung und Kultur. Personal an Hochschulen.* Wiesbaden.

Statistisches Bundesamt (2014): Personal an Hochschulen, Vorläufiges Ergebnis 2012 (www.destatis.de, download vom 26.06.14).

Zeitschrift Supervision, Mensch, Arbeitsorganisation, Heft 3 2014. Schwerpunktthema *Hochschulen gut beraten?!*

Zeitschrift Supervision, Mensch, Arbeitsorganisation (2012), Heft 1. Schwerpunktthema „Erschöpft – Arbeit und Gesundheit im Konflikt".

Watts, Jenny, & Robertson, Noelle (2011). Burnout in university teaching staff. *Educational Research, 53*(1), 33–50.

Wildt, Johannes, Szczyrba, Birgit, & Wildt, Beatrix (Hrsg.) (2006). *Einführung in die hochschuldidaktischen Beratungsformate – Consulting, Coaching und Supervision.* Bielefeld: Bertelsmann.

Zimmermann, Karin (2000). *Spiele mit der Macht in der Wissenschaft. Passfähigkeit und Geschlecht als Kriterien für Berufungen.* Berlin: edition sigma.

Allert Tilman (2014): Analytische Erkundungen des Hochschulbereiches. In: Zeitschrift Supervision, Heft 3 / 2014: 6–11.

Beaufays, Sandra (2003): Wie werden Wissenschaftler gemacht? Beobachtungen zur wechselseitigen Konstitution von Geschlecht und Wissenschaft: Bielefeld: transcipt.

Burkhardt Anke (2008): Wagnis Wissenschaft. Akademische Karrierewege und das Fördersystem in Deutschland. Leipzig: Akademische Verlagsanstalt.

Dautzenberg, Kirsti/Doris Fay/Patricia Graf (Hg.) (2013): Aufstieg und Ausstieg. Ein geschlechterspezifischer Blick auf Motive und Arbeitsbedingungen in der Wissenschaft. Berlin: Springer.

Futter, Kathrin (2013): Gemeinsame Entwicklung von Lehrexpertise durch Coaching. In: Personal- und Organisationsentwicklung in Einrichtungen der Lehre und Forschung (P-OE), Heft 2 und 3, S. 49–53.

Gemeinsame Wissenschaftskonferenz (GWK) (2014) Chancengleichheit in Wissenschaft und Forschung. 17. Fortschreibung des Datenmaterials 2011/2012) zu Frauen in Hochschulen und außerhochschulischen Forschungseinrichtungen, Bonn.

Gunter Quaißer / Anke Burkhardt (2013): Beschäftigungsbedingungen als Gegenstand von Hochschulsteuerung. Studie im Auftrag der Hamburger Behörde für Wissens chaft und Forschung (HoF-Arbeitsbericht 4'2013). Hrsg. vom Institut für Hochschulforschung (HoF) an der Martin-Luther-Universität. Halle-Wittenberg.

Haller Reinhold. (2013) Minderleistung in Wissenschaft und Forschung - Tabu-Thema oder Herausforderung für Führungs- und Unternehmenskultur. WissenschaftsManagement 7/2013, S. 35–41.

Haller Reinhold. (2014) Low Performance. Aktivierung von Mitarbeitern mit reduziertem Leistungsprofil Rudolf Haufe Verlag.

Herrmann, Dieter/K. P. Christian Spath (Hg.) (2011): Handbuch Drittmittelförderung 2012/2013: Förderinstitutionen und -programme, Forschungsstipendien und Wissenschaftspreise.

Kahlert, Heike (2013a): Riskante Karrieren. Wissenschaftlicher Nachwuchs im Spiegel der Forschung. Opladen, Berlin, Toronto: Verlag Barbara Budrich.

Kahlert, Heike (2013b) Gatekeeping für Chancengleichheit in Hochschule und Forschung: Betreuung und Förderung des wissenschaftlichen Nachwuchses. Forschungsergebnisse und Handlungsempfehlungen, Hildesheim, www.heike-kahlert.de/images/downloads/Broschuere_Gatekeeping_2013.pdf (21.10.2013)

Kahlert, Heike (2014a): Promotion – und was dann? Karriereberatung für den wissenschaftlichen Nachwuchs in Hochschule und Forschung. Opladen, Berlin, Toronto: Verlag Barbara Budrich.

Kahlert, Heike (2014b): Wissenschaft als Beruf? Karriereorientierungen und -pläne des wissenschaftlichen Nachwuchses. Opladen, Berlin, Toronto: Verlag Barbara Budrich.

Kauffeld, Simone & Gessnitzer, Sina (2014): Coaching für junge WissenschaftlerInnen - ein Erfolgskonzept". Unveröffentlichter Vortrag beim 3. Internationalen Coaching Fachkongress „Coaching meets Research ... Coaching für die Gesellschaft von morgen" am 17./18. Juni 2014, Olten, Schweiz.

Klinkhammer, Monika (2014): Motivierte Klienten in einem großen Markt. Interview mit Monika Klinkhammer geführt von Ronny Jahn und Mirjam Weigand. In: Zeitschrift Supervision, Heft 3 / 2014: 36–39.

Konsortium Bundesberich t Wissenschaftlicher Nachwuchs (2013): Bundesbericht Wissenschaftlicher Nachwuchs 2013. Statistische Daten und Forschungsbefunde zu Promovierenden und Promovierten in Deutschland. wbv: Bielefeld.

Kooperationsstelle Hochschulen und Gewerkschaften Frankfurt RheinMain (2014): Konfliktmanagement in Hochschulen. Aspekte systematischer Konfliktbearbeitung in ausgewählten Hochschulen der Bundesrepublik Deutschland. Frankfurt RheinMain.

Koordinationsbüro für Chancengleichheit, Universität Potsdam (2013). Abschlussbericht „Karriere-Kompass". Unveröffentlichtes Manuskript.

Nickel, Sigrun/Rathmann, Annika (2014, im Erscheinen): Die Juniorprofessur – Bewährungsprobe bestanden. Empirische Erkenntnisse und Reformanregungen", In: Forschung & Lehre 9/2014.

Nolten, Andreas (2014): Begleitete Curriculumentwicklung. Eindrücke und Erfahrungen der Beteiligten. In: Zeitschrift Supervision, Heft 3 / 2014: 29–34.

Schmidt, Boris (2007): Personalentwicklung an der Hochschule. Zehn Wege in ein unentdecktes Land. In: die hochschule 2/2007, 125–153.

Schreyögg, Bettina & Nazlic, Tanja (2014): Coaching im Rahmen von Talent Development an deutschen Hochschulen" Unveröffentlichter Vortrag beim 3. Internationalen Coaching Fachkongress Coaching meets Research …Coaching für die Gesellschaft von morgen 3. Internationaler Coaching – Fachkongress 17./18. Juni 2014, Olten, Schweiz.

Schreyögg, Bettina (2009) Coaching für etablierte Professor/innen. In: OCS, 16 (2), 212 – 219.

Symanski, Ute (2014)„Wissenschaftsmanagement braucht Coaching - und zwar lösungsfokussiert" Unveröffentlichter Vortrag beim 3. Internationalen Coaching Fachkongress Coaching meets Research …Coaching für die Gesellschaft von morgen 3. Internationaler Coaching – Fachkongress 17./18. Juni 2014, Olten, Schweiz.

Coaching im Kontext der Sozialen Arbeit

Bernd R. Birgmeier

Im Anschluss an die Erfolgsgeschichten, die es seit jeher in Bereichen des Sports, der Personalentwicklung und in der Business-, Management- und Führungskräfteberatung geschrieben hat, gewinnt Coaching als spezifische Methode und Beratungsform derzeit auch in verschiedenen Praxis- und Handlungsfeldern der Sozialen Arbeit mehr und mehr an Attraktivität.

Der vorliegende Beitrag geht den Fragen nach, warum dies so ist, worauf bei der Bestimmung des Begriffs „Coaching" vor allem in Kontexten Sozialer Arbeit zu achten ist, welche Unterschiede zwischen Coaching in der Sozialen Arbeit und Coaching in anderen Praxisfeldern auszumachen sind und worin die Potenziale einer spezifischen Coaching-Forschung in/für Soziale(r) Arbeit zukünftig liegen könnten.

1 Prolog: Coaching und Soziale Arbeit als helfende Berufe

„Coaching ist für mich ein helfender Beruf" – so die Headline des *Coaching Magazins* (Ausgabe 4/2012), in der die Kernaussage eines der derzeit renommiertesten Coaching-Experten, Hüseyin Özdemir, aus einem Interview zitiert und vortrefflich auf den Punkt gebracht wird (Özdemir 2012).

B.R. Birgmeier (✉)
Katholische Universität Eichstätt-Ingolstadt, Eichstätt, Deutschland
E-Mail: bernd.birgmeier@ku.de

Zumindest aus der Perspektive derjenigen, die sich seit Längerem darum bemühen, Coaching in den Kontext der Sozialen Arbeit einzubetten, ist dem eigentlich nichts hinzuzufügen, zumal *Hilfe* und das *helfende Handeln* seit jeher zu den zentralen Grundbegriffen, Aufgaben, Zielen und Funktionsbereichen jeglicher sozialpädagogischen und sozialarbeiterischen Denk- und Handlungslogiken zählen.

Schon der Blick in die Historie offenbart, dass die Geschichte der Sozialen Arbeit gleichermaßen einer Geschichte der Hilfe, Unterstützung und Begleitung von Menschen entspricht und der Hilfebegriff in diesem Fachgebiet in allen Varianten zum Anknüpfungspunkt der Selbstverständigung der Disziplin und Profession wurde (vgl. Mühlum 1981, S. 34ff.; Gängler 2011, S. 611; vgl. auch Rauschenbach und Züchner 2011). Der Begriff des Helfens ist somit seit jeher nicht nur das Aushängeschild disziplin- und professionsbezogener Akademisierungsprozesse von sozialen Berufen und auch nicht nur der Gegenstand weitreichender Überlegungen zur besseren Systematisierung von Techniken, Konzepten und Methoden der Sozialen Arbeit (vgl. Galuske 2011). Vielmehr bildet er auch die Basis für die Bestimmung der Funktionen Sozialer Arbeit (vgl. Böllert 2011, S. 436 ff.), für die Weiterentwicklung von Professionalisierungsprozessen (vgl. Becker-Lenz et al. 2009) und für die Bildung unterschiedlichster Theorieansätze und -konzepte der Sozialpädagogik und Sozialarbeit (vgl. Gängler 2011, S. 611; Birgmeier und Mührel 2011, S. 92 ff.).[1]

2 Coaching im Kontext der Sozialen Arbeit: Koordinaten der Relationen von Einheit und Differenz

Wenn Coaching – zumindest in der eingangs vorgestellten Lesart von Hüseyin Özdemir – nun ebenso ein helfender Beruf ist wie die Soziale Arbeit, dürfte an und für sich keinerlei Zweifel an der Synergie, Kompatibilität und Einheit von Coaching und Sozialer Arbeit bestehen. Dennoch sind die hier im Zentrum des Interesses stehenden Begrifflichkeiten genau zu bestimmen und deren Zusammenhänge zu extrahieren, zu sammeln und zu begründen, zumal „Coaching" spätestens seit der

---

[1] Exemplarisch kommen solche Ansätze oder Konzepte zu einer „Theorie der Hilfe" insbesondere bereits in Alice Salomons Werk Soziale Diagnose (1926), in Herman Nohls Grundlegung zur Sozialpädagogik (1929), in Hans Scherpners Theorie der Fürsorge (1962), in Dirk Baeckers Darlegung Soziale Hilfe als Funktionssystem der Gesellschaft (1994) sowie in Silvia Staub-Bernasconis Theorie zu einer Sozialen Arbeit als Handlungswissenschaft (2007) zum Ausdruck.

„populistischen Phase" (vgl. dazu Böning 2000, S. 25 f.) zu einem „Sammel- und Überbegriff" (Rauen 2000, S. 303) bzw. zu einem „Containerbegriff" (Geißler 2011, S. 95) geworden ist, der es gegenwärtig schwer macht, eindeutige und verbindliche Definitionskriterien abzubilden. Das bedeutet: Wenn Soziale Arbeit und Coaching gleichermaßen zu den helfenden Berufen zählen, so ist begrifflich zumindest auf jene Aspekte genauer einzugehen, die angeben, welche *Bedeutung* Coaching in Sozialer Arbeit hat (haben könnte), welche *Eigenschaften* Coaching in Sozialer Arbeit zugeschrieben werden und in welcher *Beziehung* (Relation) beide helfenden Berufe zueinander stehen (vgl. dazu Wansing 2011, S. 61; Schwarz 2011, S. 68 ff.; Birgmeier und Mührel 2013, S. 9 ff.).

2.1 Bedeutungen

Die *Bedeutung* des Begriffs „Coaching" für (in) Soziale(r) Arbeit hängt zunächst einmal davon ab, ob und inwieweit die Soziale Arbeit als beratungsorientierte Disziplin, Profession und Praxis über den Begriff des Coachings verfügt bzw. künftig zu verfügen intendiert (vgl. Rey 2011, S. 53). In der Regel verfügt jemand (z. B. einzelne Fachvertreter, paradigmatische „Schulen", Fachgebiete, *scientific communities* oder Wissenschaftsgemeinden) über einen Begriff, „wenn sich in seinem Denken eine Repräsentation findet, die mit anderen Repräsentanten verbunden ist" (vgl. ebd.) und sich (in unserem Beispiel des Coachings) darüber eine Identität als eine mit dem Coaching kompatible oder inkompatible Beratungsdisziplin bestimmen lässt. Entscheidend ist daher die Klärung der Frage, ob und inwiefern es der Sozialen Arbeit als Beratungsdisziplin gelingt, Implikationen für Coaching abzuleiten, mit denen sich einerseits eine sachhaltige bzw. kognitive, das heißt auf wissenschaftlichen Erkenntnissen und Forschungsbefunden beruhende Grundlegung, andererseits eine gesellschaftliche bzw. soziale Anerkennung und – drittens – eine beratungsdisziplingeschichtliche bzw. historische Identität (besser: Identifikation) von Sozialer Arbeit und Coaching bestimmen lässt (vgl. dazu u. a. Lepenies 1981; Scherr 2010, S. 285).

Ebenso zu beachten ist, dass in Fragen der Bedeutung und Verfügung (insbesondere bei derart innovativen Begriffen wie „Coaching") nicht minder auch disziplin- und professionspolitische Ambitionen eine nicht zu unterschätzende Rolle spielen, wodurch sachlogische Argumentationen nicht selten wegen machtpolitisch motivierten Professionalisierungs-„Taktiken" und -Strategien in den Hintergrund geraten können (vgl. u. a. Kühl 2008, S. 111 ff.; Birgmeier 2008, S. 36 ff.). Um beratungsfeldspezifisch interessante „Claims" abzustecken und die Fachwelt und potenzielle Klienten von der Wichtigkeit, Nützlichkeit und Relevanz einer neuen Beratungsmethode zu überzeugen, sind solche professionspolitischen Ambitionen jedoch weniger an der sachlogischen Begründung kognitiver Identitäten interessiert, sondern vielmehr an der Schaffung von Strukturen, in denen sich neue Beratungsformate im umkämpften Feld der Beratung entweder in Abgrenzung oder im Sinne eines „friedlichen Zusammenspiels" (Buer 2007, S. 117 ff.) mit den benachbarten Beratungsprofessionen etablieren können.

2.2 Eigenschaften

In Anlehnung an diese Überlegungen zur potenziellen Bedeutung des Begriffs „Coaching" für (in) Soziale(r) Arbeit gilt es ebenso zu klären, welche *Eigenschaften* dem Coaching im Kontext der Sozialen Arbeit zugeschrieben werden wollen. Die Beschreibung von Eigenschaften eines derart spezifischen Coachings setzt jedoch voraus, auch *Merkmale* benennen zu können, die sowohl der Sozialen Arbeit als auch dem Coaching zukommen „und für Gemeinsamkeiten und Unterschiede zwischen diesen sorgen" (Schwarz 2011, S. 68).

Neben der bereits angesprochenen Gemeinsamkeit, dass Soziale Arbeit und Coaching zu den helfenden Berufen zählen, die beide gleichermaßen eine „personenorientierte Beratung" (Kühl 2008, S. 13 ff.) anbieten, existieren eine ganze Reihe anderer Aspekte und Merkmale, mit denen Schnittmengen, Synergien und Kompatibilitäten deutlich gemacht werden können. Dazu zählen unter anderem die vielen Rückbezüge beider helfenden Berufe auf ähnliche oder gleiche Sachthemen und wissens- sowie handlungsstrukturbezogene Referenzpunkte. Exemplarisch genannt seien hierzu etwa die Ressourcenorientierung, die Transdisziplinarität der Wissensbildung, die handlungstheoretische Fundierung oder der gemeinsame Bezug auf die sozialen Dimensionen von Theorie und Praxis sowie auf den gemeinsamen Zielaspekt der Persönlichkeitsentwicklung, des Selbstmanagements bzw. der Selbststeuerung und -organisation und der (Wiedergewinnung der) Handlungsfähigkeit im Coaching genauso wie in der Sozialen Arbeit (vgl. Birgmeier 2011a, S. 22 ff.; vgl. auch Birgmeier et al. 2012, S. 32 f.). Ebenso zu nennen sind die Gemeinsamkeiten, die sich zwischen der Supervision[2] und dem „klassischen" Coaching für Führungskräfte und Verantwortliche im Sozial-

---

[2] Als genuin aus der Sozialen Arbeit entstandene personenorientierte Beratung in Organisationen bzw. als „personenorientierte Beratung in Bezug auf berufliche Arbeit" (Rappe-Giesecke 1990, S. 3; Herv. i. O.; vgl. Kühl 2008, S. 109, Fußnote 7).

management ergeben, und jene, die sich in den von höchster Konformität geprägten anthropologischen und erkenntnistheoretischen Prämissen sowie in einer Vielfalt zentraler, schulenübergreifender Begriffe identifizieren lassen, die sowohl im Coaching als auch in der Sozialen Arbeit Verwendung finden (vgl. Birgmeier 2006, S. 82 ff.; Birgmeier 2011a, S. 13–26; Birgmeier 2011b, S. 162 ff.).[3]

Solchen Eigenschaften, die gleichermaßen für – im traditionellen Kontext von Sport, Personalentwicklung und Business-/Managementberatung angesiedeltes – Coaching und die Soziale Arbeit stehen, sind jedoch auch Merkmale und Attribute der *Unterscheidung* gegenüberzustellen. Beide helfenden Berufe unterscheiden sich – um nur einige wenige Parameter zu benennen – in ihren jeweils ursprünglichen Lesarten vor allem hinsichtlich ihrer Klienten/Adressaten, ihrer Zielgruppen und Arbeitsfelder, ihrer Finanzierung, ihrer metamodelltheoretisch herzuleitenden Wissensstrukturen und in ihrem Bezug auf die Frage, ob der beraterische Fokus auf die gesamte Lebenswelt (beruflich *und* privat) – und darin: auf Fragen nach der Lebensführung (vgl. Thiersch 2007) und nach der Lebensbewältigung (vgl. Böhnisch 2008) im Allgemeinen – zu legen sei oder ausschließlich rein berufliche Anliegen und Fragestellungen zu umfassen habe.

Darüber hinaus geht es in der Sozialen Arbeit in erster Linie um „soziale Problemlagen" (vgl. Staub-Bernasconi 2010, S. 267 ff.) und (daraus häufig resultierende) (Sinn-/Handlungs-)Krisen von Personen, die das Führen eines guten, gelingenden, glücklichen Lebens und ein selbstbestimmtes Initiieren und Entscheiden für Strategien und Pläne zur „Lebensbewältigung" oftmals zu verhindern drohen (vgl. u. a. Böhnisch 2008; Ziegler et al. 2010; Otto und Ziegler 2010; Röh 2011). Demgegenüber konzentriert sich Coaching im herkömmlichen Sinn (und auch einige Teilformen der Supervision) – offensichtlich weitaus weniger existenziell – vornehmlich auf Arbeitssituationen und Arbeitsaufgaben von Personen im Kontext von Organisationen bzw. auf Personen als „Teil(e) der Organisationsstruktur" (vgl. Kühl 2008, S. 13 ff., 156 ff.). Überdies unterscheiden sich Coaching und Soziale Arbeit mehr oder weniger deutlich von anderen „Helferrollen" bzw. „beratenden Hilfeleistungen" (von Sassen und Vogelauer 2000, S. 33 ff.), wie beispielsweise von Therapie, Supervision, Mentoring, Training usw. (vgl. dazu auch Buer 2007). Und nicht zuletzt ist auch – ganz generell – zwischen unterschiedlichen Formen des Coachings, zwischen verschiedenen

---

[3] Eine Auswahl dieser im Coaching sowie in der Sozialen Arbeit vorfindbaren, auf Gemeinsamkeiten verweisenden „schulenübergreifenden Begriffe" ist – bezogen auf Anlässe, Themen, Inhalte, Ziele, Funktionen, Berufsprofil, Methodik, Menschenbildannahmen und Formen und Arten der „Hilfe" – detailliert in Birgmeier (2006, S. 54–60) aufgelistet.

Varianten und „Konzepten der Supervision" (vgl. Schmelzer 1997, S. 48 ff., 64 ff.) und zwischen unterschiedlichen „Lesarten" von Sozialer Arbeit zu differenzieren (vgl. u. a. Birgmeier 2012, S. 93 ff.).[4]

2.3 Relationen

Die Eigenschaften von Coaching im Kontext der Sozialen Arbeit mithilfe von Merkmalen der *Einheit* und *Differenz* zwischen Coaching und Sozialer Arbeit darzulegen, gestaltet sich nicht zuletzt wegen der vielfältigen begrifflichen Unschärfen und der Tatsache, dass es weder *das* Coaching noch *die* Soziale Arbeit gibt, als äußerst schwierig. Beide helfenden Berufe haben sich insbesondere in den letzten Jahren erheblich ausdifferenziert; sie haben ihre einstmals engen Grenzen geöffnet und sich durch vielerlei Spezifikationen und durch eine ausgeprägte Leidenschaft des Flanierens in bis dato unbekannten bzw. unentdeckten Handlungsfeldern und Dienstleistungsgebieten in Sphären begeben, die zumindest begriffsanalytisch nur schwer zugänglich, geschweige denn: klar und deutlich zu systematisieren sind.

Doch gerade auch in diesen offensichtlich zutiefst multiplen, von vielerlei Unschärfen geprägten Wesensmerkmalen der Sozialen Arbeit und des Coachings ergeben sich vielfältige Möglichkeiten der Annäherung und Bestimmung von *Relationen,* die sich unzweifelhaft zwischen beiden personenorientierten Beratungsformen offenbaren, denn: Eine Eigenschaft, „die etwas nur in Bezug auf etwas anderes hat, wird als Relation bezeichnet" (Schwarz 2011, S. 68). Solcherart Relationen, mit denen auch die Eigenschaften des Coachings im Kontext der Sozialen Arbeit bestimmt werden sollen, gruppieren sich häufig nach formalen Merkmalen wie der „Stelligkeit", die Informationen darüber liefert, „wie viele Dinge eine R(elation) verknüpft" (a. a. O., S. 70).

So gilt es demnach, all diejenigen „Dinge" zu einer Relation zwischen Coaching und Sozialer Arbeit miteinander zu verknüpfen, die die Spreu vom Weizen trennen und die die gemeinsamen Zielintentionen von Coaching und Sozialer Arbeit ins Zentrum von Professionsbildungs-, Professionalisierungs- und Professionsentwicklungsbemühungen (vgl. DBVC 2007; Kühl 2008, S. 115 ff.;

---

[4] So stellt beispielsweise Coaching als „Catch-all-" bzw. „Containerbegriff" (Geißler 2011, S. 95) – selbst im Versuch zwischen Management- oder Business-Coaching und Coaching als Teilform der Supervision eine Differenzierung herbeizuführen (vgl. dazu Birgmeier und Schmidt 2010; Birgmeier 2011b, S. 162 f.) – ebenso wenig einen klar und einheitlich definierten Begriffsrahmen dar wie die Soziale Arbeit, die als Oberbegriff für Sozialpädagogik und Sozialarbeit seit jeher nach einem einheitlichen, von allen akzeptierten Begriff sucht, mit dem der Komplexität und Unübersichtlichkeit ihres Gegenstandes Rechnung getragen werden kann (vgl. dazu Thole 2010, S. 19 f.; Birgmeier 2012, S. 93 ff.).

Becker-Lenz et al. 2009; Hammerschmidt und Sagebiel 2010; Fietze 2012) sowie von (inter-)disziplinären Coaching-Forschungsprojekten stellen (vgl. Wegener et al. 2012; Birgmeier 2011c), mit denen zumindest so etwas wie eine „vorläufige" sach- und sozialdimensionale Identifikation und Bestimmung dessen gelingen mag, was mithilfe von Coaching erreicht werden will, was das Besondere an dieser Beratungsform ist, was sich mit „Coaching" im sozialen Feld verstehen lässt und welche Wirkfaktoren und Qualitätsmerkmale für ein Coaching für Adressatinnen und Adressaten der Sozialen Arbeit ausgemacht werden können.

3 Zum Stand der Praxis von Coaching in der Sozialen Arbeit – eine (spekulative) Bestandsaufnahme

Vor dem Hintergrund dieser grundlegenden Annahmen, die durchaus helfen mögen, anhand von Kriterien der Bedeutungen, der Eigenschaften und der Relationen einen ersten Orientierungsrahmen für den Versuch einer Standortbestimmung von Coaching im Kontext der Sozialen Arbeit skizzieren zu können, sind weitere Überlegungen anzustrengen, die insbesondere den Stand der Coaching- Praxis in diesem Berufs-, Handlungs- und Arbeitsfeld betreffen und die der Frage nachgehen, ob und inwieweit eine praktische Anwendung/Ausübung von Coaching in Sozialer Arbeit bereits vorzufinden ist.

Um es gleich vorweg zu sagen: Diese Frage lässt sich aufgrund mangelnder empirischer Belege nur schwer beantworten. Zwar existieren vereinzelt Studien und Publikationen darüber,

- Coaching als „neuen Ansatz" für die Soziale Arbeit ins Gespräch zu bringen (Müller-Commichau 2002; Böhmer 2004),
- Coaching als Grundform pädagogischer Beratung zu bestimmen (Hartmann 2004),
- eine Ausbildungs- und Trainingskonzeption zum Coach in pädagogischen und sozialen Arbeitsfeldern zu entwickeln (Pallasch und Petersen 2005),
- Grundlagen einer Theorie sozialpädagogischen Coachings zu zeichnen (Birgmeier 2006),
- Coaching im Blick auf seine Implikationen für die Soziale Arbeit zu untersuchen (Groddeck 2008),
- Besonderheiten des „Lerncoachings" darzulegen (Pallasch und Hameyer 2008),
- Spezifitäten von Praxisforschung und Beratung im Sozial- und Bildungsbereich aufzudecken (Krall 2008) oder – ganz generell –
- den Bedarf von Coaching für Führungskräfte in der Sozialen Arbeit zu ermitteln (Krczizek und Kühl 2008).

Darüber hinaus ist in den letzten Jahren auch ein bemerkenswert großes Interesse insbesondere von Studierenden der Sozialpädagogik/Sozialen Arbeit zu verzeichnen, ihre Diplom-, Bachelor- oder Masterarbeiten am Schwerpunkt „Coaching" auszurichten.[5] Ebenso positiv hervorzuheben ist der ständige, vielversprechende Zuwachs an Aus- und Weiterbildungskursen und -seminaren zum Coaching, die meist im Amalgam der Lehr-/Lernbereiche *Beratung, Supervision, Coaching* – insbesondere für Studierende an Hochschulen für Soziale Arbeit, Fachhochschulen und Universitätsinstituten angeboten werden.[6]

Doch trotz des nach wie vor ungebrochenen Interesses für Coaching insbesondere der nachwachsenden Generationen von Sozialpädagoginnen und Sozialarbeiterinnen und einer unverkennbaren Expansion der Akademisierung von Coaching in sozialen Berufsfeldern (v. a. der Beratung) haben – wie bereits erwähnt – empirische Forschungen und Studien eher Seltenheitswert. In diesem Bereich hat die Soziale Arbeit demnach noch ihre „Hausaufgaben" (besser: Forschungsaufgaben) zu leisten – auch um auf die immer drängender werdende Notwendigkeit des Einbezugs von Coaching in ihre genuinen Themenfelder hinzuweisen und sich als eine Coaching-kompatible Beratungsform verorten zu können (vgl.u. a. Birgmeier 2011b, S. 166 ff.).

Ungeachtet dieses derzeitigen Mangels an Empirie ist jedoch eine nicht zu unterschätzende „Dunkelziffer" insbesondere hinsichtlich des Praktizierens von Coaching durch professionelle Akteure in sozialen Berufsfeldern zu vermuten.

---

[5] So wurden an der Katholischen Universität Eichstätt im Rahmen des Diplomstudienganges Sozialpädagogik im Zeitraum zwischen 2006 bis 2012 rund zwanzig Diplomarbeiten angefertigt, die sich mit unterschiedlichen Fragen und Nuancen eines sozialpädagogischen Coachings beschäftigten (siehe dazu: www.ku.de/ppf/paedagogik/sozpaed/qualiikationsarbeiten/diplomarbeiten/).

[6] Beispielsweise hat der Deutsche Verein für öffentliche und private Fürsorge in 2005 eine berufsbegleitende Veranstaltung mit dem Titel Coaching in der Sozialen Arbeit angeboten. Auch die Fachhochschule Frankfurt am Main wirbt für einen berufsbegleitenden Master-Studiengang Beratung in der Arbeitswelt – Coaching und Supervision im Fachbereich Soziale Arbeit & Gesundheit (www.fh-frankfurt.de). Überdies wird an der Fachhochschule Nordwestschweiz (FHNW), Hochschule für Soziale Arbeit, Institut Beratung, Coaching und Sozialmanagement seit vielen Jahren erfolgreich ein Coaching-Studiengang, an der SF Berlin-Brandenburg eine Ausbildung zur sozialpädagogischen Fachkraft als Coach (www.sfbb.berlin-brandenburg.de), an der Hochschule Mittweida ein Zertifikatsstudiengang Supervision und Coaching (www.sa.hs-mittweida.de), an der Hochschule RheinMain eine Weiterbildung/Qualifizierung zum Coach (www.hs-rm.de), an der Uni Kassel ein Master-Studiengang mit dem Titel Mehrdimensionale Organisationsberatung. Supervision, Coaching und Organisationsentwicklung (www.uni-kassel.de) und am Salus-Institut eine Coaching-Ausbildung für die Soziale Arbeit angeboten (vgl. www.businessportal24.com/de).

Alleine schon die klassischen sozialpädagogischen *Handlungskonzepte* des Empowerments oder des Case-Managements oder *supported employment* sowie die klassischen sozialpädagogischen *Handlungsmodalitäten* des Beratens, Unterstützens, Begleitens, Förderns und Forderns (vgl. Buchkremer 2009, S. 356 ff., 373 ff.) und die klassischen *Handlungsmethoden* der Sozialen Arbeit, wie beispielsweise die soziale Einzel(fall)hilfe, die sozialpädagogische Beratung, klientenzentrierte Gesprächsführung, Erlebnispädagogik, themenzentrierte Interaktion, Prävention usw. in den Blick genommen (vgl. dazu u. a. Galuske 2011), lässt die (spekulative) Vermutung zu, dass dort weit mehr „gecoacht" wird, mithin die Relationen zwischen Coaching und Sozialer Arbeit weitaus enger sind, als von den jeweiligen Akteuren in ihrer jeweiligen Praxis des helfenden und beraterischen Handelns vielfach wahrgenommen wird. Und wenn sich ohnehin eine ganze Reihe an „sozialpädagogischen Extrakten" (Birgmeier 2006, S. 48 ff.) in vielen bekannten und etablierten Coaching-Ansätzen wiederfinden lassen und das enge Verhältnis zwischen Coaching und Sozialer Arbeit tatsächlich auch gesehen werden will,[7] so darf angenommen werden: Die *Praxis* der Sozialen Arbeit insbesondere in ihren vielfältigen Beratungssegmenten scheint weitaus stärker durchdrungen mit dem, was hinlänglich als „Coaching" etikettiert wird, bzw. mit dem, was einem Coaching alles an Bedeutungen und Eigenschaften zugeschrieben wird.

Mit dieser – freilich empirisch bis dato noch nicht belegten und daher durchaus auch strittigen – Hypothese, die, salopp formuliert „aus Mangel an (empirischen) Beweisen" der spekulativen Annahme entspringt, dass so mancher beratende Sozialpädagoge in manchen Praxissituationen und im Kontext seiner Aufgaben und Funktionen entsprechend dem jeweiligen Arbeits- und Handlungsfeld partiell auch die Rolle eines „coachenden" Sozialpädagogen einnimmt, ist überzuleiten zur Frage nach dem Stand der Forschung von Coaching im Kontext der Sozialen Arbeit. Aufgrund des bereits erwähnten gegenwärtigen Defizits sozialpädagogischer und/oder sozialarbeitswissenschaftlicher Coaching-Forschung sollen hier zunächst einige Anmerkungen zu bisher geleisteten Rezeptionen des Coachings für Soziale Arbeit vorgestellt und anschließend potenzielle Eckpunkte für eine (zukünftig noch zu leistende) Coaching-Forschung für Soziale Arbeit vorgeschlagen werden.

---

[7] Dieses enge Verhältnis wird, um nur wenige Beispiele zu nennen, besonders deutlich an der für beide helfenden Berufe geltenden Fokussierung auf das Selbstmanagement, die Bewältigung von Problemen, die Selbstreflexion und Selbstveränderung, die Unterstützung von Weiterentwicklung, die Krisenbewältigung, die „Handlungsbefähigung" (vgl. Birgmeier 2011a, S. 22 ff.) oder die Hilfeleistung für Lernen, Leben und Handeln von Menschen (Birgmeier 2006, S. 55 ff.).

4 Der Stand der Forschung zum Gegenstandsbereich „Coaching" in der Sozialen Arbeit – Hypothesen und Annahmen

Aus der Retrospektive betrachtet, ist festzustellen, dass sich trotz der vielfältigen Überschneidungen zwischen Coaching und Sozialer Arbeit eine genuine Coaching-Forschung für (in) Soziale(r) Arbeit bestenfalls als „Liebe auf den zweiten Blick" (Birgmeier 2011b, S. 165) umschreiben lässt. Bisher haben sich die sozialen Berufe eher zögerlich an das Coaching-Thema herangewagt, zu elitär schien der Beigeschmack, der mit so manchem populären Ansatz eines Business-, Wirtschafts- oder Management-Coachings mit transportiert wurde, zu eng zugeschnitten schien ebenfalls die auserlesene Klientel, die einstmals vornehmlich aus Topmanagern bestand, und zu sehr auf rein berufliche Probleme fokussierend schienen die Methoden, „Tools" und Techniken abgestimmt, mit denen der „klassische" Coaching-Klient erreicht werden sollte.[8]

Solcherart Zuschreibungsprozesse einer innovativen Beratungsform besonders für jene, die sich diesen Beratungsluxus leisten können, passen selbstredend nicht unbedingt ideal in das Berufsbild der Sozialen Arbeit, das deutlich andere historische, soziale und kognitive Identitätsfindungsprozesse hinter sich gebracht hat und – zumindest in ihrer „klassischen" Lesart – ebenso deutliche Unterschiede in den Zielgruppen, Methoden und Finanzierungsmöglichkeiten aufweist. Erst im Zuge der Popularisierung, Professionalisierung und Spezifizierung seit 2000 haben sich die Spektren und Anwendungsgebiete von Coaching derart immens erweitert, dass auch die Soziale Arbeit allmählich auf diese neue personenorientierte Beratungsform aufmerksam wurde.[9]

---

[8] So manche Strategie des „Erreichens" von potenziellen Coaching-Klienten und deren Themen treibt bisweilen auch höchst sonderbare Blüten. Was einst in der treffenden Metapher der „Kutsche" – als Ort der gemeinsamen Begegnung und des Beziehungsaufbaus zwischen Coach und Klient – beschrieben wurde, wird mittlerweile auch durch den Golfplatz ersetzt, wie es das neue Konzept des Coaching by Golf verheißungsvoll anpreist (vgl. Lütsch und Schaeffer 2012, S. 25 ff.).

[9] Nicht unerwähnt bleiben soll hierzu der Tatbestand, dass viele Experten, die hinlänglich zu den „Klassikern" und Bestsellerautoren des Coachings gehören, weitreichende Erfahrungen in sozialen Feldern oder im Sozialmanagement – auch als Supervisoren – und oftmals vor dem Hintergrund einer akademischen Ausbildung in Pädagogik/Erziehungswissenschaft bzw. in den Sozialwissenschaften Karriere im Business-/Wirtschafts- und Management-Coaching gemacht haben.

Nicht zuletzt durch die Monografie *Coaching und Soziale Arbeit* (Birgmeier 2006)[10] stieg das Interesse an einer stärkeren Integration der Coaching-Idee in die Soziale Arbeit. Der seither zu beobachtende Einbezug von Coaching in sozialpädagogische und sozialarbeiterische Trägerstrukturen, Managementbereiche, Arbeitsfelder und Zielgruppen (vgl. dazu u. a. Chassé und von Wensierski 2008; Bieker und Floerecke 2011) verweist nicht nur auf die enge Verwandtschaft zwischen Coaching und Supervision, die seit jeher als ureigene personen- und arbeitsfeldspezifische Methode der Sozialen Arbeit geführt wird und durchaus als „Spezialistin für personenbezogene Beratung" gilt (Kühl 2005; These 6; vgl. auch Kühl 2008; Iser 2011; Galuske 2011, S. 338 ff.). Vielmehr wird mittlerweile auch von vielen Coaches aus der „klassischen" Coaching-Szene bestätigt, dass Coaching gegenwärtig vermehrt im Non-Profit-Bereich, Supervision im Profit-Bereich agiert und dass beide Beratungsformen auch zum Zwecke der Persönlichkeits- und nicht (nur) der Personal- oder Organisationsentwicklung, also für berufliche *und* private Themen und Rollenanforderungen, eingesetzt werden (vgl. u. a. Martens-Schmid 2007; Birgmeier und Schmidt 2010; Kuhl und Strehlau 2011; Schmidt-Lellek 2011), wodurch neuerdings nicht mehr nur rein berufsbezogene Probleme und Weiterentwicklungsvorhaben zum Anlass derart spezifischer personenbezogener Beratung werden, sondern professionsübergreifende Themen, die – anthropologisch hergeleitet – den „ganzen Menschen" betreffen (vgl. Birgmeier 2011a, S. 18 ff.).

Gerade durch diesen Bezug auf den „ganzen Menschen"[11] kann Coaching als spezifische Beratungs-, Unterstützungs- und Begleitungsmethode auch in Arbeits-, Berufs-, Praxis- und Handlungsfeldern Sozialer Arbeit eine sinnvolle und am einzelnen Adressaten orientierte Hilfe anbieten, zumal ein Coaching für/in Soziale(r) Arbeit weitaus näher *an* und *in* der konkreten Lebenswelt von Adressaten/Zielgruppen stattfindet als vergleichbare andere Beratungsformen, die jeweils nur *eine* Lebensweltfunktion bzw. Rolle thematisieren (vgl. Birgmeier 2010a, S. 46 ff.).

Auf dieser theoretischen Basis und im Kontext der Anforderungen dessen, was die „zweite, reflexive Moderne" (Otto und Thiersch 2011, S. V) dem Menschen

---

[10] Ein Buch, mit dem – so Rauen – eine Lücke im Coaching-Diskurs geschlossen wurde, da hierdurch die Kompatibilität von Coaching und Sozialer Arbeit aufgezeigt und Coaching als spezifisches Teilgebiet sozialpädagogischer (Beratungs-)Theorie und (Beratungs-)Praxis ausgewiesen werden konnte (www.coaching-newsletter.de/archiv/2006/2006_05.htm#2 [8.1.2013]).

[11] Der Bezug auf den „ganzen Menschen" wurde besonders im lebenswelt- und alltagsorientierten Rahmenkonzept der Beratung in Sozialer Arbeit bereits vor mehr als dreißig Jahren vorformuliert und von Hans Thiersch später weiterentwickelt (vgl. Nestmann und Sickendiek 2011, S. 112).

abverlangt, ließe sich auch ein Coaching in den Handlungs-, Praxis- und Berufsfeldern der Sozialen Arbeit einbetten in die Grundstruktur einer alltagstheoretischen sozialpädagogischen Beratung. Diese nimmt „entsprechend der Tradition sozialpädagogischen Handelns" in Anspruch, Alltagsprobleme präventiv, akut bewältigend oder rehabilitativ unverkürzt und professionell anzugehen (vgl. Nestmann und Sickendiek 2011, S. 112). Sie sieht ihre Aufgabe darin, gemeinsam mit dem Betroffenen all jene von ihm unmittelbar erlebten sozialen Situationen, Lebenslagen und Handlungsanforderungen zu erforschen, zu reflektieren, gegebenenfalls umzudeuten und in Handlungsoptionen umzusetzen, die eine Besserung des Wohlbefindens, eine Stärkung der Selbstmanagementfähigkeiten, eine Förderung von Selbstreflexionskompetenz und – in der Summe dieser Faktoren – eine gelingende(re) Lebensführung und -bewältigung von Ratsuchenden begünstigen (vgl. Birgmeier 2011b, S. 166 f.).

Ein weiterer, ebenso zentraler Anknüpfungspunkt für die Annahme der Notwendigkeit, dass die Soziale Arbeit das Coaching weitaus stärker als bisher ins Repertoire ihrer Handlungsmethoden einzuflechten hat, besteht im handlungswissenschaftlichen Fundament, auf dem beide helfenden Berufe fußen (vgl. Birgmeier et al. 2012, S. 33). Als Handlungswissenschaft erforscht Soziale Arbeit nicht nur (biografische) Lebenslagen, -führungspraktiken und -bewältigungsmechanismen ihrer Zielgruppen, sondern sie richtet ihren Blick auch auf Situationen von Menschen, deren bisherige, bewährte und durch Routinen gestützte Handlungsrepertoires nicht mehr greifen und die hierdurch in eine zeitweilige Handlungskrise geraten können, die schließlich zum Ruf nach professioneller Beratung führt, mit der die „Handlungsfähigkeit" ihrer Adressaten wiederhergestellt werden kann (vgl. auch Otto und Ziegler 2010).[12]

Wie wichtig diese auf *Handlungsbefähigung* bezogene Maxime der personenbezogenen Beratung und Unterstützung für ein Coaching im Kontext der Sozialen Arbeit sein könnte, lässt sich bisher nur erahnen. Zum gegenwärtigen Zeitpunkt fehlen spezifisch ausformulierte, metamodelltheoretische und spezifische Wissensstrukturen berücksichtigende Coaching-Konzepte, mit denen ein Coaching als Methode in unterschiedlichen Arbeits- und Praxisfeldern Sozialer Arbeit etabliert werden könnte.

---

[12] Damit verpflichtet sie sich der Relevanz anthropologisch-erkenntnisorientierter und grundlagenwissenschaftlicher Aspekte der „Handlung" sowie der (Wieder-)Gewinnung alltäglicher Handlungsfähigkeit und -sicherheit, kurz: der „Handlungsbefähigung" ihrer Adressaten (vgl. Ziegler et al. 2010), die vorwiegend für ein Coaching von unterschiedlichen Zielgruppen in Sozialer Arbeit zum Zwecke des „Gelingens" und Bewältigens eigenen Lebens wichtig erscheint (vgl. u. a. Böhnisch 2008).

Noch immer besteht also ein großer Bedarf an konzeptorientierter Grundlagenforschung, angewandter Forschung und Evaluationsforschung zur Frage, wie sich ein Coaching als direkt interventionsbezogene Methode für Adressat/innen der Jugendarbeit, Kulturarbeit, Jugendberufshilfe, Schulsozialarbeit, der ambulanten Erziehungs- und Altenhilfen, der Erziehungs- und Familienberatung, des Gesundheitswesens, der Behinderten- und Straffälligenhilfe usw. (vgl. Bieker 2011, S. 13 ff.) konzipieren und implementieren ließe und worin das Spezifische eines Coachings für Manager und Führungsverantwortliche in den Trägern, Organisationen, Verbänden und Institutionen Sozialer Arbeit auszumachen ist.

5 Entwicklungen, Herausforderungen und Perspektiven von Coaching im Kontext der Theorie und Praxis Sozialer Arbeit – ein Ausblick

So wichtig in Zukunft eine dezidiert sozialpädagogische und sozialarbeitswissenschaftliche Coaching-Forschung demzufolge auch sein wird, so wichtig ist es auch, forschungsperspektivisch einerseits zwischen einer Forschung für die Beratungsdisziplin, -profession und -praxis Soziale Arbeit (vgl. Thole 2010, S. 47 ff.) und andererseits einer Forschung zu Coaching als direkt interventionsbezogener Methode und als organisationsbezogener Methode zu unterscheiden (vgl. Erhardt 2010, S. 9 ff.). Als eine dem Coaching zugewandte Beratungsdisziplin hat die Soziale Arbeit daher zunächst einmal eine fundierte wissenschaftliche Grundlegung des Verhältnisses zwischen Coaching und Sozialer Arbeit zu leisten.[13] Ergänzend dazu sind ebenso auch Erkenntnisse über Coaching im Kontext Sozialer Arbeit aus einer handlungsorientierten Praxisforschung abzuleiten, der die Aufgabe zugeschrieben wird, „die Nahtstelle zwischen sozialpädagogischer Theoriebildung, Ausbildung und Handlungspraxis über erkundende Beobachtungen der Letzteren zu schließen" (Thole 2010, S. 47). Und schließlich wird es für die Zukunft eines Coachings in Sozialer Arbeit ebenso wichtig sein, professionsorientierte, reflexive Forschungsbemühungen zu unterstützen, die dem Ziel verpflichtet sind, die „Handlungspraxis über explorative Studien zu erschließen, um diese hierüber zu professionalisieren" (ebd.).

---

[13] Eine derartige grundlagenbezogene Forschung verfolgt dabei die Aufgabe, „Erkenntnisse systematisch zueinander in Beziehung zu setzen und einer theoriegeleiteten Interpretation zu unterziehen, um Aussagen mit generalisierender Tendenz zu gewinnen (Thole 2010, S. 47)

Daher zählt es heute wohl zu den zentralen Aufgaben nicht nur einer zum Thema Coaching forschenden Sozialen Arbeit, sondern aller Beratungswissenschaften, ein allgemeines, grundlegendes und spezifisches, auf die jeweilige Beratungsprofession bezogenes Wissen zum Zwecke der Begründung und Identitätsindung der unterschiedlichen Beratungsdisziplinen und der darin zu leistenden Vertiefung der Professionalisierung von Coaching im jeweiligen Handlungsfeld bereitzustellen, mit dem die Beratungskompetenzen der Beratungshandelnden gestärkt, einheitlich ausgebildet sowie seriös und verantwortlich angewandt werden können (vgl. Birgmeier 2011c, S. 422 ff.; vgl. dazu insbes. auch Wilmes und Loebbert 2013, S. 17 ff.; Wegener 2013, S. 381 ff.).[14]

Wenn sich Coaching – wie es aktuelle Tendenzen in Aussicht stellen – weiterhin im Aufwärtstrend befindet, namhafte Experten dieser Beratungsform vielfältige positive Entwicklungschancen bescheinigen und sich die Schnittmengen zwischen Supervision und Management-Coaching stetig erweitern, wird Coaching sicherlich in Zukunft nicht nur als personenbezogene Beratung für (Sozial-)Manager und Führungskräfte in öffentlichen und privaten Trägern der Sozialen Arbeit wichtiger werden (vgl. Bieker 2011, S. 19 ff.), sondern vor allem auch für unterschiedlichste Adressatengruppen in der Sozialen Arbeit selbst. Gerade für diejenigen, die erschwerte Lebens- und individuelle Problemlagen zu meistern haben, könnte ein Coaching in Kontexten der Sozialen Arbeit eine zusätzliche, spezifische Hilfe zur Selbsthilfe bedeuten, mit der soziale Benachteiligungen abgebaut und persönliche Entwicklung und Lebensbewältigungskompetenzen gefördert werden können.[15] So gilt es nicht nur für die beratungsorientierte Soziale Arbeit im Allgemeinen, sondern auch für unterschiedliche Coaching-Konzeptionen in Sozialer Arbeit im Speziellen die Aufgabe zu verfolgen, „Subjekte und Lebens- welten, die mit ihren eigenen Ressourcen Lebenskrisen und Verunsicherungen nicht oder kaum

---

[14] Nicht minder wichtig ist die praxeologische Erforschung der Frage, wo Berührungspunkte und Abgrenzungen von Coaching im Kontext von direkt interventionsbezogenen, indirekt interventionsbezogenen und struktur- und organisationsbezogenen Methoden der Sozialen Arbeit erkennbar werden können (vgl. Erhardt 2010, S. 9 ff.; Galuske 2011, S. 162).

[15] Die „Lebensbewältigung als Arbeit am eigenen Lebensentwurf" (Thiersch 2007, S. 116) ist somit nicht nur das Kernthema sozialarbeiterischer/sozialpädagogischer Beratung, sondern ebenso auch das eines Coachings in sozialen Berufen – einer Teilform professioneller Beratung, Betreuung und Begleitung, die sich als Medium der Gestaltung und Bewältigung von Lebensaufgaben jedoch erst noch konzeptionell, (meta-)modelltheoretisch und ethisch zu begründen sowie wissenschaftlich abzusichern hat, um sich (potenziell) in das Methodenarsenal Sozialer Arbeit einreihen und als spezifische Form professionellen, methodischen, helfenden Handelns in Sozialer Arbeit ausweisen zu können.

aufzufangen vermögen, zu unterstützen" (Thole 2010, S. 54) und darauf hinzuwirken, dass für diese Menschen gesellschaftlich anerkannte, selbstverantwortete Wege durch das Leben wieder denkbar und möglich werden. Auf der Basis dieser Lesart einer modernen Sozialen Arbeit, die auf Ressourcen und Stärken ihrer Adressaten baut, Fragen der Lebensbewältigung und -führung, des Selbstmanagements, des Lernens und der Handlungsbefähigung rekrutiert und – wie im Coaching auch – die Hoffnung auf eine gelingende(re) Lebensbewältigung und Lebensführung teilt (vgl. dazu Röh 2011, S. 103 ff.), lässt sich auch ein Coaching als spezifische Form der Beratung, Begleitung und Unterstützung von Personen in ausgewählten sozialpädagogischen und sozialarbeiterischen Arbeits-, Handlungs-, Praxis-, Berufs- und Aufgabenfeldern weiterentwickeln, indem sich dieses um Menschen bemüht, die durch konkret bestimmbare Sinn- und Handlungskrisen in Gefahr sind zu scheitern und die aufgrund erschwerter Situationen und Lebenslagen nicht mehr (bzw. noch nicht) in der Lage sind, ihr Leben selbstständig und selbstbestimmt zu führen (vgl. Birgmeier 2011b, S. 166 f.). Mit der besonderen Fokussierung auf *Sinn* und *Handeln* verpflichtet sich auch dieser spezifische Coaching-Ansatz dem Rückgriff auf Menschenbildannahmen, die es ermöglichen, der oben bereits erwähnten „Ganzheitlichkeit des Menschen" Rechnung zu tragen, wie es beispielsweise in den (philosophisch-)anthropologischen Modellen des Menschen als „flexiblem Vielfachwesen" (Lenk 2010) oder im Ansatz des sogenannten „complex man" (vgl. Lippmann und Ullmann-Jungfer 2011, S. 271 ff.) und im Konzept eines „Life-Coachings" (Schmidt-Lellek 2011, S. 325 ff.) zum Ausdruck kommt.

Das größere Lebensganze, in dem der Alltag geschieht und erlebt wird, stellt somit den Rahmen dar, der für das (sozialpädagogische) Coaching denk- und handlungsleitend ist. Er verweist auf die allem Coaching zugrunde liegende Funktion, eine kommunikative, im Dialog zu leistende Deutung der Situation zu gewährleisten, um daraus neue Optionen zur Handlung und zur (gelingenden) Lebensführung zu entwickeln. Wenn man dementsprechend „die anthropologische Grundtatsache akzeptiert, dass Menschen (selbst-)reflektierende Wesen sind, die mithilfe dieser (Selbst-)Reflexion zu einem Verstehen, auch zu einer Selbstaufklärung" (Heintel und Ukowitz 2011, S. 43) ihrer jeweiligen, mitunter schwierigen und problembehafteten Lebenssituation gelangen können, kann (und muss) eine Förderung der Selbstreflexion als das wesentliche Moment jeglichen Coachings bestimmt werden (vgl. Greif 2011, S. 131 ff.), dem – gleichermaßen als weitere zentrale Säule im (sozialpädagogischen) Coaching – eine Förderung der Handlungsfähigkeit des Klienten zu folgen hat (vgl. Birgmeier 2011a, S. 20 ff.).

6 Epilog: Coaching-Forschung in Sozialer Arbeit – ein Aufruf!

Es könnte sich daher sehr lohnen, die Bemühung der Überprüfung und Analyse der Frage weiter zu betreiben, inwieweit Coaching in den genuinen, arbeitsfeldtypischen und altersphasenübergreifenden Bereichen der Praxis Sozialer Arbeit implementiert werden könnte, welches Beratungs- und Interventionswissen einerseits, welches handlungsspezifische Wissen andererseits für diesen Coaching-Ansatz zu schaffen wäre und wie sich ein derart spezifisches Coaching als professionelles Beratungs- und Begleitungshandeln in unterschiedlichen „Sozialräumen" (vgl. dazu Kessl und Reutlinger 2007; Schönig 2011, S. 405 ff.) mit Kindern, Jugendlichen, Familien, Arbeits- und Wohnungslosen, Behinderten, Migranten, Senioren, Pflegebedürftigen, mit Menschen mit gesundheitlichen Beeinträchtigungen oder für die Arbeit mit Angehörigen oder Ehrenamtlichen entwickeln ließe (vgl. dazu u. a. Chassé und von Wensierski 2008; Bieker und Floerecke 2011).

Darüber hinaus sind auch Forschungsthemen, -gegenstände und -gebiete mitzubedenken, die zur beratungswissenschaftlichen Grundlagenforschung zählen, wie – um nur einige zu nennen – die Forschung zu Selbstreflexionsprozessen oder zum Hilfeverhalten, eine Wirkungs-/Wirksamkeits-, Lern-, Sozialisations- und Bildungsforschung, Resilienz-, Handlungs-, Persönlichkeits-, Motivations- und Volitionsforschung (vgl. Birgmeier 2011c, S. 423) oder spezifische Forschungsprojekte zum derzeit heiß diskutierten Thema „Burn-out", zum Coaching für jugendliche Berufseinsteiger (vgl. Birgmeier 2010b) und zu den psychosozialen Auswirkungen spätmoderner Erwerbsarbeit, wie dies bereits eindrucksvoll in einer Studie über „riskante Arbeitswelten" aus der Perspektive der Supervision zum Vorschein kommt (vgl. Haubl und Voß 2011). Ebenso interessant scheint ein stärkerer Zuschnitt der Coaching-Forschung auf erziehungs- und bildungswissenschaftliche Forschungsthemen. Die Fragen, ob und inwieweit diverse Coaching-Maßnahmen die Bildsamkeit von Klienten berühren (Benner 1987), worin konkret der Bildungsaspekt im Coaching-Prozess ersichtlich wird und welchen spezifischen Formen des Lernens in der Coaching-Praxis Rechnung getragen werden soll, wären beispielsweise wichtige Marker für eine dezidiert (sozial-)pädagogische Coaching-Forschung, um die Relevanz pädagogischer

Prozesse im Coaching in sozialen Berufsfeldern deutlicher als bisher hervorheben zu können.[16]

Viele weitere Beispiele der Implementation von Themen aus den Erziehungs-, Bildungs- und Sozialwissenschaften – in deren Mitte die Soziale Arbeit ja steht – ließen sich zur näheren Erforschung für ein Coaching im Kontext der Sozialen Arbeit auffächern. Der Möglichkeiten, Coaching näher an die Soziale Arbeit heranzurücken, gäbe es viele. Gleichwohl darf auch anerkennend festgestellt werden, dass es im Blick auf die jüngsten Entwicklungstendenzen in der Beratungsforschung durchaus bereits deutliche Hinweise auf ein gegenwärtig verstärktes Bemühen um eine dezidierte Coaching-Forschung gibt, die immer tiefer in die Richtung der Bestimmung des Stellenwerts und der Relevanz von Coaching in Kontexten der Sozialen Arbeit vordringt.

Dies lässt hoffen, zumal – um den eingangs begonnenen Argumentationskreis zu schließen – die Bedeutung von Coaching in der Sozialen Arbeit wohl weiter wachsen wird, die Eigenschaften dieses spezifischen Beratungsinstruments ideal in das Methodenrepertoire Sozialer Arbeit passen und die Relationen zwischen Coaching und Sozialer Arbeit durch derart viele Schnittmengen bestimmt werden können, dass es nur noch eine Frage der Zeit ist, bis wir feststellen werden, dass ein „Zusammenspiel von Coaching und Sozialer Arbeit" Birgmeier et al. (2012) für beide helfenden Berufe glänzende Aussichten bereithält.

---

[16] Wenn Bildung ihren Sinn dort erhält, wo es um „die Ausbildung aller im Menschen angelegten Möglichkeiten", also um die „harmonische Ausbildung der kognitiven, sozialen, praktischen und ästhetischen Kompetenzen" und um eine kritische Selbstreflexion und Beurteilung eigener Lebenschancen (vgl. Thiersch 2011, S. 165) geht, dann lassen sich durch den bildungstheoretischen (Lern-)Aspekt im Coaching nicht nur fragwürdige (Beratungs-) Mechanismen aufdecken, die der bloßen „Vernützlichung" oder Funktionalisierung von Menschen oder (personenbezogenen) Dienstleistungen dienen, sondern auch jene, die das Prinzip der Anerkennung für die bisherige Lebensleistung verstärkt in den Mittelpunkt einer ressourcen- und stärkenorientierten Beratung rücken. Denn die Ziele sozialpädagogischer Anerkennungsarbeit lassen sich ebenso gut auch in die Zielkataloge einer (sozialpädagogischen) Beratungsarbeit übertragen, zumal es darin um „die (Wieder)Herstellung von Selbstwertgefühl und […] Sozialintegration in Form der Vermittlung von Lebenssinn, Normen, Teilhabe an sozialen und emotionalen Beziehungen sowie Systemintegration als Erziehung, Bildung, Ausbildung, Erwerbstätigkeit" geht (Heite 2011, S. 50).

Literatur

Baecker, Dirk (1994). Soziale Hilfe als Funktionssystem der Gesellschaft. *Zeitschrift für Soziologie, 23*(2), 93–110.
Becker-Lenz, Roland, Busse, Stefan, Ehlert, Gudrun, & Müller, Silke (Hrsg.) (2009). *Professionalität in der Sozialen Arbeit. Standpunkte, Kontroversen, Perspektiven.* Wiesbaden: VS Verlag für Sozialwissenschaften.
Benner, Dietrich (1987). *Allgemeine Pädagogik.* Weinheim: Juventa.
Bieker, Rudolf (2011). Trägerstrukturen in der Sozialen Arbeit. In: Rudolf Bieker & Peter Floerecke (Hrsg.), *Träger, Arbeitsfelder und Zielgruppen der Sozialen Arbeit* (S. 13–43). Stuttgart: Kohlhammer.
Bieker, Rudolf, & Floerecke, Peter (Hrsg.) (2011). *Träger, Arbeitsfelder und Zielgruppen der Sozialen Arbeit.* Stuttgart: Kohlhammer.
Birgmeier, Bernd (2006). *Coaching und Soziale Arbeit.* Weinheim: Juventa.
Birgmeier, Bernd (2008). „Da werden Sie geholfen?" – Eine Kritik beraterischer Vernunft. *supervision,* (1), 36–45.
Birgmeier, Bernd (2010a). *Sozialpädagogisches Coaching.* Weinheim: Juventa.
Birgmeier, Bernd (2010b). Coaching für jugendliche Berufseinsteiger. In: Michael Köck & Margit Stein (Hrsg.), *Übergänge von der Schule in Ausbildung und Beruf* (S. 205–225). Bad Heilbrunn: Klinkhardt.
Birgmeier, Bernd (2011a). Menschenbilder im Coaching. In: Astrid Schreyögg & Christoph Schmidt- Lellek (Hrsg.), *Philosophie, Ethik und Ideologie in Coaching und Supervision* (S. 13–26). Wiesbaden: VS Verlag für Sozialwissenschaften.
Birgmeier, Bernd (2011b). Sozialpädagogisches Coaching. Eine innovative Beratungsform für soziale Berufe. *Soziale Arbeit, 60*(5), 162–168.
Birgmeier, Bernd (2011c). Coaching research ist die Gegenwart – Coaching science die Zukunft: Utopie oder Realität? In: ders. (Hrsg.), *Coachingwissen* (S. 421–432). Wiesbaden: VS Verlag für Sozialwissenschaften.
Birgmeier, Bernd (2012). *Soziale Arbeit als Wissenschaft, Band 1.* Wiesbaden: VS Verlag für Sozialwissenschaften.
Birgmeier, Bernd, & Mührel, Eric (2011). *Wissenschaftliche Grundlagen der Sozialen Arbeit.* Schwalbach/Ts.: Wochenschau Verlag.
Birgmeier, Bernd, & Mührel, Eric (2013). „Handlung" in Theorie und Wissenschaft Sozialer Arbeit – zur Einführung. In: dies. (Hrsg.), *Handlung in Theorie und Wissenschaft Sozialer Arbeit* (S. 9–18). Wiesbaden: VS Verlag für Sozialwissenschaften.
Birgmeier, Bernd, & Schmidt, Hans-Ludwig (2010). Führung sinnvoller machen? In: Uto Meier & Bernhard Sill (Hrsg.), *Führung. Macht. Sinn* (S. 688–697). Regensburg: Pustet.
Birgmeier, Bernd, Loebbert, Michael, & Wegener, Robert (2012). Das Zusammenspiel von Coaching und Sozialer Arbeit. *SozialAktuell,* (5), 32–34.
Böhmer, Anselm (2004). Coaching – ein neuer Ansatz für die Soziale Arbeit? Soziale Arbeit, (2), 49–55.
Böhnisch, Lothar (2008). *Sozialpädagogik der Lebensalter.* Weinheim: Juventa.
Böllert, Karin (2011). Funktionsbestimmungen Sozialer Arbeit. In: Hans-Uwe Otto & Hans Thiersch (Hrsg.), *Handbuch Soziale Arbeit* (S. 436–444). München: Reinhardt.
Böning, Uwe (2000). Coaching: Der Siegeszug eines Personalentwicklungsinstruments. Eine 10-Jahres-Bilanz. In: Christopher Rauen (Hrsg.), *Handbuch Coaching* (S. 17–39). Göttingen: Verlag für Angewandte Psychologie.

Buchkremer, Hansjosef (Hrsg.) (2009). *Handbuch Sozialpädagogik*. Darmstadt: WBG.
Buer, Ferdinand (2007). Coaching, Supervision und die vielen anderen Formate. Ein Plädoyer für ein friedliches Zusammenspiel. In: Astrid Schreyögg & Christoph Schmidt-Lellek (Hrsg.), *Konzepte des Coaching* (S. 117–136). Wiesbaden: VS Verlag für Sozialwissenschaften.
Chassé, Karl A., & Wensierski, Hans-Jürgen von (Hrsg.) (2008). *Praxisfelder der Sozialen Arbeit*. Weinheim: Juventa.
DBVC (Hrsg.) (2007). *Leitlinien und Empfehlungen für die Entwicklung von Coaching als Profession*. Osnabrück: Eigenverlag.
Erhardt, Angelika (2010). *Methoden der Sozialen Arbeit*. Schwalbach/Ts.: Wochenschau Verlag.
Fietze, Beate (2012). Chancen und Risiken der Coaching-Forschung – eine professionssoziologische Perspektive. In: Robert Wegener, Agnès Fritze & Michael Loebbert (Hrsg.), *Coaching entwickeln. Forschung und Praxis im Dialog* (2. Auflage) (S. 24–34). Wiesbaden: VS Verlag für Sozialwissenschaften.
Gängler, Hans (2011). Hilfe. In: Hans-Uwe Otto & Hans Thiersch (Hrsg.), Handbuch Soziale Arbeit (S. 109–118). München: Reinhardt.
Galuske, Michael (2011). Methoden der Sozialen Arbeit. Weinheim: Juventa.
Geißler, Harald (2011). Die inhaltsanalytische „Vermessung" von Coachingprozessen. In: Bernd Birgmeier (Hrsg.), *Coachingwissen* (S. 95–127). Wiesbaden: VS Verlag für Sozialwissenschaften.
Greif, Siegfried (2011). Grundlagentheorien und praktische Beobachtungen zum Coachingprozess. In: Bernd Birgmeier (Hrsg.), *Coachingwissen* (S. 131–146). Wiesbaden: VS Verlag für Sozialwissenschaften.
Groddeck, Norbert (2008). *Coaching und seine Implikationen für die Soziale Arbeit* (E-Book). München: Grin.
Hammerschmidt, Peter, & Sagebiel, Juliane (Hrsg.) (2010). *Professionalisierung im Widerstreit*. München: AG SPAK (Schriftenreihe Soziale Arbeit).
Hartmann, Melanie (2004). *Coaching als Grundform pädagogischer Beratung*. Dissertation, Universität München.
Haubl, Rolf, & Voß, G. Günter (Hrsg.) (2011). *Riskante Arbeitswelt im Spiegel der Supervision*. Göttingen: Vandenhoeck & Ruprecht.
Heintel, Peter, & Ukowitz, Martina (2011). Vielfalt ermöglichen. Eine reflexive Annäherung an Rolle und Funktion einer Rahmentheorie im Coaching. In: Bernd Birgmeier (Hrsg.), *Coachingwissen* (S. 35–47). Wiesbaden: VS Verlag für Sozialwissenschaften.
Heite, Catrin (2011). Anerkennung. In: Hans-Uwe Otto & Hans Thiersch (Hrsg.), *Handbuch Soziale Arbeit* (S. 48–56). München: Reinhardt.
Iser, Angelika (2011). Supervision. In: Hans-Uwe Otto & Hans Thiersch (Hrsg.), *Handbuch Soziale Arbeit* (S. 1605–1613). München: Reinhardt.
Kessl, Fabian, & Reutlinger, Christian (2007). *Sozialraum. Eine Einführung*. Wiesbaden: VS Verlag für Sozialwissenschaften.
Krall, Hannes (2008). *Supervision und Coaching: Praxisforschung und Beratung im Sozial- und Bildungsbereich*. Wiesbaden: VS Verlag für Sozialwissenschaften.
Krczizek, Regina, & Kühl, Wolfgang (2008). *Beratungsbedarf für Fachkräfte im sozialen Bereich/ Coaching für Führungskräfte in der Sozialen Arbeit – zwei empirische Bedarfsanalysen*. Jena: Eigenverlag.
Kühl, Stefan (2005). *Das Scharlatanerieproblem – Coaching zwischen Qualitätsproblemen und Professionalisierungsbemühung*. Köln: DGfS-Eigenverlag.

Kühl, Stefan (2008). *Coaching und Supervision.* Wiesbaden: VS Verlag für Sozialwissenschaften.
Kuhl, Julius, & Strehlau, Alexandra (2011). Handlungspsychologische Grundlagen des Coaching. In: Bernd Birgmeier (Hrsg.), *Coachingwissen* (S. 173–184). Wiesbaden: VS Verlag für Sozialwissenschaften.
Lenk, Hans (2010). *Das flexible Vielfachwesen.* Weilerswist: Velbrück Wissenschaft.
Lepenies, Wolf (1981). Einleitung. Studien zur kognitiven, sozialen und historischen Identität der Soziologie. In: ders. (Hrsg.), *Geschichte der Soziologie, Band I* (S. 1–14). Frankfurt am Main: Suhrkamp.
Lippmann, Eric, & Ullmann-Jungfer, Gisela (2011). Coaching und Coaching-Masterlehrgang am IAP Zürich. In: Bernd Birgmeier (Hrsg.). *Coachingwissen* (S. 271–284). Wiesbaden: VS Verlag für Sozialwissenschaften.
Lütsch, Corinna, & Schaeffer, Carsten (2012). Eine Analogie zum Klienten-Problem am Golfschläger finden. *Coaching Magazin,* (4), 25–28.
Martens-Schmid, Karin (2007). Die „ganze Person" im Coaching – Ambivalenzen und Optionen. In: *Organisationsberatung, Supervision, Coaching (OSC), 14*(1), 17–28.
Mühlum, Albert (1981). *Sozialpädagogik und Sozialarbeit.* Frankfurt am Main: Deutscher Verein für öffentliche und private Fürsorge.
Müller-Commichau, Wolfgang (2002). Coaching im sozialen Feld. Hilfe in schwierigen beruflichen Situationen. *Sozialmagazin,* (4), 28–32.
Nestmann, Frank, & Sickendiek, Ursel (2011). Beratung. In: Hans-Uwe Otto & Hans Thiersch (Hrsg.), *Handbuch Soziale Arbeit* (S. 109–119). München: Reinhardt.
Nohl, Herman (1929). Sozialpädagogik. In: Herman Nohl & Ludwig Pallat (Hrsg.), *Handbuch der Pädagogik, Band 5.* Langensalza: Julius Beltz.
Otto, Hans-Uwe, & Thiersch, Hans (2011). Vorwort. In: dies. (Hrsg.), *Handbuch Soziale Arbeit* (S. V–VI). München: Reinhardt.
Otto, Hans-Uwe, & Ziegler, Holger (Hrsg.) (2010). *Capabilities – Handlungsbefähigung und Verwirklichungschancen in der Erziehungswissenschaft.* Wiesbaden: VS Verlag für Sozialwissenschaften.
[Özdemir, Hüseyin] (2012). Coaching ist für mich ein helfender Beruf. Hüseyin Özdemir im Interview. *Coaching Magazin,* (4), 12–19.
Pallasch, Waldemar, & Hameyer, Uwe (2008). *Lerncoaching.* Weinheim: Juventa.
Pallasch, Waldemar, & Petersen, Ralf (2005). *Coaching.* Weinheim: Juventa.
Rappe-Giesecke, Kornelia (1990). *Theorie und Praxis der Gruppen- und Teamsupervision.* Berlin: Springer.
Rauen, Christopher (Hrsg.) (2000). *Handbuch Coaching.* Göttingen: Verlag für Angewandte Psychologie.
Rauschenbach, Thomas, & Züchner, Ivo (2011). Berufs- und Professionsgeschichte der Sozialen Arbeit. In: Hans-Uwe Otto & Hans Thiersch (Hrsg.), *Handbuch Soziale Arbeit* (S. 131–142). München: Reinhardt.
Rey, Georges (2011). Begriffe. In: Stefan Jordan & Christian Nimtz (Hrsg.), *Lexikon Philosophie* (S. 52–55). Stuttgart: Reclam.
Röh, Dieter (2011). „... was Menschen zu tun und zu sein in der Lage sind". Befähigung und Gerechtigkeit in der Sozialen Arbeit. In: Eric Mührel & Bernd Birgmeier (Hrsg.), *Theoriebildung in der Sozialen Arbeit* (S. 103–122). Wiesbaden: VS Verlag für Sozialwissenschaften.

Salomon, Alice (1926). *Soziale Diagnose. Die Wohlfahrtspfiege in Einzeldarstellungen, Band 3*. Berlin: Heymann.
Sassen, Hans von, & Vogelauer, Werner (2000). Coaching – ganzheitlich gesehen. In: Werner Vogelauer (Hrsg.), *Coaching-Praxis* (S. 9–40). Neuwied: Luchterhand.
Scherpner, Hans (1962). *Theorie der Fürsorge*. Göttingen: Vandenhoeck & Ruprecht.
Scherr, Albert (2010). Sozialarbeitswissenschaft. In: Werner Thole (Hrsg.), *Grundriss Soziale Arbeit* (S. 283–296). Wiesbaden: VS Verlag für Sozialwissenschaften.
Schmelzer, Dieter (1997). *Verhaltenstherapeutische Supervision*. Göttingen: Hogrefe.
Schmidt-Lellek, Christoph (2011). Life-Coaching als Anleitung zur Selbstsorge. In: Bernd Birgmeier (Hrsg.), *Coachingwissen* (S. 325–337). Wiesbaden: VS Verlag für Sozialwissenschaften.
Schönig, Werner (2011). Sozialraumorientierte Soziale Arbeit. In: Rudolf Bieker & Peter Floerecke (Hrsg.), *Träger, Arbeitsfelder und Zielgruppen der Sozialen Arbeit* (S. 405–418). Stuttgart: Kohlhammer.
Schwarz, Wolfgang (2011). Eigenschaften/Relationen. In: Stefan Jordan & Christian Nimtz (Hrsg.), *Lexikon Philosophie* (S. 68–70). Stuttgart: Reclam.
Staub-Bernasconi, Silvia (2007). *Soziale Arbeit als Handlungswissenschaft. Systemtheoretische Grundlagen und professionelle Praxis*. Bern: Haupt (UTB).
Staub-Bernasconi, Silvia (2010). Soziale Arbeit und Soziale Probleme. In: Werner Thole (Hrsg.), *Grundriss Soziale Arbeit* (S. 267–282). Wiesbaden: VS Verlag für Sozialwissenschaften.
Thiersch, Hans (2007). Sozialarbeit/Sozialpädagogik und Beratung. In: Frank Nestmann, Frank Engel & Ursel Sickendiek (Hrsg.), *Das Handbuch der Beratung. Band 1: Disziplinen und Zugänge* (S. 115–134). Tübingen: Dgvt-Verlag.
Thiersch, Hans (2011). Bildung. In: Hans-Uwe Otto & Hans Thiersch (Hrsg.), *Handbuch Soziale Arbeit* (S. 162–173). München: Reinhardt.
Thole, Werner (2010). Die Soziale Arbeit – Praxis, Theorie, Forschung und Ausbildung. Versuch einer Standortbestimmung. In: ders. (Hrsg.), *Grundriss Soziale Arbeit* (S. 19–71). Wiesbaden: VS Verlag für Sozialwissenschaften.
Wansing, Heinrich (2011). Definition. In: Stefan Jordan & Christian Nimtz (Hrsg.), *Lexikon Philosophie* (S. 61–63). Stuttgart: Reclam.
Wegener, Robert (2013). Coachingforschung. In: Michael Loebbert (Hrsg.), *Professional Coaching. Konzepte, Instrumente, Anwendungsfelder* (S. 381–413). Stuttgart: Schäffer-Poeschel.
Wegener, Robert, Fritze, Agnès & Loebbert, Michael (Hrsg.). *Coaching entwickeln. Forschung und Praxis im Dialog* (2. Auflage). Wiesbaden: VS Verlag für Sozialwissenschaften.
Wilmes, Christa, & Loebbert, Michael (2013). Coaching als Beratung. In: Michael Loebbert (Hrsg.), *Professional Coaching. Konzepte, Instrumente, Anwendungsfelder* (S. 17–48). Stuttgart: Schäffer-Poeschel.
Ziegler, Holger, Schrödter, Mark, & Oelkers, Nina (2010). Capabilities und Grundgüter als Fundament einer sozialpädagogischen Gerechtigkeitsperspektive. In: Werner Thole (Hrsg.), *Grundriss Soziale Arbeit* (S. 297–310). Wiesbaden: VS Verlag für Sozialwissenschaften.

Conceptualising Sport-Coaching: Some Key Questions and Issues

Christopher Cushion and John Lyle

Recent reviews of sport coaching research (Gilbert and Trudel 2004; Rangeon et al. 2012) identified in excess of 1000 coaching-related publications. Some of this work can be traced back to the 1970s with the yearly publication rate having increased dramatically since then (Rangeon et al. 2012). An examination of this considerable landscape of coaching research reveals a bewildering range of theoretical and empirical perspectives and insights. Despite this apparent depth of empirical work, in-depth understanding of coaching as a social phenomenon and a conceptual underpinning with which to inform practice remains stubbornly absent (Abraham and Collins 2011; Côté and Gilbert 2009). Despite our research efforts we seem as far removed from consensus or clarity about the nature of coaching as ever (Cushion 2007a) and hence have no clear conceptual framework to inform practice (Lyle and Cushion 2010). Indeed, the test of the utility and value of research to a community is the extent to which its findings are (a) used as recommended practices in the preparation of practitioners, and (b) incorporated by practitioners in everyday practice (Cushion 2007b).

C. Cushion (✉)
School of Sport Exercise and Health Sciences, Loughboroug University,
Loughboroug, UK
E-Mail: c.cushion@lboro.ac.uk

J. Lyle (✉)
School of Sport, Leeds Beckett University,
Leeds LS6 3QS, UK
E-Mail: j.w.lyle@leedsbeckett.ac.uk

© Springer Fachmedien Wiesbaden 2016
R. Wegener et al. (Hrsg.), *Coaching-Praxisfelder*,
DOI 10.1007/978-3-658-10171-8_7

There is now considerable evidence that coaches base their coaching on feelings, intuitions, events and previous experience (e. g. Cushion et al. 2003; Trudel and Gilbert 2006) and despite some positive research examples there is no evidence for the systematic application of these, or any other findings, in the development of coaching practice or coach education (Abraham and Collins 1998, 2011; Lyle 2007) in terms of either methodology or results (Cushion 2007b). As Gilbert (2007) remarks he and his colleagues are yet to "meet a coach that referenced a coaching model (or indeed coaching research) when describing what they do". While Abraham and Collins (2011) point to limiting factors on the likelihood of effective impact by coaching research as for example, the pragmatic approach of coaches, their skepticism about coaching models and theories, and a desire for immediate impact.

Nevertheless, we should also note that a direct relationship between research and practice is an issue in many occupations. Academic research can be said to be targeted at the corpus of academic knowledge about sport coaching. It is not written specifically for practitioners. There is a need to 'translate', to make sense of the findings for practice, to examine the most effective means of incorporating the findings, and to mediate the findings with current practice. This is a task for coach developers, including coach education and professional enhancement, and requires a complementary form of research into professional practice.

With an increased volume of research devoted to sport coaching, but limited attention to translation into professional knowledge (the theory-practice gap), there is as a consequence, little apparent impact on coaching practice or coach education. Therefore, this chapter attempts to give an overview and critical evaluation of "what we currently know" about coaching. It is of course beyond the scope of this chapter to "review" coaching research in its entirety, but drilling into key issues and linking these arguments with others presented has the potential to provide a broad and comprehensive analysis of the substantive nature of current inquiry into coaching. We suggest that a critical examination of the state of the field in terms of conceptual development, research direction and evidence provides a framework with which to understand and bridge the "theory-practice gap" (Lyle and Cushion 2010).

1 Conceptual Development

Currently, the term coaching is a "catch-all" and rather imprecise construct that is assumed to refer to all manifestations of "coaching" practice (Lyle 2011; Lyle and Cushion 2010). However, coaching is not a synonym for all forms of coaching/leading/teaching/instructing, and this lack of precision is a serious barrier to bringing an appropriate degree of order and regularity to the field. Coaching can be more usefully seen as a "family" title; it connotes a family of related roles that are linked by different degrees of engagement with the coaching process. Coaching must not be used as a shorthand term to embrace all roles, nor be used indiscriminately. In addition, it is common to imply uncritically, or assume that the family of roles are on a continuum, have an interdependent hierarchy of expertise and have more similarities than differences (Lyle 2011). This results in the "concept" of coaching having assumed such a level of genericism that it has become unhelpful (Lyle and Cushion 2010). There is confusion between role descriptors (e. g. elite performance coach), levels of certification (e. g. Level 3), the hierarchy of functional demands within the process, (e. g., analysis, planning, delivery), and the scope and range of necessary coaching competences (e. g., communication, inter-personal skills, technical knowledge). We stress that it is important not to create different sets of meanings within role, domain, function, certification and expertise. This is not simply a language issue, and terms such as leader, teacher, instructor, trainer, and coach do not confer assumed, interchangeable practices. The verbs "to coach", "to teach", and "to instruct" are not interchangeable. In fact the term "to coach" may more usefully be employed to describe a relationship and not a set of behaviours. It is clear that we require a vocabulary that is much more precise. Similarly, impoverished notions and assumptions about "learning" lead to simplistic approaches and attitudes that portray "learning" as a standard element in all coaching. We need to be more discriminating in the way we talk about and understand different types of learning, which in turn, should not be loosely associated with all coaching.

In distinguishing within the family of roles there remains a threshold of competence and certification/qualification, accountability, and regulation of roles that determines their relationship. Currently, either by design or neglect, there is a tendency for all roles and levels to be embraced within "coaching". This creates an insurmountable problem, for example, when an individual with two or three days training (and no real vetting of suitability) is spoken of as being within the "profession", when in fact they have limited attachment to and engagement with coaching. There needs to be function and role clarity, and a clear threshold statement, preferably accompanied by regulation. This will lead to more clarity about the development of expertise, and appropriate education and development. Arguably, there is a threshold of engagement (cf. Lyle 2002, p. 46) that is expressed best as extended duration. For example, coaching is recognized as a series of interventions marked by longer-term goals, recognizable environments, competition, and extended preparation. These demands mean that the coach needs an extended period of education and training (i. e. depth and breadth of knowledge). These arguments, while in a language that is current in the UK, are universal. We are also sensitive to individuals' desires to "badge" their activities as coaching. The debate is not sterile; we have been critical of much of the research being carried out under the banner of coaching (Cushion and Lyle 2010). The criticism is not of the researchers' expertise and probity but relates to the use of opportunity samples from populations that are engaged in "learning to play sport". Authors should be much more circumspect about generalizing beyond their (often unspoken) assumptions about coaching. We are also reluctant to position the argument in terms of "levels" of coaching award. However, there is some relevance here because of the likely use of such "levels" in setting thresholds for professional recognition (licensing). Using UK terminology our view (cf. Kay et al. 2008) is that Level 3 certification (undergraduate degree level equivalence) requires the extent of education and experience necessary to establish an appropriate threshold for coaches.

The coaching process is wide-ranging and multifaceted (Cushion and Lyle 2010) and adequate conceptualization creates a basis and a mechanism for its representation, and is required to underpin research and education. A conceptual schema addresses questions about terminology, purpose, variability in practice, meaning, genericism versus specificity, and domain distinctions; and these understandings form the basis of subsequent assumptions about effectiveness, expertise, and good practice prescriptions (Cushion and Lyle 2010). Conceptualization, however, is not value-free, and particular interpretations of coaching have the potential to influence our perceptions about coach education, research validity, and accountability measures. Thus, a sociological perspective (Jones 2000), a pedagogical perspective (Armour 2004), instructional perspective (Sherman et al. 1997), humanistic perspective (Kidman et al. 2005), or science of performance perspective (Johns and Johns 2000) each makes assumptions about coaching that have consequences in application. There are barriers to conceptualization that derive from coaching itself; for example, the vast range of coaching contexts. This raises a question that is crucial for the academic study of sport coaching: might or should conceptualization imply that a generic coaching process exists, i.e. is there a coaching 'core' or is there more than one concept of coaching?

Although the conceptual development and understanding of the sport coaching process has so far been limited, a promising and growing body of work exploring coaching practice, and the debate that it has stimulated, has begun to emerge (e. g., Abraham and Collins 2011; Cushion 2007a, b). This line of enquiry explicitly recognises the complexity inherent in coaching practice and demonstrates that coaching is not something that is merely "delivered" but is a dynamic activity that engages coach and athlete (Côté and Gilbert 2009; Jones 2006). Therefore the coaching process is evident at three levels: the broad social context, then the specific social context/meaning and flow of delivery created by coach and performer (at all levels and stages of sport), and at the same time, the planned and goal-directed intention/direction/delivery from the coach (Lyle and Cushion 2010).

2 Coaching Contexts/Domains

There is a unique composition of context, goal, unforeseen circumstance, actions of athletes, meanings, management of the intervention by the coach, and social and sub-cultural expectations that render coaching susceptible to understanding and appreciation only at the level of the particular. In other words, Coaching can only be understood in a particular context or domain (Lyle and Cushion 2010). The process is distinct, and each domain or social context creates a particular set of assumptions and expectations, within which we can understand practice. Coaching is not a uni-dimensional concept and any attempt to focus on its generic nature masks its very distinctive and different forms. *Coaching domains* are a useful mechanism for conceptualising the aggregation of behaviours and practice that characterize coaching in different environments (Lyle 2002). A coaching domain is "a distinctive sporting milieu in which the environmental demands lead to a more or less coherent community of practice, with its attendant demands on the coach's expertise and practice" (Lyle and Cushion 2010). It is important to recognise that domains are not differentiated by a single factor but a combination of factors and, therefore, are likely to differ in a number of ways. A "starter list" might include: intensity of participation and preparation; complexity of performance components; coach recruitment, deployment and career development; interpersonal skills; value systems; specificity of competition preparation; and scale and scope of the community of practice and other social networks. The result of these distinctions is a differential demand on expertise and the practice of coaching, and the knowledge base and associated skills will differ across domains.

The arguments for distinctive perspectives on coaching are persuasive. Perhaps most persuasive is that coaches "frame" their roles and expectations within particular personal, educational, and experiential circumstances. The combination of backgrounds ensures that the coach brings a singular perspective (or set of 'frames') to coaching, and the coaches' previous playing and coaching experience reinforces their domain-constrained perspective. Trudel and Gilbert (2006) and Lyle (2002) argue that a single typology of coaching contexts is required to facilitate research within a meaningful framework, and to assist with the design of coach education. Trudel and Gilbert review a number of classifications, characterized by terms such as community, instruction, competition, professional, volunteer and school and decided upon a typology of recreational, developmental, and elite analogous to Lyle's (2002) typology, participation, development, performance. It may also be the case that the establishment of athlete or coach models of staged development, de facto, will create coaching domains.

Rhetorical talk about generic coaching and coaches as "educators" carries the danger of fostering the acceptance of a weak definition of the role and knowledge; this also encourages a lack of discrimination about different sorts of knowledge (Lyle and Cushion 2010). By not understanding and differentiating between domains, we end up with a spurious equality for coaching and coaching knowledge. This leads to an uncritical and undiscriminating way of understanding (and delivering) coaching in different contexts. Understanding coaching practice across domains remains the cornerstone to conceptual development and engaging practitioners (Cushion 2007b). For example, how coaching impacts the subjectivities of those involved and how coaching is experienced as both a social space and a social structure offers fertile ground for conceptualising coaching (Cushion 2007b). Against this backdrop, any consideration of interaction and discourse within the coaching process, and of the coaching process itself that is devoid of domain understanding and context is both flawed and limited (Cushion and Lyle 2010). Nevertheless, we reinforce this change in emphasis in the knowledge that the central purpose of coaching (improvement of performance towards identifiable goals) and how that can be achieved, is sufficiently well understood in its domains to provide a core process against which the social construction of practice can be understood. Our thinking then should not be focused on the production of all-embracing definitions, but about enquiring with greater breadth, depth and detail in order that we increase our understanding about domain-specific practice. Consequently, this has implications for how we carry out research into sport coaching.

3 Research

Coaching practice exists within a variable and dynamic environment of conflicting goals, socio-pedagogical delivery, context specificity, non-consensual values, coaching traditions, and more (Cushion and Lyle 2010). This complexity has implications for researchers and the validity and utility of their research. Indeed, re-searchers have argued that without studies specifically directed toward describing the complexity inherent in coaching, and how coaches cope with it, knowledge informing coaching process is likely to largely remain imprecise and speculative (Saury and Durand 1998; Cushion et al. 2006). Currently, attempts to simplify coaching do not adequately represent the complexity of contexts or practice. Indeed, to date research approaches have taken an overly simplistic approach to coaching resulting in a dearth of useful research (Cushion and Lyle 2010). A fragmented or episodic approach to coaching knowledge tends to underestimate the complexity of the coaching process, and because coaching can be represented as "episodes" and therefore parts of the process described in individual terms, it is easy to overlook the degree in which the inter-relatedness and interconnectedness of coaching sustains the process (Cushion 2007a; Jones 2007). Consequently, it is easy to take an asocial, linear view of coaching. This, in turn, leads to immature or limited understanding that hides meaning but gives the illusion of a complete understanding. This hinders both genuine conceptual development and its underpinning research.

Despite a growing body of work, coaching remains relatively speaking, under-researched, with existing work "sparse, unfocussed and subjective" (LeUnes 2007, p. 403). Arguably, there are two reasons for this; first, the research agenda is too often driven by personal research interest, with coaches and coaching a convenient data set for some other issue. Second, despite a compelling argument for a "paradigm shift" there remains a predominantly narrow, reductionist, rationalistic and bio-scientific approach to coaching research (Cushion, et al. 2003, 2006; Jones et al. 2002, 2004). This is despite changes taking place in the methods employed. Gilbert and Trudel (2004) found that the balance of qualitative to quantitative research had moved from 11 % / 81 % to 28 % / 70 % between 1990 and 1993 and between 1998 and 2004 respectively. There have been moves to interview-based and observation-based research away from questionnaire studies. However, we have to be careful about generalizing across all coaching research, and about criticizing appropriately configured research for not being something that it did not set out to be. Therefore, we might be critical of the research community for paying less attention than we would like to the complexity of coaching, but we also need to address the methodological challenges that this brings. The criticism that positivism is reductionist is apt; more interpretive methodologies are able to identify the complex interweaving of personal, performance, and environmental factors, but have not as yet contributed substantively to theory building or practice prescriptions. For example, Christensen et al. (2011) (coaching and talent development), McPhail (2004) (coaching and experiences in youth sport), Cushion and Jones (2006, 2012) (coaching process and social reproduction), Poczwardowski et al. (2002) (coach athlete relationship), have uncovered detail about coaching interventions that would not have been found by other means. For example, McPhail (2004) identified coaching practices that were deemed to be time wasting or detrimental to the development of athletes and was "shocked with the level of prominence of similar incidents reoccurring" (p. 243). While Poczwardowski et al. (2002) demonstrated that coaches and players both inherit and personally author their own coaching contexts highlighting the problematic and individualistic nature of the relationships involved. Poczwardowski et al. support the notion that the coaching process, rather than being simplistic and cyclical, comprises a set of reciprocal interactions between the athlete, coach and context; a notion further developed by Cushion and Jones' work who demonstrate coaching's contribution to the production and reproduction of social structures and within a social and political milieu. While there can be no argument against the insights generated by these studies, we might also note that any aggregation of trends or findings can fall into the trap of the very cross-domain generalizations that we identified in the previous section.

It would be naïve to ignore or dismiss the contribution of all positivist coaching research, as the literature does contribute to our understanding of coaching; for example, as coach education interventions set up specifically as research projects. Conroy and Coatsworth (2006) developed a training programme for coaches to increase certain behaviours and reduce others. This research suggests that interventions can change the quality of micro interventions between coach and athlete. Conroy and Coatsworth (2006) utilised the Coach Effectiveness Training (CET) developed by Smoll and Smith as a coach behavioural intervention and devised the Penn State Coach Training Programme. This aimed to have a direct effect on coach behaviours based on Pincuss and Ansell's interpersonal theory and Ryan and Deci's self-determination theory, where the mechanism of training effects involves a process of internalisation. Experimental designs with randomized groups were used: the treatment group received the intervention, whereas the control group received a sports science training programme (injury prevention, hydration, nutrition). Pre- and postmeasures of coach behaviour for the groups found differences in the experimental group. The authors note that until more research is carried out with rigorous methodologies, conclusions about the efficacy of training for changing coach behaviours will be premature (Conroy and Coatsworth 2006). In addition, modifying coach behaviours should be aligned with reflective practice as well as mentoring in communities of practice to effect long lasting and meaningful behaviour change. It is important to note that the assumptions about coaching in research such as this is based on rationality based pedagogy, that is, coaches are viewed as knowledge givers and athletes as knowledge receivers.

Coaching research itself may be a misnomer, as the concept of a unified academic field or consensual purpose currently does not exist. Without wishing to offer a definitive taxonomy of research fields, we can point to an emerging catalogue of research: coaching practice, both environment and career (e. g. Jones 2007; Mallett and Côté 2006), coaches' behaviours, both intervention/delivery and interpersonal (e. g. Jowett and Poczwardowski 2007; Smith and Cushion 2006), coaches' cognitions, both decision policies and decision making (e. g. Abraham and Collins 2011; Vergeer and Lyle 2007), coaches expertise (e. g. Schempp et al. 2006), and coach education and training (e. g. Nelson et al. 2007). Gilbert and Rangeon (2011) collapse these into two areas: coach effectiveness and coach development.

Coaching research is not yet at a stage where the influence of funding agencies or publishing policies impacts the "weight of focused research". A diverse research community or "schools" have developed reflecting personal agendas that are seldom coaching specific, but driven by disciplinary or sub-disciplinary outcomes or even to enhance publishing reputation (Abraham and Collins 2011). This may be understandable in an undertheorised field, but recourse to models and theories from other fields has limited value in building a coherent conceptual or theoretical body of knowledge (Cushion 2007b). Too often, this means that the "coaching" within the research is superficial or secondary and coaching practice and its process receives less attention. While accepting that much of coaching involves inter-personal behaviour, too few research papers focus on the 'substance' of the coaching intervention and its application or adaptation. Our review of coaching research finds that few if any links between coaching practice and performance outcomes have been established. There has been limited attention to intervention research, and performance outcomes are rarely the dependent variables in such research (Cushion and Lyle 2010).

In these circumstances, "coaching" research may be characterized by distinct and fragmented categories reducing coaching in scale and scope and as unproblematic, portrayed as a matter of simplistic technical "transfer" (Cushion and Lyle 2010). Furthermore, research topics such as "coach-athlete relationships" and "decisionmaking" are self-evidently important to coaching but the methodologies used are limited in capturing the wider coaching context. Simply employing such a singular focus does not capture sufficiently coaching's dynamic and complex nature, and while an integral part of coaching, they alone do not account sufficiently for the entirety of coaching. For practitioners the impact of this "competition of importances" is confusion and a perception of research as being irrelevant and not linked to the real world (Abraham and Collins 2011; Cushion et al. 2006).

Before we investigate possible reasons for these trends, we should note that the troublesome link between the 'researched' and the 'researchable' is not particular to coaching alone. There is a methodological 'high ground' from which reductionist and single-focus studies can (rightly) be criticized. However, the authors of these criticisms have not yet been successful in replacing these studies by research that does more than identify the complexity of practice. We stress again, first, the potential for aggregating the 'particular' may have been overestimated; we may be seeking a coaching theory that is a step too far. Second, it could be argued that the focus should be less on the complexity and more on how the coaches' expertise allows them to cope with it.

The corpus of coaching research is in some part useful, but ultimately limited. Why then do we engage in this type of research and treat the coach as the "other" to be studied (Gilbert 2007)? The answer is linked to wider epistemological issues associated with scientific enquiry. The questions coaching research has posed to date have by and large been shaped by the methods and assumptions of the positivist paradigm (Cushion et al. 2006; Lyle 1999). This is important as "paradigmatic allegiances can determine the theories, perspectives, or operationally, the theoretical frameworks that shape the research process" (MacDonald et al. 2002, p. 134). A core concept of the positivistic paradigm is reductionism, which is an attempt to understand the functioning of the whole through an analysis of its individual parts (Brustad 1997). By its nature, this approach provides a "mechanistic" guide to understanding, viewing human behaviour as measurable, causally derived and thus predictable and controllable (Smith 1989). When applied to coaching this relates to establishing causal relationships in a quest for generalizable theories. This nomothetic approach has resulted in the complexity of coaching practice and the coaching process being greatly reduced by the simplifying nature of "efficient" research design, thus stifling a more holistic understanding. Indeed, as Kahan (1999) argued over a decade ago "it would seem that due to its nomothetic pursuit", a positivist approach is "incongruous with, and insensitive to, the peculiarities of coaching and the unique conditions under which coaches act" (p. 42). Furthermore, "too many studies have adopted a quantitative survey approach (where) the need for the control of variables and reliable operationalisation of constructs has militated against a more insightful and interpretive investigation of values, behaviours and context" (Lyle 1999, p. 30). Therefore, research reduces the complexity of practice by presenting coaching in overly systematic and unproblematic ways (Jones 2007). More seriously perhaps, there persists a fundamentally flawed assumption that positivist science, with a sub-disciplinary focus, reducing coaching to episodes of neat dependent and independent variables, can account fully for coaching (Cushion 2007a). Indeed, the process of separating and specialising components of real life coaching and feeding them back to coaches in order to enhance understanding or prescribe practice, results in abstractions that clearly fail to substitute for real life coaching. From this perspective coaches are considered solely to be motivated by a narrow reductionist logic (Jones 2007) and this reinforces the concept of coaching as efficient technical transfer. It is important to stress that these arguments are not designed to claim superiority of one method or paradigm over another, but suggest that making a reductionist approach central to understanding practice is problematic in that it serves only to define coaching both narrowly and unilaterally (Cushion 2007a). A "technocratic rationality" (Schön 1983) has produced dominant but weak notions of theory-practice relations, and as such has impoverished practice (Cushion 2007a). It is these representations that produce an illusion of a "complete" understanding but in reality are weak and limited; but are viewed with irony and even cynicism by practitioners and hence fail to impact coaching practice and its professional standing (Cushion 2007a).

Our critical appraisal of the positivist paradigm is neither new nor exclusive to coaching, indeed similar critiques of technical/rational approaches to practice can be found in education (e. g. Coldwell and Simkins 2011; Devis-Devis 2006, *inter alia*). Nevertheless we suggest that it contributes significantly to the failure of research to impact coaching. Indeed, this raises the issue of how much coaching research is "used" by coaches, performers, or coach educators. Although we point to the link between the dominant research paradigm and a narrow concept of coaching, we also suggest that the problem lies with the absence of other competing paradigms rather than the overstated claims of positivist research. We also acknowledge that some practitioner cynicism is attributable to both a residual "anti-intellectualism" and a disregard for any non-self-experiential research, rather than research limitations or the limitations of particular paradigms.

To a large extent coaching research is dependent on, and characterised by, design, and ultimately our research designs are hostage to our understanding, perspectives and theories (Cushion 2007b). It is important however, that debate and discussion should not become an end in itself, and "waving theory from the balcony" (MacDonald et al. 2002, p. 149) will result in the development and perpetuation of "knowers" of theory, and perhaps more significantly, the establishment of a theory-practice binary (Cushion 2007b). It is interesting to observe the ebb and flow that characterizes the development of the coaching research base. There are, as we have discussed here, pockets of empirical research that are contributing to the conceptual and intellectual development of coaching; that force us to go back and question earlier perspectives and help us form new understandings of coaching practice. This research, and the debate it engenders, has great potential to develop coaching's conceptual base and add meaningfully to coaching. Moreover, as our understanding of coaching becomes more sophisticated and a shift in the nature of coaching research occurs we should not disregard existing accumulated knowledge, but rather, consider ways to integrate new knowledge with what is already known (Cushion 2007b). It is not in the interests of coaching and its development to block or delay integrating existing contributions or ideas in establishing a more sophisticated knowledge base (Cushion 2007b; Rink 1993). The challenge, therefore, lies in not only looking for new ways to understand coaching but also to build on existing work.

Amongst the insightful empirical work there is arguably also a large amount of "theory waving". Coaching *is* ill-defined and under theorized (Cushion and Lyle 2010) and needs to take both a critical and a reflexive stance for which theory provides the necessary "thinking tools". Indeed, the utilisation of theories from other fields should be considered as threshold concepts (Jones 2006; Toole and Louis 2002) that act as signposts to new ways of seeing and understanding (Jones 2006), rather than convenient scaffolding for isolated and un-integrated enquiry. However, too many researchers are guilty of speaking authoritatively about coach education and coaching practice based solely on the production of a well argued, but ultimately arbitrary theory. As Bourdieu reminds us, "research without theory is blind, and theory without research is empty" (Bourdieu and Wacquant 1992, p. 160). We should be cautious therefore of being indoctrinated into "seeing" coaching through the eyes of empty theory or being drawn to "theoretical tinsel" (Everett 2002, p. 58).

In addition, many "theories" or "models" are practitioner developed and seek to describe and prescribe "effective" coaching practice and while they may incorporate some theoretical aspects, they are practitioner reflections of practice. They are not empirically derived, and are atheoretical models *of* coaching. These have been described as "proprietary models of coaching with little or no theoretical grounding" (Grant 2007, p. 26) with "little published research underpinning their efficacy" (Palmer and Whybrow 2007, p. 8). Instead of sound empirical support, we are offered considerable and often re-used anecdotal, correlational and "opinionnaire" data. As Olson (2008) suggests this can become "circular evidence" with seemingly convincing arguments getting heavily cited thus reinforcing the circle of believers, without leading to any real evidence. Consequently, practitioner beliefs and pre-constructed facts are taken uncritically to create and represent something that is actually far more diffuse and intangible. As a result, limited or decontextualised, models, formula and schema dressed loosely in "theoretical tinsel" can ossify once framed. Indeed, such models run the risk of errors and omissions and are both limited and limiting if not critically reviewed and empirically grounded.

The world is transformed by transforming its representation (Bourdieu and Wacquant 1992) and pre-constructed theories with limited empirical evidence or basis in coaching can produce a representation that is a fiction obscuring true meaning and understanding. Empirical objects emerge and become the focus of research, yet they are ultimately arbitrary but somehow become deemed important by researchers and research agendas. There is a danger that coaching research pays inadequate attention to the issues of importance to coaching and coaching practice.

Clearly to establish coaching as an autonomous academic field we need to do more than uncritically accept and apply theories from other disciplines; there is an overwhelming need for our own evidence based theories and concepts. Indeed, regardless of the method or approach adopted to engage with coaching and coaching practice, conceptual development and understanding needs to be grounded in coaching practice and empirically supported. In the meantime as the research evidence grows and we attempt to fill the theoretical and conceptual void and establish the relevance of our work to practitioners, we should be mindful of the real threat of being overly influenced or colonised from other fields (Cushion 2007b).

4 Conclusions

This chapter deliberately has taken a critical stance about coaching and research. We have attempted to focus on higher-order matters that are relevant to conceptualising coaching. While drawn from evidence and practice in sports coaching we would argue that similar issues are apparent in other coaching fields. There is a body of literature that has contributed to the debate on conceptualising coaching and a consensus seems to be emerging around its complexity, social and dynamic context, and competing goals and values. However it is always easier to identify shortcomings, particularly in an ill-defined field of study, than to take the next step of theory. There is a very significant challenge in marrying subject and object, of reconciling intention and practice, of layering social and organisational context with personal and inter-personal histories. It is easier to identify the need for management, accommodation and coordination than to describe and explain *how* the coach copes with this. There seems no doubt that coaches are faced with a dynamic set of interdependent circumstances and we might assume that expert coaches, even in the demanding arena of intensive elite-level sport, are able to cope with this. It does not seem too presumptive a leap to imagine that these demands are perceived, organised, and solved within a set of capacities that we might term expertise. The social and environmental context provides a layer of contingency that requires a continuous process of accommodation, integration and coordination between goals and actuality. We have stressed that the image of coaching as a "transfer of technical knowledge" does not do justice to the coaching role. Nevertheless, it should not be forgotten that there is a technical element to the role that circumscribes practice as *sport* coaching. The expertise of the coach not only depends on this technical knowledge, but the effectiveness of the coach depends on a capacity to achieve performance improvement in the context of all of the other factors involved. This produces two layers of expertise: the "how and why" that connotes coping strategies and decision-making, and the craft-based "how" that expresses itself in communication, feedback, planning and so on. The obvious corollary to this concept of coaches' expertise is that it provides difficult methodological challenges to the researcher.

Conceptualizations of coaching are related inextricably to coaching research. However research is failing adequately to describe coaching practice, failing to deal with coaching effectiveness, relying on satisfaction studies in lieu of performance outcomes, failing to have an impact on coach education, and unable to devise appropriate intervention studies. In addition, coaching domains are not recognised for their specificity although this is less evident, although not yet theorised. A paradigm shift is required both to reflect the complexity of the role and practice and adequately to enquire into it. Sadly these criticisms have remained pertinent for over a decade (see Lyle 2002). Academic writing about coaching is increasing in scale and the "coverage" is spreading. However, this does not seem to be the result of conceptual agreement or a consensual or coordinated agenda, but instead is characterised by personal agendas and methodological comfort, rather than practitioner problems and application. At this stage of the development of the field, we need to be concept and theory building, but not losing sight of the danger of isolation from the practitioner community.

It is clear that the myriad of "coaching" roles does not stand up to either conceptual or empirical scrutiny. Understanding coaching across domains and fields remains the cornerstone to conceptual development and engaging practitioners (Cushion 2007b). "Coaching" is acknowledged as crucial in many fields and across domains, and it exists (happily) without academic consensus. Currently, different approaches to coaching offer a range of models and approaches, with different definitions, different assumptions and different emphasis. It is clear that we need to identify the 'core' of coaching. There is a utility in drawing on relevant theoretical resources from other "similar" fields, but also a compelling need to develop *our* conceptual understanding of the coaching 'core'. The point here is to not be overly critical or negative, but to promote a healthy scepticism to current coaching conceptualisations and approaches (and those advocating them) that present coaching "truths", and suggest a more considered and cautious approach to constructing, developing and re-constructing our understanding and representation of the 'core'. A lack of evidence and theoretical underpinning encourages weak notions of theory-practice relations, and as such has, and will, continue to impoverish practice and develop simplistic attitudes. This, also helps construct a weak and limited basis for a professional identity that continues to disadvantage both coaching and its professional standing (Cushion 2007a). We need to recognise that professionalisation and professional credibility exists only within limited forms of mature and complex practice.

Coaches deal with ill-defined problems and practice is subject to high levels of variability and uncertainty. Indeed, the constraints of practice may be context specific or common to all coaches, but we know little about them and how they operate (Cushion 2007b; Saury and Durand 1998). As coaching scholars there remains a real danger that isolated paradigm debate and a forced retreat to disciplinarity (Kirk and McDonald 2001) will lead to a polarisation of the field and marginalise coaching research and its conceptual development further from practice (Cushion 2007b). If we are to stay close to its social, dynamic and complex nature a more sophisticated understanding of coaching practice needs to be developed. As Marx argued, "all social life is essentially practical. All the mysteries that lead theory toward mysticism find their rational solution in human practice and in the comprehension of this practice" (1963, p. 84). Indeed, authentic analysis of coaching practice *in-situ* (in collaboration with coaches), not driven by arbitrary theory or personal research agendas, has the potential to provide the empirical tools to understand and connect with coaches' and athletes' individual and collective work.

References

Abraham, Andrew, & Collins, Dave (1998). Examining and extending research in coach development. *Quest, 50*(1), 59–79.

Abraham, Andrew, & Collins, Dave (2011). Taking the next step: Ways forward for coaching science. *Quest, 63*(4), 366–384.

Armour, Kathleen (2004). Coaching pedagogy. In: Robyn L. Jones, Kathleen Armour & Paul Potrac, *Sports coaching cultures: from practice to theory* (pp. 94–115). London: Routledge.

Bourdieu, Pierre, & Wacquant, Loïc J. D. (eds.) (1992). *An invitation to reflexive sociology.* Chicago: Chicago University Press.

Brustad, Robert J. (1997). A critical-postmodern perspective on knowledge development in human movement. In: Juan-Miguel Fernández-Balboa (ed.), *Critical postmodernism in human movement, physical education, and sport* (pp. 87–98). State University of New York, Albany.

Christensen, Mette K., Laursen, Dan N., & Sorensen, Jan K. (2011). Situated learning in youth elite football: A case study among talented male under-18 football players. *Physical Education and Sport Pedagogy, 16*(2), 163–178.

Coldwell, Mike, & Simkins, Tim (2011). Level models of continuing professional development evaluation: A grounded review and critique. *Professional Development in Education, 37*(1), 143–157.

Conroy, David E., & Coatsworth, J. Douglas (2006). Coach training as a strategy for promoting pos-itive social development. *The Sport Psychologist, 20*(2), 128–144.

Côté, Jean, & Gilbert, Wade (2009). An integrative definition of coaching effectiveness and expertise. *International Journal of Sports Science and Coaching, 4*(3), 307–323.

Cushion, Chris J. (2007a). Modelling the complexity of the coaching process. *International Journal of Sports Science and Coaching, 2*(4), 395–401.
Cushion, Chris J. (2007b). Modelling the complexity of the coaching process: a response to commentaries. *International Journal of Sport Science and Coaching, 2*(4), 427–433.
Cushion, Chris J., Armour, Kathleen M., & Jones, Robyn L. (2003). Coach education and continuing professional development: experience and learning to coach. *Quest, 55*(3), 215–230.
Cushion, Chris J., Armour, Kathleen M., & Jones, Robyn L. (2006). Locating the coaching process in practice models: models "for" and "of" coaching. *Physical Education and Sport Pedagogy, 11*(1), 83–99.
Cushion, Chris J., & Jones, Robyn L. (2006). Power, discourse and symbolic violence in professional youth soccer: The case of Albion FC. *Sociology of Sport Journal, 23*(2), 142–161.
Cushion, Chris J., & Jones, Robyn L. (2012). A Bourdieusian analysis of cultural reproduction: Socialisation and the "hidden curriculum" in professional football. *Sport, Education & Society*, doi:10.1080/13573322.2012.666966.
Cushion, Chris J., & Lyle, John (2010). Conceptual development in sports coaching. In: John Lyle & Chris Cushion, *Sports coaching professionalization and practice* (pp. 1–13). London: Elsevier.
Devis-Devis, José (2006). Socially critical research perspectives in physical education. In: David Kirk, Doune MacDonald & Mary O'Sullivan (eds.), *The Handbook of Physical Education* (pp. 37–58). London: Sage.
Everett, Jeffery (2002). Organisational research and the praxeology of Pierre Bourdieu. *Organisational Research Methods, 5*(1), 56–80.
Gilbert, Wade (2007). Modelling the complexity of the coaching process: A commentary. *International Journal of Sports Science and Coaching, 2*(4), 427–433.
Gilbert, Wade, & Rangeon, Sandrine (2011). Current directions in coaching research. *Revista Iberoamericana de Psicologia del Ejercicio y el Deporte, 6*(2), 217–236.
Gilbert, Wade, & Trudel, Pierre (2004). Analysis of coaching science research published from 1970– 2001. *Research Quarterly for Exercise and Sport, 75*(4), 388–399.
Grant, Anthony M. (2007). Past, Present and Future: The Evolution of Professional Coaching and Coaching Psychology. In: Stephen Palmer & Alison Whybrow (eds.), *Handbook of coaching psychology: A guide for practitioners* (pp. 25–39). London: Routledge.
Johns, David P., & Johns, Jennifer S. (2000). Surveillance, subjectivism and technologies of power: An analysis of the discursive practice of high-performance sport. *International Review for the Sociology of Sport, 35*(2), 219–234.
Jones, Robyn L. (2000). Towards a sociology of coaching. In: Robyn L. Jones & Kathleen M. Armour (eds.), *The sociology of sport: theory and practice* (pp. 33–43). London: Addison Wesley Longman.
Jones, Robyn L. (2006). How can educational concepts inform sports coaching? In: Robyn L. Jones (ed.), *The Sports Coach as Educator: Re-conceptualising sports coaching*. London: Routledge.
Jones, Robyn L. (2007). Coaching redefined: an everyday pedagogical endeavour. *Sport, Education and Society, 12*(2), 159–174.
Jones, Robyn L., Armour, Kathleen M., & Potrac, Paul (2002). Understanding the coaching process: a framework for social analysis. *Quest, 54*(1), 34–48.

Jones, Robyn L., Armour, Kathleen, & Potrac, Paul (2004). *Sports coaching cultures: from practice to theory.* London: Routledge.
Jowett, Sophia, & Poczwardowski, Artur (2007). Understanding the coach-athlete relationship. In: Sophia Jowett & David Lavallee (eds.), *Social psychology in sport* (pp. 3–13). Champaign: Human Kinetics.
Kahan, David (1999). Coaching behaviour: a review of the systematic observation research literature. *Applied Research in Coaching and Athletics Annual, 14,* 17–58.
Kay, Tess, Armour, Kathleen M., & Cushion, Chris J. et al. (2008). Are we missing the coach for 2012? Report to the Sportnation Panel. Leicestershire, Loughborough University.
Kidman, Lynn, Thorpe, Rod, & Hadfield, David (2005). *Athlete centered coaching: developing inspired and inspiring people.* Christchurch, Innovative Print Communications.
Kirk, David, & McDonald, Doune (2001). The social construction of PETE in Higher Education: Towards research agenda. *Quest, 53*(4), 440–456.
LeUnes, Arnold (2007). Modelling the complexity of the coaching process: A commentary. *International Journal of Sports Science and Coaching, 2*(4), 403–406.
Lyle, John (1999). The Coaching process: an overview. In: Neville Cross & John Lyle (eds.), *The coaching process: principles and practice for sport* (pp. 3–24). Oxford: Butterworth-Heinemann.
Lyle, John (2002). *Sports coaching concepts: a framework for coaches' behaviour.* London: Routledge.
Lyle, John (2007). A review of the research evidence for the impact of coach education. *Internation-al Journal of Coaching Science 1*(1), 17–34
Lyle, John (2011). What is a coach and what is coaching? In: Ian Stafford (ed.), *Coaching children in sport* (pp. 5–16). London: Routledge.
Lyle, John, & Cushion, Chris (2010). Narrowing the field; some key questions for sports coaching. In: John Lyle & Chris Cushion (eds.), *Sports coaching professionalization and practice* (pp. 243–252). London, Elsevier.
MacDonald, Doune, Kirk, David, Metzler, Michael, Nilges, Lynda M., Schempp, Paul, & Wright, Jan (2002). It's all very well in theory: theoretical perspectives and their applications in contemporary pedagogical research. *Quest, 54*(2), 133–156.
Mallett, Cliff, & Côté, Jean (2006). Beyond winning and losing: guidelines for evaluating high performance coaches. *The Sport Psychologist, 20*(2), 213–218.
Marx, Karl (1963). Karl: Selected writings in sociology and social philosophy. Ed. by Maximilien Rubel & T. B. Bottomore. Harmondsworth: Penguin.
McPhail, Ann (2004). Athlete and researcher: Undertaking and pursuing ethnographic study in a sports club. *Qualitative Research, 4*(2), 227–245.
Nelson, Lee J., Cushion, Chris J., & Potrac, Paul (2007). Formal, Nonformal and Informal Coach Learning. *International Journal of Sport Science and Coaching, 1*(3), 247–259.
Olson, Paul O. (2008). A review of assumptions in executive coaching. *Coaching Psychologist, 4*(3), 151–159.
Palmer, Stephen, & Whybrow, Alison (2007). Coaching Psychology: An Introduction. In: Stephen Palmer & Alison Whybrow (eds.), *Handbook of coaching psychology: A guide for practitioners* (pp. 1–20). London: Routledge.
Poczwardowski, Artur, Barott, James E., & Henschen, Keith P. (2002). The athlete and coach: their relationship and its meaning. Results of an interpretive study. *International Journal of Sport Psychology, 33*(1), 116–140.

Rangeon, Sandrine, Gilbert, Wade, & Bruner, Mark (2012). Mapping the world of coaching science: A citation network analysis. *Journal of Coaching Education, 5*(1), 83–108.

Rink, Judith E. (1993). Teacher education: A focus on action. *Quest, 45*(3), 308–320.

Saury, Jacques, & Durand, Marc (1998). Practical knowledge in expert coaches: on-site study of coaches in sailing. *Research Quarterly in Exercise and Sport, 69*(3), 254–266.

Schempp, Paul G., McCullick, Bryan, & Mason, Ilse S. (2006). The development of expert coaching. In: Robyn Jones (ed.), *The Sports Coach as Educator: Reconceptualising Sports Coaching* (pp. 145–161). London: Routledge.

Sherman, Cheyne A., Crassini, Boris, Maschette, Wayne, & Sands, Rob (1997). Instructional sport psychology: a reconceptualisation of sports coaching as sports instruction. *International Journal of Sport Psychology, 28*(2), 103–125.

Smith, John K. (1989). *The nature of social and educational inquiry: empiricism versus interpretation.* Norwood, N.J.: Ablex.

Smith, Matt, & Cushion, Chris J. (2006). An investigation of the in-game behaviours of professional, top-level youth soccer coaches. *Journal of Sport Sciences, 24*(4), 355–366.

Schön, Donald A. (1983). *The reflective practitioner: how professionals think in action.* New York: Basic Books.

Toole James C., & Louis, Karen S. (2002). The role of professional learning communities in international education. In: Kenneth E. Leithwood, & Philip Hallinger (eds.), *Second International Handbook of Education Leadership and Administration.* London: Kluwer.

Trudel, Pierre, & Gilbert, Wade (2006). Coaching and coach education In: David Kirk, Mary O'Sullivan & Doune McDonald (eds.), *Handbook of research in physical education* (pp. 516–539). London: Sage, London.

Vergeer, Ineke, & Lyle, John (2007). Mixing methods in assessing coaches' decision-making. *Research Quarterly for Exercise and Science, 78*(3), 225–235.

Teil II
Praxisfelderübergreifende Themen

Traditionelle und moderne Medien im Coaching

Harald Geißler

Ziel dieses Beitrags ist es, einen Überblick über die traditionellen und modernen Medien zu geben, die im Coaching genutzt werden können. Zu diesem Zweck wird einleitend der Begriff „Medien" begrifflich-konzeptionell geklärt, wobei ein kommunikationstechnisches und ein konstruktivistisches Medienverständnis unterschieden werden. Ausgehend von einem kommunikationstechnischen Medienverständnis wird im zweiten Abschnitt zunächst relativ knapp auf die traditionellen Medien und im nächsten Abschnitt dann ausführlicher auf die modernen Medien eingegangen. Diese Vorstellungen werden im vierten Abschnitt durch ein konstruktivistisches Medienverständnis erweitert.

1 Begriflich-konzeptionelle Vorklärung

Obwohl wir in einem Zeitalter leben, das offensichtlich wie keines zuvor durch Medien bestimmt wird, ist unklar bzw. ist zunehmend unklarer geworden, was mit dem Begriff „Medien" eigentlich gemeint ist. So werden im aktuellen medientheoretischen Diskurs Medien unter kommunikationstechnischen, ökonomischen, gesellschaftskritischen und feministischen Aspekten bzw. von einem konstruktivistischen, zeichentheoretischen, systemtheoretischen, psychoanalytischen oder

H. Geißler (✉)
Helmut-Schmidt-Universität Hamburg, Hamburg, Deutschland
E-Mail: harald.geissler@hsu-hh.de

poststrukturalistischen Standpunkt aus reflektiert – mit der Folge, dass die jeweiligen Definitionen und Konzeptualisierungen so unterschiedlich sind, dass man sie nur noch schwer miteinander vergleichen bzw. verbinden kann (z. B. Weber 2010a). Besonders weit auseinander liegen dabei vor allem *kommunikationstechnisch* ausgerichtete Theorien, die Medien als Träger für die Übermittlung von Informationen bzw. Bedeutungen zwischen Sendern und Empfängern verstehen, und *konstruktivistische* Medientheorien. Diese kritisieren Erstere mit dem erkenntnistheoretisch begründeten Argument, Kommunikation nach Maßgabe des „Paketmodells" (Schneider 1996, S. 19) zu konzipieren, das heiße, davon auszugehen, dass man Informationen wie Pakete oder andere Gegenstände von einem Ort zum anderen transferieren könne und dass Medien dabei sozusagen das Transportmittel seien. In Abgrenzung hierzu stellen konstruktivistische Medientheorien den erkenntnistheoretischen Grundgedanken in den Mittelpunkt, dass der Kontakt, den Menschen – und auch Tiere – zu ihrer Umwelt haben, von den Sinnesdaten abhängt, die sie in diesem Kontakt generieren, und dass sie diese als Datengrundlage für psycho-physiologische Verarbeitungsprozesse nutzen, die sich in ihren Nervenbahnen und ihrem Gehirn und mit deren Hilfe vollziehen und so Wirklichkeitsvorstellungen und -bilder entstehen lassen, die – und das ist der entscheidende Unterschied zur kommunikationstechnischen Auffassung – nicht eine Abbildung, sondern eine Rekonstruktion der Realität sind (vgl. z. B. Weber 2010b; Arnold und Siebert 1997; Meinsen 2003). Konstruktivistisch gedacht, sind Medien deshalb nicht nur *Übermittler objektiver Sinnesdaten,* welche die Subjekte selbstgesteuert generiert erfahren, sondern gleichzeitig auch immer *bedeutungsgenerative Projektionsflächen,* die nicht nur die objektive Realität, sondern gleichermaßen auch lebens- und kulturgeschichtlich bedingte Realitätsvorstellungen, Gefühle, Einstellungen und Überzeugungen des Subjekts spiegeln.

Der gerade angesprochene medientheoretische Streit um die Frage, was Medien eigentlich sind, mag ein Grund dafür sein, dass Medien im Diskurs über Coaching bisher nur eine marginale Rolle spielen und dass konzeptionell weithin recht unklar ist, was man unter Medien im Kontext von Coaching genau zu verstehen hat. Das wird zum Beispiel deutlich, wenn man in eine Internet-Suchmaschine die Stichworte „Coaching" und „Medien" eingibt. Als Ergebnis wird man keinerlei Hinweise auf Literatur über Medien im Coaching bekommen, dafür umso mehr Informationen über Angebote zu Coachings, die sich auf die Verbesserung des Umgangs mit den modernen Massenmedien beziehen, also mit Presse, Funk und Fernsehen.

Man mag geneigt sein, dieses Ergebnis als eine Art informationstechnisches Missverständnis der Suchmaschine zu deuten, und sich deshalb veranlasst fühlen, in einem zweiten Zugriff die Inhalts- und Stichwortverzeichnisse renommierter

Coaching-Werke (z. B. Cox et al. 2010; Greif 2008; Palmer und Whybrow 2007; Passmore 2006; Passmore et al. 2013; Rauen 2005; Stober und Grant 2006) durchzusehen. Aber auch dieser Versuch führt nicht weiter, sodass – zumindest auf den ersten Blick – der Eindruck sich verdichtet, Coaching sei ein facettenreicher Prozess mit einer eindrucksvollen Vielzahl unterschiedlichster Problemlösungs- bzw. Lernanregungs- und -ermöglichungsmethoden, dass dabei *Medien* aber offensichtliche keine wesentliche Rolle spielen. In dieser Situation soll hier der Vorschlag gemacht werden, an den erziehungswissenschaftlich-didaktischen Diskurs, der Medien traditionell in engem Zusammenhang mit didaktischen *Methoden* reflektiert (vgl. Geißler 1979), anzuschließen und sich nicht vom ersten Eindruck abschrecken zu lassen, dass es eine entsprechende Reflexion im Diskurs über Coaching bisher noch nicht zu geben scheint. Denn auf den zweiten Blick wird schnell erkennbar, dass Fragen der methodischen Gestaltung von Coaching-Prozessen lediglich in einem anderen sprachlichen Gewand erscheinen. Das gilt vor allem für die Diskussion darüber, welche psychologischen Denkrichtungen bzw. Schulen – zum Beispiel der humanistischen, behavioristischen, kognitivistischen, behavioristisch-kognitivistischen, existenzialistischen, ontologischen, narrativen, kognitiv-entwicklungspsychologischen, transpersonalen, „positiven" oder transaktionstheoretischen Psychologie (z. B. Cox et al. 2010, S. 23–199; Palmer und Whybrow 2007, S. 73–292; Passmore 2006, S. 83–171; Passmore et al. 2013, S. 282–442) – für die konzeptionelle Begründung von Coaching genutzt werden können und was das zum einen für die methodisch angeleitete Coach-Klienten-Interaktion und zum anderen für den methodisch strukturierten Umgang mit der Kliententhematik bedeutet. Diesen holistischen Methodenkonzeptionen stehen partikularistische Konzeptionen gegenüber, die vergleichsweise sehr viel anwendungsbezogener und sprachlich deutlich weniger reflektierend unter dem Stichwort.

„Coaching-Tools" (Rauen 2005, 2007, 2008; Vogelauer 2004) diskutiert werden. In diesem Spannungsbogen zwischen holistischen und partikularistischen Methodenkonzeptionen widerspiegelt sich die oben angesprochene Polarität konstruktivistischer und kommunikationstechnischer Medientheorien. Denn den holistischen Methodenkonzeptionen geht es um die methodische Konstruktion und Gestaltung der gesellschaftlichen Praxis, die man als Coaching bezeichnet, während die kommunikationstechnisch ausgerichteten Theorien eines partikularistischen Methodenverständnisses sich für Verfahrensweisen und Prozessarrangements interessieren, die als Mittel für die Erreichung bestimmter Zwecke genutzt werden können. Beiden Methodenverständnissen gemeinsam ist, dass sie *Methoden* als – konzeptionell-grundlegende oder partikularistisch handlungsanleitende – Strukturierungen und Orientierungen der Gestaltung von Coaching-Prozessen verstehen.

Ausgehend von einem solchen Methodenverständnis, liegt es nahe, einen analogen Spannungsbogen zwischen holistisch-konstruktivistischen und partikularistisch-kommunikationstechnischen Theorien über Medien im Coaching zu schlagen. In diesem Sinne wird in den beiden nächsten Abschnitten ein kommunikationstechnisches Medienverständnis entfaltet, das Medien als einen spezifischen Aspekt bzw. Teil der methodischen Prozessgestaltung von Coaching durch besondere Verfahren und Arrangements versteht, nämlich als Träger für die Vermittlung von Informationen und Bedeutungen. Blickt man im Einzelnen auf diese Träger, lassen sich traditionelle und moderne, das heißt elektronische, Kommunikationsträger unterscheiden. Sie werden zum einen für die Grundsicherung der Kommunikation zwischen Coach und Coachee gebraucht, das heißt für ihre Basiskommunikation, und zum anderen für die fakultativ darauf auf bauenden und sie anreichernden Coaching-Tools. Im vierten Abschnitt dann wird ein Medienverständnis entworfen, das die Konstruktion und Auseinandersetzung mit der Wirklichkeit als Medium versteht. Dabei werden verschiedene Wirklichkeitsbereiche bzw. -aspekte unterschieden, und zwar diejenigen, die der Problemlösung des Coachee dienen und deshalb als *Problemlösungsmedien* bezeichnet werden, und *Beziehungsmedien,* mit deren Hilfe Coach und Coachee ihre Beziehung aufbauen und gestalten. Diese Wirklichkeitsbereiche bzw. -aspekte als Problemlösungs- bzw. Beziehungsmedien lassen sich methodisch unterschiedlich gestalten, und zwar sowohl holistisch mit Verweis auf bestimmte psychologische oder pädagogische Schulen oder Denkrichtungen als auch partikularistisch mithilfe bestimmter Coaching-Tools.

2 Coaching mit traditionellen Medien

Die Frage, welche traditionellen, das heißt nichtelektronischen, Medien im Coaching genutzt werden können, beantwortet Astrid Schreyögg in ihrer 1995 publizierten Pionierschrift *Coaching,* indem sie, von einem partikularistisch-kommunikationstechnischen Medienverständnis ausgehend, sich auf material gestaltete Coaching-Tools konzentriert, die sie „Materialmedien" nennt. Indirekt deutet sie damit an, dass es neben materialen auch immaterielle Medien gibt, die methodisch in spezifischer Weise gestaltete Face-to-Face-Kommunikation als Kommunikationsmedium nutzen. Ebenfalls nur implizit geht sie auf den Medienaspekt der Basiskommunikation zwischen Coach und Coachee ein. Sie setzt dabei als Selbstverständlichkeit voraus, dass diese sich *face-to-face* vollzieht, und legt den Schwerpunkt ihrer Überlegungen auf holistische Merkmale ihrer methodischen Gestaltung, die sich, so Schreyögg, vor allem an den Kriterien der humanistischen Psychologie orientieren (Schreyögg 1995, S. 180 ff.) und beim Coach differenzierte diagnostische Kompetenzen zum Verstehen sprachlicher

Kommunikation (a. a. O., S. 220 ff.) sowie die Beherrschung grundlegender Reflexions- und Handlungsfähigkeiten voraussetzen sollte, wie zum Beispiel: professionell Feedback zu geben (a. a. O., S. 229 ff.), zuzuhören (a. a. O., S. 233 ff.) und zu fragen (a. a. O., S. 235 ff.) oder den eigenen Standort zu benennen (a. a. O., S. 238 ff.).

Wie bereits angesprochen, lässt sich die Basiskommunikation durch materiale Medien anreichern, die Schreyögg „Materialmedien" nennt. Dabei denkt sie an folgende Materialien: Zeichen- und Malutensilien, Bausteine/Magnetsteine, Puppen und andere Spielmaterialien, Materialien für Collagen und Masken sowie Ton zur Anfertigung von Plastiken und Musikinstrumente (a. a. O., S. 290 ff.). Alle diese „Materialmedien" dienen in unterschiedlicher Weise der Informations- vermittlung und bieten dem Klienten erweiterte Möglichkeiten, mit denen er ausdrücken kann, was er mithilfe von Sprache nicht oder nicht so gut erfassen und vermitteln kann. Entsprechend ist bei der Informationsvermittlung zu unterscheiden zwischen der Vermittlung beabsichtigter Botschaften (a. a. O., S. 277 f.), zum Beispiel mithilfe von Organigrammen, und der Vermittlung „prärationaler Botschaften" (a. a. O., S. 278 f.), das heißt der Erschließung des Unbewussten, zum Beispiel beim Malen oder bei der Arbeit mit Ton. Aufgrund dieser Eigenschaften können Materialmedien helfen (a. a. O., S. 282f.),

- die Fragestellung des Klienten zu präzisieren (a. a. O., S. 283);
- seine Problemformulierung zu überprüfen und zu vertiefen (a. a. O., S. 283ff.);
- veränderungsbedürftige Deutungsmuster des Klienten umzustrukturieren
- und sein Handlungsrepertoire zu erweitern (a. a. O., S. 285).

Wie bereits betont, müssen „Materialmedien" im Coaching grundsätzlich methodisch strukturiert sein. Man kann deshalb sagen: Materialien, wie Papier, Filz- und Buntstifte, Bausteine, Ton, Musikinstrumente, Puppen, Stofftiere und anderes, sind nicht schon an sich Coaching-Medien, sondern sie werden zu Coaching-Medien, indem

- sie methodisch gestaltet werden – das heißt zum Beispiel, dass Papier in einer bestimmten Weise beschrieben oder bemalt und dass weicher Ton in eine bestimmte Form gebracht wird;
- oder indem sie – zum Beispiel als Filz- oder Buntstift, Baustein, Musikinstrument, Puppe oder Stofftier – der methodischen Gestaltung der Face-to-Face-Kommunikation oder einer methodischen Figur wie zum Beispiel der Visualisierung eines Sozialsystems mithilfe von Steinen, Puppen oder Stofftieren dienen.

Wie Schreyögg mit dem Begriff der „Materialmedien" andeutet, können Medien aber nicht nur materieller, sondern allem Anschein nach auch *immaterieller* Natur sein. Das trifft vor allem für diejenigen Medien zu, die „methodische Anleihen bei erlebnis- und handlungsorientierten Psychotherapieverfahren für das Coaching" (a. a. O., S. 248 ff.) sind und ausschließlich die Face-to-Face-Kommunikation nutzen – wie zum Beispiel imaginierte Rollenspiele, Sprachspiele, Experimente oder Hausaufgaben (a. a. O., S. 258 ff.).

Diese „methodischen Anleihen bei erlebnis- und handlungsorientierten Psychotherapieverfahren" reichert Schreyögg zusätzlichen mit „psychodramatischen Anleihen" an, um für Coaching Methoden zu erschließen, die immaterielle Medien nutzen, wie z. B.: Spiegeln, Rollentausch/Rollenwechsel und Doppeln (a. a. O., S. 271 ff.).

Die oben dargestellten Gedanken lassen sich folgendermaßen zusammenfassen: Traditionelle Medien im Coaching haben eine doppelte Funktion, nämlich eine *Basis-* und eine *Anreicherungsfunktion*. Die Basisfunktion bezieht sich auf die grundlegende Verständigung zwischen Coach und Coachee. Sie benötigt zweierlei bzw. setzt zwei Dinge voraus, nämlich ein kommunikationstechnisches Medium und eine methodische Struktur dieses Mediums. Diese Basiskommunikation, bei der Schreyögg ausschließlich an Face-to-Face-Kommunikation denkt, kann zusätzlich durch den Einsatz methodischer „Tools" angereichert werden, um bestimmte Absichten besser zu erreichen. Ebenso wie die Basiskommunikation brauchen auch diese Anreicherungen ein methodisch gestaltetes kommunikationstechnisches Medium. Das Medium, das ihnen zugrunde liegt bzw. das ihr kommunikationstechnischer Träger ist, kann materialer Natur sein, das heißt aus Papier, Schreib- und Malstiften, Bausteinen und Magneten, Puppen und Stofftieren und anderem mehr bestehen, oder es kann immateriell, das heißt eine bestimmte methodisch strukturierte Face-to-Face-Kommunikation sein.

3 Coaching mit modernen Medien

Der oben dargestellte Gedankengang und seine Verdichtung in Abb. 1 machen deutlich, dass die Nutzung der modernen Medien an zwei Stellen ansetzen kann, nämlich bei der *Basiskommunikation* und bei den *Tools*, die diese anreichern.

3.1 Distance Coaching – die Virtualisierung der Basiskommunikation im Coaching

Mithilfe von Audio- und/oder Videoübertragung, avatarbasierter Kommunikation, synchronem oder asynchronem Text-Chat ist es möglich, die traditionell *face-to-face* durchgeführte Basiskommunikation im Coaching zu virtualisieren und

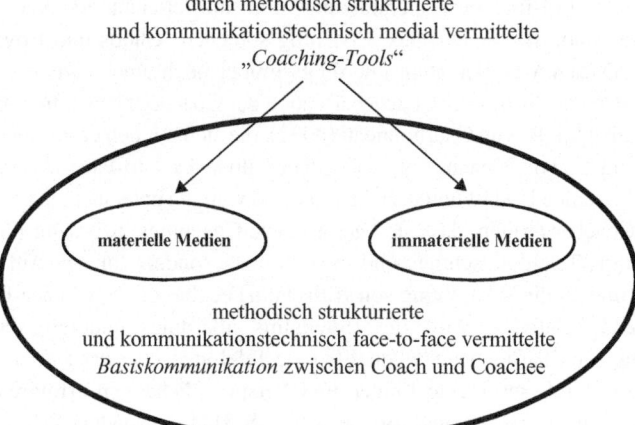

Abb. 1 Traditionelle Medien im Coaching

Face-to-Face-Coaching in *Distance Coaching* zu transformieren. Diese Coaching-Modalität hat in den letzten Jahren stark an Umfang und Bedeutung zugenommen. So berichtet der sich auf den englischsprachigen Raum beziehende siebte *Sherpa Coaching Survey* (Sherpa 2012, S. 16 f.), dass 2012 nur noch 41 Prozent aller Coachings *face-to-face* durchgeführt worden sind und dass diesen 31 Prozent Telefoncoachings, 14 Prozent Webcam-Coachings, zum Beispiel mithilfe von Skype, 11 Prozent E-Mail-Coachings und 3 Prozent Videokonferenzen in High-Definition-Qualität gegenüberstehen. Entsprechende Zahlen liegen für Deutschland und Europa leider noch nicht vor. Man kann aber davon ausgehen, dass hier der Anteil der *face-to-face* durchgeführten Coachings noch deutlich höher liegt, mit großer Wahrscheinlichkeit aber in den nächsten Jahren zugunsten medienbasierter Kommunikation sinken wird.

Obwohl bisher über den Einsatz und die Wirkung von Distance Coaching nur wenige wissenschaftliche Untersuchungen vorliegen (Ghods und Boyce 2013), können gleichwohl vor allem im Anschluss an die unveröffentlichten Dissertationen von Frazee (2008), Charbonneau (2002); Berry (2005) und Ghods (2009), die – und das darf nicht übersehen werden – sich alle im Wesentlichen nur auf Telefoncoaching konzentrieren, einige interessante Aussagen formuliert werden (vgl. Ghods und Boyce 2013).

So konnte die Studie, die Frazee (2008) mit 191 Organisationsexperten durchführte, um die Nutzungsmöglichkeiten von Distance Coaching in Organisationen zu explorieren, zeigen, dass es vor allem die niedrigeren Kosten, die Vorteile bei der Planung, die problemlose Überwindung großer räumlicher Distanzen, der Bedarf nach Just-in-Time-Unterstützung und die erleichterte Nutzung von Expertenrat sind, die für Distance Coaching sprechen (Ghods und Boyce 2013, S. 512 f.). Diesen Vorteilen steht allerdings immer noch eine gewisse subjektive Skepsis aufseiten sowohl der Coaches als auch der Coachees gegenüber. Das zeigt die qualitative Studie von Charbonneau (2002), die sich mit den erfahrungsgestützten Meinungen von Coaches und Coachees über Face-to-Face-Coaching und Distance Coaching befasst und berichtet, dass sowohl die untersuchten Coaches als auch die Coachees sagen, dass sie Face-to-Face-Coachings insgesamt für effektiver halten als Telefoncoachings und dass sie insbesondere für den Aufbau von Vertrauen und für die Vermittlung von kritischem Feedback Face-to-Face-Coaching bevorzugen. Relativiert wird die Erkenntnis allerdings dadurch, dass nach Auffassung von Charbonneau gut qualifizierte Telefoncoaches das Fehlen visueller Sinnesdaten durch geschickte Fragen und Versprachlichungen erfolgreich kompensieren können (Ghods und Boyce 2013, S. 512). Besonders erfolgskritisch scheint dabei zu sein, wie gut der emotionale Zugang sowohl der Coaches als auch der Coachees zu den technischen Besonderheiten und Herausforderungen der sich anbietenden Kommunikationsmedien ist (ebd.).

Etwas quer zu der subjektiven Skepsis, über die Charbonneau berichtet, steht das Untersuchungsergebnis von Berry (2005), dass Coaches mit Erfahrungen sowohl im Face-to-Face-Coaching als auch im Distance Coaching signifikante Unterschiede zwischen beiden Coaching-Modalitäten nicht konstatieren konnten, und zwar weder hinsichtlich der Qualität der Beziehung zwischen Coach und Coachee *(working alliance)* noch hinsichtlich der Coaching-Ergebnisse (Ghods und Boyce 2013, S. 511).

Die umfangreichste und interessanteste Studie zur Akzeptanz und Wirksamkeit von Telefoncoaching schließlich ist diejenige von Ghods, die in einer bestimmten Organisation 152 Coachees untersuchte, die ihren Coach niemals persönlich sahen. Die Fragestellung der Untersuchung zielte auf die Wirksamkeit von sechs curricular vorstrukturierten Telefoncoaching-Sitzungen, in deren Mittelpunkt die Entwicklung und Umsetzung eines individuellen Entwicklungsprogramms stand, und zwar als Antwort auf die Ergebnisse eines zuvor durchgeführten 360-Grad-Feedbacks, das die Coachees von ihren Vorgesetzten, Kollegen und Mitarbeitenden erhalten hatten. Die Wirksamkeit des Coachings wurde operationalisiert mit Bezug auf (1) Verhaltensänderungen der Klienten in ihrem Tagesgeschäft, (2) Indikatoren der Job-Performance, (3) Offenheit der Klienten für Feedback und (4) Führungsverhalten, das sechs Monate nach Abschluss der Coachings durch Selbsteinschätzungen der Coachees und Fremdeinschätzungen ihrer Vorgesetzten, Kollegen und Mitarbeitenden erfasst wurde. Dabei wurde so verfahren, dass 99 der insgesamt 152 Coachees

Tab. 1 Vor- und Nachteile von Face-to-Face-Coaching gegenüber asynchronem textbasiertem Coaching (nach Clutterbuck 2010, S. 15)

Face-to-Face-Coaching	
Vorteile	Schwächen
Der große Medienreichtum erleichtert es, sich ein Bild von der „ganzen" Person des Klienten zu machen.	Face-to-Face-Kommunikation ist mit der größeren Gefahr vielfältiger Projektionen verbunden, die durch visuelle Reize ausgelöst werden.
Unmittelbares Feedback in der Coaching-Sitzung.	Notwendigkeit einer längerfristigen Terminierung der Coaching-Sitzung.
Natürliche Leichtigkeit und Flüssigkeit des Dialogs.	Anfertigung von Notizen unterbricht den Gesprächsfluss. Ohne Audio- oder Videodokumentation der Coaching-Sitzung ist es schwer, den Prozess transparent zu machen.
Visuelle Reize dienen als Frühwarnsystem für sich anbahnende Schwierigkeiten.	Erhöhte Zeitkosten durch An- und Abreise.

Selbsteinschätzungen lieferten und für 84 von ihnen insgesamt 252 Fremdeinschätzungen eingeholt wurden (Ghods und Boyce 2013, S. 513). Die Untersuchung zeigt, dass die Mehrheit der Coachees mit dem Telefoncoaching persönlich zufrieden waren und unmittelbar nach dem Coaching wie auch sechs Monaten später gute Ergebnisse vorweisen konnten, und zwar auf der Grundlage sowohl der Selbst- als auch der Fremdeinschätzungen (Ghods und Boyce 2013, S. 513 f.).

Ein deutlich anderes Medium als das Telefon – oder auch die Videoübertragung – ist der asynchrone Text-Chat. Entsprechend sieht David Clutterbuck (2010, S. 15 ff.) unter Berücksichtigung der vorliegenden Literatur für Face-to-Face-Coaching und asynchrones textbasiertes Coaching (also zum Beispiel E-Mail-Coaching) jeweils spezifische Vor- und Nachteile (Tab. 1 und 2):

3.2 E-Coaching-Tools – Die Virtualisierung von Coaching-Tools

Wie bereits angesprochen, bezieht sich die zweite Möglichkeit der Nutzung moderner Medien auf den Bereich der Coaching-Tools. Ein Überblick über die vorliegenden E-Coaching-Tools (vgl. Abb. 2) macht deutlich, dass es sich dabei nicht nur um die Virtualisierung ursprünglich traditioneller Coaching-Tools handelt, sondern dass es auch elektronische Coaching-Tools gibt, für die im

Tab. 2 Vor- und Nachteile von asynchronem textbasiertem Coaching gegenüber Face-to-Face-Coaching (nach Clutterbuck 2010, S. 16 f.)

Asynchrones textbasiertes Coaching	
Vorteile	*Schwächen*
Beratungsbedarf des Klienten kann innerhalb kürzester Zeit befriedigt werden.	Klienten müssen für elektronische Medien offen sein und hinreichende technische Qualifikationen haben.
Schriftlichkeit impliziert eine „eingebaute" Reflexionsnotwendigkeit.	Face-to-Face-Beziehungen erleichtern den Erstzugang zum Coach.
Absolute räumliche und zeitliche Unabhängigkeit.	Der Coach kann den Klienten nicht in seinem Verhalten beobachten, wenn er ihm bestimmte Aufgaben stellt.
Große Flexibilität bezüglich der Länge der Sitzungen.	Größere Gefahr sprachlicher Missverständnisse.
Bessere Möglichkeiten der Netzwerkbildung.	Langsamere Entwicklung der persönlichen Beziehung zwischen Coach und Klient.
Fehlende visuelle Reize mindern die Gefahr der Stereotypisierung des Kommunikationspartners.	Geringere Stereotypisierung desensibilisiert den Coach für Diversity-Probleme des Klienten.
Geringe soziale Barrieren für den Klienten, dem Coach Feedback zu geben.	Geringeres Commitment des Klienten.
Introvertierten, schüchternen und unsicheren Personen fällt es leichter, sich zu äußern.	Gefahr, mit Kommunikationsinhalten und Verabredungen weniger achtsam und verbindlich umzugehen.

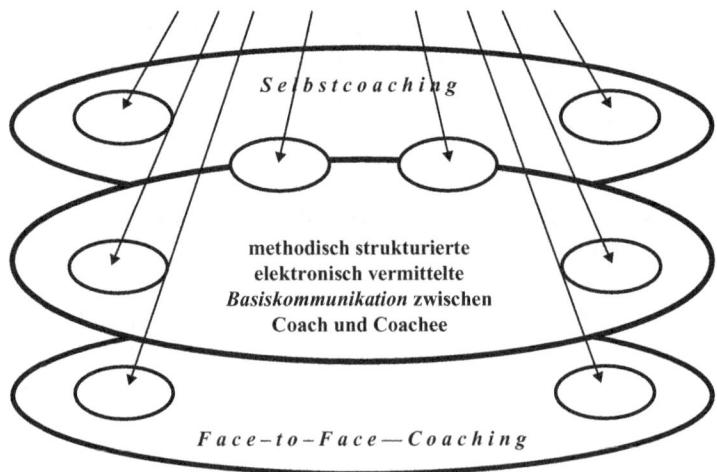

Abb. 2 Moderne Medien im Coaching

Bereich der traditionellen Coaching-Tools keine hundertprozentigen Äquivalente existieren, wie zum Beispiel die virtuelle kollegiale Coaching-Konferenz® (z. B. Berninger-Schäfer 2012), die weit mehr Möglichkeiten bietet als *face-to-face* durchgeführte kollegiale Fallbesprechungen. Weiterhin ist darauf hinzuweisen,

- dass zum Beispiel Avatarplattformen auch in der Face-to-Face-Kommunikation genutzt werden können
- und dass elektronische Coaching-Tools, wie etwa das „Virtuelle Coaching" (VC) (Geißler 2008, 2012) nicht nur im Telefoncoaching, sondern auch für Selbstcoaching bzw. zur Vorbereitung von – *face-to-face* oder mithilfe elektronischer Medien durchgeführte – Coaching-Sitzungen eingesetzt werden können.

Die folgende Tabelle gibt einen Überblick über die wichtigsten „Bausteine" für die Komposition elektronischer Coaching-Tools. Das ihr zugrunde liegende Ordnungsprinzip stützt sich auf zwei Dimensionen, indem zum einen der Tatsache Rechnung getragen wird, dass Medien im Coaching

- textliche Medien,
- auditive Medien,
- statische Visualisierungen
- und/oder dynamische Visualisierungen sein können.

Diese können

- interaktiv, das heißt vom Coachee gestaltbar oder nichtinteraktiv
- sowie didaktisch vorstrukturiert, wie zum Beispiel vorgegebene Texte, oder didaktisch offen sein, wie zum Beispiel unbeschriebenes Papier,

sodass sich pragmatisch folgende drei Möglichkeiten anbieten:

- didaktisch vorstrukturierte nichtinteraktive Medien,
- didaktisch offene interaktive Medien
- und didaktisch vorstrukturierte interaktive Medien (Tab. 3).

Um einen Eindruck zu vermitteln, wie die oben zusammengestellten E-Coaching-„Bausteine" zu E-Coaching-Tools „zusammengebaut" und für die mediale Anreicherung von telefonischer, videovermittelter oder *face-to-face* durchgeführter

Tab. 3 „Bausteine" für elektronische Coaching-Tools

	textliche Medien	auditive Medien	statische visuelle Medien	dynamische visuelle Medien
didaktisch vorstrukturierte nichtinteraktive Medien	• über Internet oder per E-Mail vermittelte Textdokumente	• über Internet, Telefon oder per E-Mail vermittelte Audiodokumente	• über Internet oder per E-Mail vermittelte Visualisierungen/Bilder	• über Internet zugängliche oder per E-Mail vermittelte Videos
didaktisch offene interaktive Medien	• asynchrone Erstellung von Texten • synchrone Erstellung von Texten	• Erstellung von Audioaufnahmen	• Erstellung von digitalen Fotos • Erstellung von digitalen Visualisierungen, Zeichnungen	• Erstellung von Videoaufnahmen
didaktisch vorstrukturierte interaktive Medien	• vorgegebene Coaching-Fragen, deren schriftliche Beantwortung auch der Coach lesen kann • Coaching- oder Test-Fragen mit vorgegebenen Antwortmöglichkeiten ohne automatisiertes Feedback • Coaching- oder Test-Fragen mit vorgegebenen Antwort- möglichkeiten und automatisiertem Feedback		• Nutzung vorgegebener digitaler Fotos oder Visualisierungen • Modifizierung vorgegebener digitaler Visualisierungen	• Gestaltungsfähige virtuelle Welten ohne Avatare • Avatare in gestaltungsfähigen virtuellen Welten

Basiskommunikation sowie für Selbstcoaching genutzt werden können, soll zum Abschluss dieses Abschnitts ein kurzer Blick auf drei E-Coaching-Tools geworfen werden.

Das Coaching-Tool mit dem Namen *LPScocoon®* besteht aus dreizehn unterschiedlichen, skulpturhaft gestalteten Steinen für Aufstellungsarbeiten aller Art, die in ihrer physischen Version von Christiane Grabow 2007 entwickelt wurden und seit 2008 als interaktive 3-D-Software für die Anreicherung von Telefoncoaching zur Verfügung stehen. Zentrales Merkmal der Software ist, dass der Coachee im Telefonat mit dem Coach vor dessen Augen die virtuellen Steine auf einem virtuellen Tisch beliebig positionieren und verschieben und dabei die Position der Steine von unterschiedlichen Standpunkten aus betrachten kann, nämlich zum einen von oben und zum anderen von der Position jedes einzelnen auf dem Tisch stehenden Steins. Anders als bei physischen Steinen ist es dem Coachee also möglich, sozusagen in jeden einzelnen Stein hineinzuschlüpfen und von ihm aus in einem 360-Grad-Rundblick auf sein Umfeld, das heißt auf die anderen Steine zu schauen. Diese Besonderheit macht das Tool auch für Face-to-Face-Coaching attraktiv.

ProReal (https://hub.proreal.co.uk) ist eine Internetplattform, die dem Coachee das Angebot macht, im Telefoncoaching mit dem Coach – von ihm beobachtet – sich in einer virtuellen Welt zu bewegen, und zwar als Avatar zusammen mit anderen Avataren. Die virtuelle Welt besteht aus einer Hügellandschaft mit einem Flüsschen, das über eine Brücke überquert werden kann, ferner aus Steinmauern, Stacheldrahtzäunen, Felsen und einer Schlucht, die sich nicht überwinden lässt, einer Burg, deren Innenhof betreten werden, und einem Turm, auf den man steigen kann. Der Coachee kann die Gestalt und Körperhaltung der von ihm gewählten Avatare bestimmen, sie in der Landschaft an einer gewünschten Stelle positionieren oder sie darin in einer bestimmten Weise herumlaufen lassen. Als visuellen Betrachtungsstandpunkt kann der Coachee einen bestimmten Avatar wählen und sozusagen in ihn hineinschlüpfen, oder er kann auch die Position eines neutralen Beobachters einnehmen und den räumlichen Abstand zum Beobachtungsobjekt frei bestimmen. Aufgrund dieser Merkmale sind die Nutzungsmöglichkeiten von ProReal ähnlich wie bei LPScocoon®: Die Avatare können als Stellvertreter für Personen des sozialen Umfeldes des Coachee genutzt werden, aber auch, um Gruppen oder Institutionen zu symbolisieren, und last but not least für die Visualisierung eigener Persönlichkeitsanteile. Im Gegensatz zu LPScocoon bietet ProReal dabei zusätzlich die Möglichkeit, jeden Avatar mit schriftlich dokumentierten Stichworten oder kurzen Sätzen zu spezifizieren.

Die Internetplattform *Virtuelles Coaching (VC)* (www.virtuelles-coaching.com, vgl. Geißler 2008, 2012) besteht aus einer Reihe verschiedener Programme, die sich an unterschiedliche Zielgruppen wenden bzw. unterschiedliche Coaching-Thematiken abdecken. Konzeptionell stehen bedarfsspezifisch ausgewählte

Coaching-Fragen im Mittelpunkt, die der Coachee als Gesamtheit gut überblicken kann und die ihm gleich mit Beginn des Coachings vorliegen. Sie sollen vom Coachee vor und nach den Coaching-Sitzungen in Einzelarbeit, das heißt im Zuge von Selbstcoaching schriftlich beantwortet werden. Der Coach kann die Antworten online lesen und sich entsprechend auf die anschließende Sitzung vorbereiten. Hier kommt es darauf an, zum einen die im Selbstcoaching entwickelten Antworten kritisch zu überprüfen und nachzubessern und zum anderen sich denjenigen Coaching-Fragen zuzuwenden, die noch nicht beantwortet sind. Alle Antworten kann der Coachee nach der Sitzung noch einmal überprüfen und gegebenenfalls verändern.

4 Entwurf einer konstruktivistischen Theorie traditioneller und moderner Medien im Coaching

Bei den bisherigen Überlegungen wurde ein kommunikationstechnischer Medienbegriff zugrunde gelegt, der Kommunikationsmedien als Träger von Informationen bzw. Botschaften versteht, die Sender ihren Empfängern übermitteln. Sich ausschließlich auf einen solchen Medienbegriff zu beschränken, ist im Diskurs über Coaching nicht unproblematisch. Denn im Gegensatz zur Expertenberatung oder Schulung zielt Coaching nicht auf die methodisch optimierte Übermittlung von Inhalten oder Problemlösungen, sondern versteht sich als Hilfe zur Selbsthilfe und hat den Anspruch, die selbstgesteuerten und selbstbestimmten Problemlösungsaktivitäten des Coachee anzuregen, zu unterstützen und zu fördern. Dieser Anspruch rückt Coaching in die paradigmatische Nähe des *Konstruktivismus*. Es stellt sich deshalb die Frage, ob der Diskurs über traditionelle und moderne Medien im Coaching nicht auf der Grundlage des Konstruktivismus geführt werden muss (z. B. Weber 2010b). Dieses Anliegen soll im Folgenden aufgenommen werden. Wir wollen versuchen, erste Umrisse einer konstruktivistischen Theorie traditioneller und moderner Medien im Coaching zu skizzieren. Wie im ersten Abschnitt angedeutet, wird dabei von einem Medienverständnis ausgegangen, dass die Konstruktion und Auseinandersetzung mit der Wirklichkeit als Medium versteht, das in Anlehnung an die systemische Kommunikationstheorie (Watzlawick et al. 1969) zwei Funktionen wahrnehmen kann, nämlich zum einen der *Generierung inhaltlicher Erkenntnisse über die Realität* und zum anderen der *sozialen Beziehungsgestaltung* zu dienen. In diesem Sinne unterscheidet eine konstruktivistische Theorie traditioneller und moderner Medien im Coaching *Coaching-Problemlösungsmedien*, die dem Coachee helfen, problemlösende Erkenntnisse zu generieren (4.1), und *Beziehungsmedien*, die der Konstitution und Gestaltung der Coach-Coachee-Beziehung dienen (4.2).

4.1 Traditionelle und moderne Problemlösungsmedien im Coaching

Konstruktivistisch betrachtet, lassen sich für Coaching sechs Problemlösungsmedien identifizieren, nämlich (1) die primäre Klientenwirklichkeit, (2) die didaktisch unikathaft generierten Coach-Interventionen zur Orientierungsvermittlung und Anleitung des Coachee hinsichtlich seines vorrangig kognitiven Umgangs mit seiner primären Wirklichkeit und deren sprachlicher und nichtsprachlicher Darstellung im Coaching, (3) die didaktisch unikathaft generierten Coach-Interventionen, die der Verbesserung des Zugangs zu Emotionen und zum Unbewussten dienen, (4) die didaktischen Vorstrukturierungen zur Orientierungsvermittlung und Anleitung des Coachee hinsichtlich seines vorrangig kognitiven Umgangs mit seiner primären Wirklichkeit und/oder deren sprachlicher und nichtsprachlicher Darstellung im Coaching, (5) die didaktischen Vorstrukturierungen, die der Verbesserung des Zugangs zu Emotionen und zum Unbewussten dienen, und (6) die vom Coachee teils bewusst und teils unbewusst generierte – sprachliche und/oder nichtsprachliche – Darstellung seiner Wirklichkeit. Wie im Folgenden zu zeigen sein wird, können diese sechs Problemlösungsmedien sich mit unterschiedlichen kommunikationstechnischen Medien traditioneller oder moderner Provenienz verbinden.

Das erste – und letztlich wichtigste – Problemlösungsmedium im Coaching – und zwar sowohl im coachgeleiteten Coaching als auch im Selbstcoaching – ist die *primäre Klientenwirklichkeit*. Es handelt sich dabei um die Einheit der objektiven Wirklichkeit und der Wirklichkeitsvorstellungen des Coachee, die Probleme macht bzw. zu einer Herausforderung wird, deren konstruktiver Bearbeitung bzw. Lösung das Coaching dienen soll. Oft ist es nämlich so, dass das Problem des Coachee sehr viel weniger in Widrigkeiten seiner objektiven Wirklichkeit liegt, sondern sehr viel mehr in den schwierigen Vorstellungen, die er darüber hat.

Die Besonderheit des ersten Coaching-Problemlösungsmediums besteht darin, dass es im Coaching-Prozess nicht im Bereich der Basiskommunikation erscheint, sondern kommunikationstechnisch eine Funktion hat, die derjenigen eines Coaching-Tools entspricht. Im Einzelnen heißt das Folgendes:

- Wie bereits mit Bezug auf die Coaching-Konzeption von Astrid Schreyögg (1995, S. 263 f.) erwähnt, kann der Coach dem Coachee Hausaufgaben geben, in seiner primären Wirklichkeit etwas Bestimmtes zu beobachten oder in ihr anders als bisher zu handeln, das heißt, mit seiner Wirklichkeit zu experimentieren.
- Um selbst Zugang zur primären Klientenwirklichkeit zu gewinnen, kann der Coach den Coachee bitten, von ihr eine Audio- oder Videoaufnahme zu machen und sie mit in die Coaching-Sitzung zu bringen, um sie dort zu besprechen. Je

nachdem, welche Technik man dabei verwendet, handelt es sich dabei um ein traditionelles oder ein elektronisches Coaching-Tool.
- Ein ganz anderer Zugang bietet sich durch traditionelles Schatten- bzw. On-Site-Coaching an, bei dem der Coach den Coachee in seiner primären Wirklichkeit besucht und diese durch teilnehmende Beobachtung erfasst (z. B. Mahlmann 2004).
- Deutlich weniger invasiv – und deshalb auch mit einer höheren sozialen Akzeptanz verbunden – als Schattencoachings sind auditive oder auditivvisuelle Live-Übertragungen, mit denen Coaches – mit Zustimmung der Betroffenen – ihre Coachees in ihrer primären Wirklichkeit beobachten. Besonders günstig ist dabei, wenn sie ihnen zusätzlich situationsspezifisch Wahrnehmungshinweise und Verhaltensempfehlungen oder -tipps auditiv geben können, und zwar über einen Empfänger, den die Coachees verdeckt im Ohr tragen, sodass die akustischen Mitteilungen nur für sie und für sonst niemanden hörbar sind (Rock et al. 2011). Zu betonen ist dabei allerdings, dass diese Mitteilungen bereits ein Beispiel für das zweite Coaching-Problemlösungsmedium sind.

Wie gerade angedeutet, bezieht sich das zweite Coaching-Problemlösungsmedium auf den Referenzbereich der *didaktisch unikathaft generierten Coach-Interventionen zur Orientierungsvermittlung und Anleitung des Coachee hinsichtlich seines vorrangig kognitiven Umgangs mit seiner primären Wirklichkeit und deren sprachlicher und nichtsprachlicher Darstellung im Coaching.* Ebenso wie das erste kann auch das zweite Coaching-Problemlösungsmedium, das sich allerdings nur für coachgeleitete Coachings anbietet, also nicht für Selbstcoachings, auf traditionelle und moderne kommunikationstechnische Medien zurückgreifen. Als traditionelle Medien bieten sich hier an:

- für die Basiskommunikation die *face-to-face* vermittelte Sprache
- und mit Blick auf den Bereich, der hier als Coaching-Tools bezeichnet wird,

  - zum einen Visualisierungsmaterialien wie Flipchart, Tapete, Whiteboard, Papierblätter, Karten, Filzschreiber, Wachsstifte u. ä. (vgl. Schreyögg 1995, S. 290 ff.)
  - und zum anderen immaterielle Medien wie zum Beispiel Beobachtungsaufgabe in Verbindung mit dem Vollzug eines Rollentauschs oder Rollenwechsels (vgl. a. a. O., S. 271 ff.) oder einer Verhaltensspiegelung durch den Coach (a. a. O., S. 269 f.).

- Die Frage, ob und wie hier moderne Medien für die Basiskommunikation genutzt werden können, lässt sich mit Verweis auf Telefonate (z. B. Borlinghaus

2010), Videokommunikation sowie synchrone und asynchrone textliche Kommunikation (z. B. Koch 2012) beantworten.
- Relativ selten hingegen findet man E-Coaching-Tools, deren dominantes Merkmal ihre situative Gestaltung durch den Coach ist. Als einziges Beispiel lässt sich hier die oben angeführte funkbasierte Audiokommunikation im Rahmen von Live-Übertragungen (Rock et al. 2011) nennen.

Das ebenfalls nur für coachgeleitete Coachings nutzbare dritte Problemlösungsmedium im Coaching, welches – das sei angemerkt – dem zweiten nahesteht und manchmal auch nicht scharf von ihm zu trennen ist, bezieht sich auf den Referenzbereich der *didaktisch unikathaft generierten Coach-Interventionen, die der Verbesserung des Zugangs zu Emotionen und zum Unbewussten dienen.*

- Im Rahmen der –*face-to-face,* telefonisch (Voice-Chat), als Videokommunikation oder als synchroner oder asynchroner Text-Chat vermittelten – Basiskommunikation ist hier vor allem an die Nutzung von Metaphern (Minor 2004) zu denken,
- und für das Feld der traditionellen Coaching- oder E-Coaching-Tools bieten sich an:

- situativ-unikathaft vom Coach generierte Narrationen (z. B. Erfahrungsberichte, Zukunftsvorstellungen u. Ä.) oder Visualisierungen
- sowie intuitiv-spontan erfundene Anleitungen zu Imaginationsübungen (z. B. Schreyögg 1995, S. 266 ff.) oder zu imaginativen Rollenspielen (a. a. O., S. 258ff.).

Das vierte Problemlösungsmedium im Coaching bezieht sich auf *didaktische Vorstrukturierungen zur Orientierungsvermittlung und Anleitung des Coachee hinsichtlich seines vorrangig kognitiven Umgangs mit seiner primären Wirklichkeit und/oder deren sprachlicher und nichtsprachlicher Darstellung* im Coaching. Im Gegensatz zum zweiten und dritten dieses Coaching-Problemlösungsmedium nur für (traditionelle und elektronische) Coaching-Tools genutzt werden, und zwar erstens sowohl im Selbstcoaching als auch im coachgeleiteten Coaching und zweitens als Anreicherung sowohl der traditionell *face-to-face* durchgeführten als auch der mithilfe moderner Medien durchgeführten Basiskommunikation. Weiterhin zu erwähnen ist, dass es sich oft eng mit den didaktisch situativunikathaft vom Coach generierten Interventionen des zweiten oder dritten Coaching-Problemlösungsmediums verbindet bzw. mischt. Insgesamt bietet sich dabei eine große Fülle unterschiedlichster Möglichkeiten an, nämlich:

- vorgefertigte Grafiken, Abbildungen, Zeichnungen, Bilder, Fotos oder Filme, die als traditionelle oder elektronische Medien vorliegen können,
- in Printform oder in elektronischer Fassung vorliegende, vorgefertigte Beobachtungskategorien (z. B. König und Volmer 2002, S. 75 f.), Coaching-Fragen (z. B. Geißler 2008, 2012; Jokisch 2007) oder Fragen diagnostischer Tests (z. B. Hossiep und Collatz 2007; Zezula und Beer 2012, S. 229 ff.),
- physisch präsente oder virtualisierte Steine (Grabow 2012), Holzfiguren (Rohm 2004), Puppen oder Stofftiere (Schreyögg 1995, S. 292 ff.) und Ähnliches für Aufstellungsarbeit
- oder physisch präsente oder virtualisierte leere Stühle für imaginierte Rollenspiele (z. B. Schreyögg 1995) oder zur Entscheidungsfindung (z. B. Hansmann 2004; Steinhübel 2004).

Das fünfte Problemlösungsmedium im Coaching, das ebenfalls nur für traditionelle und elektronische Coaching-Tools genutzt werden kann, bezieht sich auf *didaktische Vorstrukturierungen, die der Verbesserung des Zugangs zu Emotionen und zum Unbewussten dienen.* Zu nennen sind dabei

- projektive Bilder oder Kunstwerke, die dem Coachee mithilfe traditioneller oder elektronischer Medien präsentiert werden;
- vom Coachee beschriftete materielle oder virtuelle Karten oder Blätter, die in einem physischen oder virtuellen Raum für Time-Line-Arbeit (z. B. James 2010) ausgelegt werden;
- vom Coachee gestaltbare virtuelle Welten mit und ohne Avatare (Bredl et al. 2012)
- sowie Tiere wie zum Beispiel Pferde (z. B. Hiller 2007), zu denen der Coachee eine Beziehung aufbauen muss, um mit ihnen bestimmte Aufgaben zu erfüllen.

Das sechste Problemlösungsmedium im Coaching schließlich ist die vom Coachee *teils bewusst und teils unbewusst generierte – sprachliche und/oder nichtsprachliche – Darstellung seiner Wirklichkeit.* Diese Darstellung ist weithin eine Antwort bzw. Reaktion auf Impulse oder Aufgaben, die der Coachee durch eines der anderen Problemlösungsmedien bekommen hat. Die Besonderheit des sechsten Coaching-Problemlösungsmediums ist, dass es sich zunächst einmal an den Coach wendet und ihm wertvolle Einsichten in das Denken und Fühlen des Coachee liefert. Diese dienen jedoch letztlich dazu, dem Coachee zu helfen. Dazu jedoch ist es notwendig, dass der Coach sie adressatengerecht auf bereitet, und zwar durch Spiegelungen oder Metakommunikation – mit und ohne Audio- oder Videoaufnahmen der Coaching-Sitzung, die anschließend metakommunikativ besprochen werden. Eine solche Metakommunikation ist insbesondere dann hilfreich, wenn sich in der Coach-Coachee-Kommunikation wichtige problemgenerierende Merkmale und Strukturen der primären Klientenwirklichkeit spiegeln bzw. reinszenieren.

Das wichtigste kommunikationstechnische Medium des sechsten Problemlösungsmediums ist das gesprochene Wort des Coachee, das unmittelbar sinnlich wahrgenommen oder mithilfe moderner Medien per Telefon oder Video kommunikation vermittelt wird. Die Alternative ist die Schriftlichkeit (Reindl et al. 2012), entweder im traditionellen Medium der hand- oder maschinenschriftlichen Aufzeichnungen oder gedruckten Texte oder mittels elektronischer Medien, das heißt als synchroner oder asynchroner Text-Chat (z. B. Koch 2012).

4.2 Traditionelle und moderne Beziehungsmedien im Coaching

Während die obige Rekonstruktion von Problemlösungsmedien im Coaching sich auf den umfangreichen Diskurs über den erkenntnistheoretischen Konstruktivismus stützen konnte, muss der Entwurf einer mit Bezug auf Coaching spezifizierten konstruktivistischen Theorie sozialer Beziehungen sich auf den emotionalen Konstruktivismus (Arnold 2010) konzentrieren. Auf dieser Grundlage werden für Coaching folgende vier Beziehungsmedien rekonstruiert, nämlich (1) Körperexpressionen, (2) illokutionäre Sprechhandlungen, (3) soziale Regeln, Routinen und Rituale und (4) adressatensensibel-achtsame Auswahl und Ansprache der Kommunikationsinhalte sowie ihrer zeitliche Positionierung im Coaching-Prozess.

Das erste – und gattungsgeschichtlich bei Weitem älteste – Beziehungsmedium im Coaching bezieht sich auf den Referenzbereich der *durch Körperexpressionen vermittelten Gefühle und Haltungen in der Beziehung zum Kommunikationspartner.* Im Einzelnen geht es dabei um

- akustisch wahrnehmbare – und deshalb *face-to-face* und mittels Telefon oder audiovisueller Übertragungen vermittelbare – Phänomene der Klangbildung und Lautstärke der Stimme sowie der Geschwindigkeit und Dynamik des Sprechens,
- visuell wahrnehmbare – und deshalb *face-to-face* und mittels audiovisueller Übertragungen oder avatarbasierter Kommunikation vermittelbare – Phänomene von Körperhaltungen, raumzeitlichen Bewegungen, Gestik und Mimik
- sowie kinästhetische und olfaktorische Phänomene, die ausschließlich in der Face-to-Face-Kommunikation erfahrbar sind.

Der archaische Charakter dieser Körperexpressionen ist der Grund dafür, dass ausschließlich textbasiertes Coaching (z. B. Koch 2012) auf große Akzeptanzprobleme stößt und dass viele Coaches und Coachees, die noch keine Erfahrungen mit Telefoncoaching, videovermitteltem oder avatarbasiertem Coaching haben, zunächst Probleme mit solchen Medien haben, wobei zu bemerken ist, dass diese sich nach ersten Erfahrungen in der Regel schnell auflösen (Geißler et al. 2013).

Das zweite Beziehungsmedium im Coaching ist derjenige Aspekt der Sprache, den man als *illokutionäre Sprechhandlung* (Searle 1971) bezeichnet. Seine Funktion ist es, die Beziehung zwischen Sprecher, Angesprochenem und Kommunikationsinhalt – durch Fragen, Ermutigungen, Handlungsanweisungen, Spiegelungen, Selbstoffenbarungen usw. – zu regulieren. Im Gegensatz zum ersten Beziehungsmedium lassen sich Illokutionen nicht nur mithilfe der traditionellen, sondern auch der modernen Medien, also des Telefons, der Videoübertragung, der avatarbasierten Kommunikation und des asynchronen und synchronen Text-Chats vermitteln.

Das dritte Beziehungsmedium im Coaching ist der Referenzbereich der *sozialen Regeln, Routinen und Rituale*. Dieses Medium ist für Coaching insofern wichtig, als Coaching sich von anderen Kommunikationsformaten wie Expertenberatung oder Schulung durch eine Reihe spezieller Regeln unterscheidet, wie etwa die, dass der Coach die Verantwortung für den Coaching-Prozess und der Coachee die Verantwortung für die Kommunikationsinhalte und die Umsetzung der erarbeiteten Ergebnisse hat. Aber auch der Umgang mit Coaching-Tools bedarf der Einhaltung bestimmter Regeln. Alle diese Regeln, die dem Coachee vermittelt werden müssen und deren korrekte Einhaltung überwacht werden muss, und zwar wiederum mithilfe bestimmter Coaching-spezifischer Metaregeln, etwa der Regeln der Metakommunikation, lassen sich gleichermaßen im Rahmen von Face-to-Face-Kommunikation, Telefon- und Videokommunikation sowie synchroner und asynchroner Text-Chat-Kommunikation realisieren.

Das vierte Beziehungsmedium im Coaching ist schließlich die adressatensensible, achtsame Auswahl und Ansprache der Kommunikationsinhalte sowie ihre zeitliche Positionierung im Coaching-Prozess. Das zentrale Kriterium ist dabei die Achtsamkeit (Cavanagh und Spence 2013). Mit guten Gründen muss nämlich die Auffassung der systemischen Kommunikationstheorie, dass der Beziehungsaspekt den Inhaltsaspekt bestimmt, relativiert werden, denn vieles spricht dafür, dass auch die Wahl der Kommunikationshalte die Beziehung der Kommunikationspartner bestimmt. So ist es für das Vertrauen des Coachee wichtig, dass der Coach die für die Coachees richtigen Inhalte in der richtigen Weise thematisiert. In diesem Sinne haben E-Coaching-Tools, wie etwa die Programme des Virtuellen Coachings (Geißler 2008, 2012), die die Thematisierung bestimmter Inhalte oder Inhaltsbereich didaktisch vorstrukturieren, immer auch eine beziehungsgestaltende Funktion.

5 Fazit

Vergleicht man Coaching mit anderen gesellschaftlichen Bereichen wie zum Beispiel der Vermarktung von Produkten und Dienstleistungen, aber auch der Weiterbildung, so fällt auf, dass die modernen Medien Coaching in den letzten Jahren mit einer gewissen „Verspätung" erreicht haben. Neben vielen anderen Gründen mag das daran liegen, dass die Adaption der modernen Medien konzeptionelle Fragen aufwirft, deren Beantwortung im Coaching-Diskurs bisher wenig vorbereitet ist. Wie unsere Ausführungen deutlich machen, setzt die Diskussion über die Möglichkeiten und den Sinn und Nutzen moderner Medien im Coaching nämlich nicht nur eine Vorstellung darüber voraus, wie sich moderne von traditionellen Medien unterscheiden, sondern sehr viel grundsätzlicher auch darüber, was Medien im Coaching überhaupt sind und in welcher Beziehung sie zu Methoden stehen. Diese Rückfragen lenken den Blick auf Defizite der grundlagenwissenschaftlichen Fundierung von Coaching und in diesem Zusammenhang nicht zuletzt auch auf die Frage, ob der bisher eingeschlagene Weg, Coaching als eine im Wesentlichen psychologische Subdisziplin zu begründen, vielleicht etwas zu eng gewählt ist.

Literatur

Arnold, Rolf, & Siebert, Horst (1997). *Konstruktivistische Erwachsenenbildung* (2. Auflage). Baltmannsweiler: Schneider-Verlag Hohengehren.
Arnold, Rolf (2010). *Die emotionale Konstruktion der Wirklichkeit. Beiträge zu einer emotionspädagogischen Erwachsenenbildung* (3. Auflage). Baltmannsweiler: Schneider-Verlag Hohengehren.
Berninger-Schäfer, Elke (2012).Die virtuelle Kollegiale Coaching Konferenz ®. In: Harald Geißler & Maren Metz (Hrsg.), *E-Coaching und Online-Beratung. Formate, Konzepte, Diskussionen* (S. 247–260). Wiesbaden: Springer VS.
Borlinghaus, Ralf (Hrsg.) (2010). *Coaching 2.0. Handbuch TeleCoaching. Die neue Dimension des Coachings.* Kreuzlingen: BORA TEXT.
Berry, Rhonda M. (2005). *A comparison of face-to-face and distance coaching practice: The role of the working alliance in problem resolution.* Unpublished doctoral dissertation. Georgia State University, Atlanta.
Bredl, Klaus, Bräutigam, Barbara, & Herz, Daniel (2012). Avatarbasierte Beratung und Coaching in 3D. In: Harald Geißler & Maren Metz (Hrsg.), *E-Coaching und Online-Beratung. Formate, Konzepte, Diskussionen* (S. 121–136). Wiesbaden: Springer VS.

Cavanagh, Michael J., & Spence, Gordon B. (2013). Mindfulness in Coaching: Philosophy, psychology or just a useful skill? In: Jonathan Passmore, David B. Peterson & Teresa Freire (Hrsg.), *The Psychology of Coaching and Mentoring* (S. 112–134). Oxford: Wiley-Blackwell.

Charbonneau, Manuelle A. (2002). *Media Selection in Executive Coaching: A Qualitative Study*. Unpublished doctoral dissertation. Alliant International University, Los Angeles.

Clutterbuck, David (2010). Welcome to the World of Virtual Coaching and Mentoring. In: David Clutterbuck & Zuli Hussain (Hrsg.), *Virtual Coach, Virtual Mentor* (S. 31–52). Charlotte: Information Age Publishing.

Cox, Elaine, Bachkirova, Tatiana, & Clutterbuck, David (Hrsg.) (2010). *The Complete Handbook of Coaching*. London u. a.: Sage.

Frazee, Rebecca V. (2008). *E-coaching in organizations: A study of features, practices, and determinants of use*. Unpublished doctoral dissertation. University of San Diego.

Geißler, Harald (1979). *Modelle der Unterrichtsmethode* (2. Auflage). Stuttgart: Klett-Cotta.

Geißler, Harald (2008). E-Coaching – eine konzeptionelle Grundlegung. In: ders. (Hrsg.), *E-Coaching* (S. 3–23). Baltmannsweiler: Schneider Hohengehren.

Geißler, Harald (2012).Virtuelles Coaching – programmgeleitetes Telefoncoaching mit Internet-Support. In: Harald Geißler & Maren Metz (Hrsg.), *E-Coaching und Online-Beratung. Formate, Konzepte, Diskussionen* (S. 137–164). Wiesbaden: Springer VS.

Geißler, Harald, Hasenbein, Melanie, & Wegener, Robert (2013). E-Coaching: Prozess- und Ergebnisevaluation des virtuellen Zielerreichungs-Coachings. *Organisationsberatung, Supervision, Coaching*. Wiesbaden: Springer VS

Ghods, Niloofar (2009). *Distance coaching: The relationship between the coach-client relationship, client satisfaction, and coaching outcomes*. Unpublished doctoral dissertation. Alliant International University, San Diego.

Ghods, Niloofar, & Boyce, Camala (2013). Virtual Coaching and Mentoring. In: Jonathan Passmore, David B. Peterson & Teresa Freire (Hrsg.), *The Wiley-Blackwell Handbook of Psychology of Coaching and Mentoring* (S. 501–523). Chichester: Wiley.

Grabow, Christiane (2012). Virtuelle Strategie-Simulation im Telefoncoaching mit PLScocoon. In: Harald Geißler & Maren Metz (Hrsg.), *E-Coaching und Online-Beratung. Formate, Konzepte, Diskussionen* (S. 103–120). Wiesbaden: Springer VS.

Greif, Siegfried (2008). *Coaching und ergebnisorientierte Selbstreflexion*. Göttingen: Hogrefe.

Hansmann, Thomas (2004). Auf mehreren Stühlen. In: Christopher Rauen (Hrsg.), *Coaching-Tools* (S. 227–231). Bonn: managerSeminare.

Hiller, Kim Christin (2007). *Möglichkeiten des Einsatzes von Pferden als Co-Trainern in der Erwachsenenbildung – beispielhaft dargestellt an der Erarbeitung eines Seminarkonzepts für die Lehrerfortbildung*. Kiel: Unv. Dipl.Arbeit.

Hossiep, Rüdiger, & Collatz, Annelen (2007). Fremdbeschreibungsinventar zum BIP. In: Christopher Rauen (Hrsg.), *Coaching-Tools II* (S. 158–163). Bonn: managerSeminare.

James, Tad (2010). *Time Coaching – Programmieren Sie Ihre Zukunft … jetzt* (5. Auflage). Paderborn: Junfermann

Jokisch, Wolfram (2007). Sinn-ier-Karten. In: Christopher Rauen (Hrsg.), *Coaching-Tools II* (S. 116–121). Bonn: managerSeminare.

Koch, Brigitte (2012). „onlineCoaching": ein geschriebener Dialog unabhängig von Zeit und Raum. In: Harald Geißler & Maren Metz (Hrsg.), *E-Coaching und Online-Beratung. Formate, Konzepte, Diskussionen* (S. 87–102). Wiesbaden: Springer VS.
König, Eckard, & Volmer, Gerda (2002): *Systemisches Coaching* (2. Auflage). Weinheim: Beltz.
König, Eckard, & Volmer, Gerda (2004). Visualisierung sozialer Systeme. In: Christoph Rauen (Hrsg.), *Coaching-Tools* (S. 190–193). Bonn: managerSeminare.
Mahlmann, Regina (2004). Schattentage. In: Christopher Rauen (Hrsg.), *Coaching-Tools* (S. 200–204). Bonn: managerSeminare.
Meinsen, Stefan (2003). *Konstruktivistisches Wissensmanagement. Wie Wissensarbeiter ihre Arbeit organisieren.* Weinheim: Beltz.
Minor, Marc (2004). Mataphorik. In: Christopher Rauen (Hrsg.), *Coaching-Tools* (S. 103–107). Bonn: managerSeminare.
Palmer, Stephen, & Whybrow, Alison (Hrsg.) (2007). *Handbook of Coaching Psychology.* London: Routledge.
Passmore, Jonathan (Hrsg.) (2006). *Excellence in Coaching. The Industry Guide.* London u. a.: Kogan Page.
Passmore, Jonathan, Peterson, David B., & Freire, Teresa (Hrsg.) (2013). *The Psychology of Coaching and Mentoring.* Oxford: Wiley-Blackwell.
Rauen, Christopher (Hrsg.) (2004). *Handbuch Coaching* (3. Auflage). Göttingen: Hogrefe.
Rauen, Christopher (Hrsg.) (2005). *Coaching*-Tools. Bonn: managerSeminare.
Rauen, Christopher (Hrsg.) (2007). Coaching-Tools II. Bonn: managerSeminare.
Rauen, Christopher (Hrsg.) (2008). Coaching-Tools III. Bonn: managerSeminare.
Reindl, Richard, Hergenreider, Marina, & Hünninger, Julia (2012). Schriftlichkeit in virtuellen Beratungssettings. In: Harald Geißler & Maren Metz (Hrsg.), *E-Coaching und Online-Beratung. Formate, Konzepte, Diskussionen* (S. 339–357). Wiesbaden: Springer VS.
Rock, Marcia L., Zigmond, Naomie P., Gregg, Madeleine, & Gable, Robert A. (2011). The Power of Virtual Coaching. *Educational Leadership, 69*(2), 42–48.
Rohm, Armin (2004). Das Beziehungsbrett – Konflikte aktiv in die Hand nehmen. In: Christopher Rauen (Hrsg.), *Coaching-Tools* (S. 208–212). Bonn: managerSeminare.
Schneider, Ursula (1996). Management in der wissensbasierten Unternehmung. In: dies. (Hrsg.), *Wissensmanagement* (S. 13–48). Frankfurt am Main: Edition Blickbuch Wirtschaft.
Schreyögg, Astrid (1995). *Coaching.* Frankfurt am Main: Campus.
Searle, John R. (1971). *Sprechakte.* Frankfurt am Main: Suhrkamp.
Sherpa Coaching (2012). Seventh annual Executive Coaching Survey. www.sherpacoaching.com/ pdf%20iles/Survey-Executive-Coaching-2012.pdf [4.5.2013].
Steinhübel, Andreas (2004). Gegenwind. In: Christopher Rauen (Hrsg.), *Coaching-Tools* (S. 232–235). . Bonn: managerSeminare.
Stober, Dianne R., & Grant, Anthony (Hrsg.) (2006). *Evidence Based Coaching.* Hoboken: John Wiley & Sons.
Vogelauer, Werner (2004). *Methoden-ABC im Coaching* (3. Auflage). München/ Unterschleißheim: Luchterhand.
Watzlawick, Paul, Beavin, Janet H., & Jackson, Don D. (1969). *Menschliche Kommunikation.* Bern: Huber.
Weber, Stefan (Hrsg.) (2010a). *Theorien der Medien. Von der Kulturkritik bis zum Konstruktivismus* (2. Auflage). Konstanz: UVK (UTB).

Weber, Stefan (2010b). Konstruktivistische Medientheorien. In: ders. (Hrsg.), *Theorien der Medien* (2. Auflage) (S. 170–188). Konstanz: UVK (UTB).
Whitmore, John (1992). *Coaching for Performance.* London: Nicholas Brealey.
Zezula, Peter, & Beer, Ragnar (2012). Theratalk: Ein Online-Portal für Paar und Partnerschaft. In: Harald Geißler & Maren Metz (Hrsg.), *E-Coaching und Online-Beratung. Formate, Konzepte, Diskussionen* (S. 87–102). Wiesbaden: Springer VS.

Internetseiten

https://hub.proreal.co.uk
http://thecoachmasternetwork.com
www.theratalk.de
www.virtuelles-coaching.com

Wie wirksam ist Coaching? Ein umfassendes Evaluationsmodell für Praxis und Forschung

Siegfried Greif

Die International Coach Federation (ICF 2011) fordert in ihrem Verhaltenskodex für Coaches und Coaching-Ausbilder, dass sich die Coaching-Praxis auf forschungsbasiertes wissenschaftliches und praktisches Wissen stützen soll. Der Deutsche Bundesverband Coaching sieht in der Wissenschaft eine seiner tragenden Säulen. Nach gängigen Qualitätsstandards benötigt Coaching, wie andere komplexe, für die Kund/innen schwer bewertbare Dienstleistungen, eine regelmäßige, möglichst wissenschaftlich fundierte Evaluation (Meffert und Bruhn 2012). Der folgende Beitrag behandelt Bedeutung und Möglichkeiten wissenschaftlicher Evaluation für die Qualitätssicherung und Verbesserung der Wirksamkeit von Coaching. Als Grundlage wird ein Coaching-Evaluationsmodell vorgestellt. Es dient als Orientierung für praktische und wissenschaftliche Evaluationsstudien, kann aber auch genutzt werden, um Auftraggebern zu erklären, wie Coaching wirkt und welche Voraussetzungen zu beachten sind.

1 Begriff und Ansätze der Evaluation

Nach *Duden Online* (Duden 2013) versteht man unter einer Evaluation eine „sach- und fachgerechte Bewertung". Was bewertet oder wie dabei vorgegangen wird, ist sehr unterschiedlich. Im Folgenden werden kurz zwei verschiedene Ansätze

S. Greif (✉)
Osnabrück, Deutschland
E-Mail: sgreif@uos.de

angesprochen: (1) die Evaluation der Qualität durch Experten und (2) Evaluationsforschung mit wissenschaftlichen Methoden.

1.1 Evaluation der Qualität durch Experten

Heute werden alle möglichen Organisationen und ihre Dienstleistungen durch Experten „evaluiert": Betriebe, Schulen, Hochschulen und ihre Studiengänge, psychotherapeutische Methoden, Gesundheitsprogramme oder die Pflege in Seniorenheimen und die Behandlung in Krankenhäusern. Solche Evaluationen sollen zur Qualitätsüberprüfung und -sicherung dienen sowie als Feedback für gezielte Qualitätsverbesserungen genutzt werden können. Grundlage bilden systematische Datenerfassungen und Auswertungen durch Fachexperten. Für Qualitätsevaluationen in Betrieben müssen die Experten nach den Standards der ISO 19011 als Auditoren für Qualitätsmanagement ausgebildet sein.

Psychotherapeut/innen müssen zur Evaluation ihrer Dienstleistungen bereits ein überprüfbares Qualitätsmanagement durchführen. Im Coaching steht dies noch nicht an, wird aber diskutiert. Im Folgenden geht es primär um Fragen zur Wirksamkeit von Coaching. Daher konzentrieren wir uns auf die zweite Art der Evaluation, die Evaluationsforschung.

1.2 Evaluationsforschung mit wissenschaftlichen Methoden

In ihrer klassischen Einführung definieren Rossi und Freeman (1993, S. 5, freie Übersetzung) Evaluationsforschung als „Anwendung sozialwissenschaftlicher Forschungsmethoden zur Beurteilung der Konzeptualisierung und Gestaltung, Umsetzung und Nützlichkeit sozialer Interventionsprogramme". Wie diese Definition zeigt, beruht hier Evaluation auf wissenschaftlichen Forschungsmethoden und nicht auf Bewertungen durch Experten nach Regeln, etwa den qualitätsbezogen ISO-Normen. Sie dient auch nicht zur Bewertung ganzer Organisationen, sondern nur für spezielle „soziale" (das sind personenbezogene) Interventionen oder Dienstleistungen. Beispiele sind Ausbildungsseminare oder ein Coaching-Programm in einer Organisation. Je nach Evaluationsprojekt und Stand der Methodenentwicklung können unterschiedliche Methoden ausgewählt und eingesetzt werden. Übertragen auf Coaching, bezieht sich die Evaluation auf drei Grundfragen: 1. Konzeptualisierung und Gestaltung, 2. Umsetzung und 3. Nützlichkeit des Coaching-Konzepts oder -Programms. Die meisten Untersuchungen zur Evaluation beschäftigen sich vor allem mit den erzielten Ergebnissen, also mit der Wirksamkeit von Coaching.

2 Kritische Stimmen zur Wirksamkeit von Coaching

Mit zunehmender Verbreitung von Coaching und wenn Coaching-Programme in Organisationen eingeführt werden, steigt voraussichtlich nicht nur die Zahl der zufriedenen Klient/innen, sondern gleichzeitig auch die Zahl der Kritiker.
„Ich brauche kein Coaching!" ist ein oft verwendeter Einleitungssatz für Kritik. Danach folgen verallgemeinernde Urteile, wie: „Wer Hilfe durch ein Coaching braucht, ist nicht fähig, seine Aufgaben selbstständig zu bewältigen." Durch diese Argumentation werden in einem Zuge unsere Klient/innen als unselbstständige, hilfebedürftige Menschen diskriminiert und wir als Coaches gewissermaßen als ihre Sonderpädagogen. Coaching wird damit pauschal als defizitorientierte und problembehaftete Methode eingeordnet. Wir können argumentativ dagegenhalten und Coaching als stärkenorientierte Unterstützung bei der Entwicklung der Potenziale aller Menschen beschreiben. Wir können auf Beispiele für die Nützlichkeit von Coaching für Potenzialträger in Unternehmen verweisen, zum Beispiel auf Coaching von Topmanagern, die sicher nicht unselbstständig sind, oder auf bekannte Unternehmen, in denen Coaching-Programme als *Incentive* von allen Personengruppen, besonders auch von den Besten, nachgefragt werden. Aber Kritiker sind nicht leicht zu überzeugen. Je mehr sie fürchten, dass in ihrer Organisation Coaching flächendeckend angeboten wird, und je mehr sie sich selbst zum Mitmachen gedrängt fühlen, desto drängender und informierter werden sie informell nach negativen Erfahrungen mit Coaching suchen und nach handfesten Beweisen für die Wirksamkeit von Coaching fragen.

Viele Coaches geben sich als „Evaluation" damit zufrieden, dass ihre Dienstleistung nachfragt wird und dass ihre Klient/innen zufrieden sind (De Haan und Duckworth 2012). Der klassische Einwand von Unternehmensleitungen dazu ist, dass es nicht das Hauptziel des Unternehmens sei, Maßnahmen zu finanzieren, die ihre Mitarbeiter/innen lediglich zufrieden und glücklich machen. Diese Kritik an Zufriedenheit als einzigem Bewertungskriterium wurde schon in den 1970er-Jahren vom bekanntesten Evaluationsforscher Donald L. Kirkpatrick (1977) herausgestellt. Wer potenzielle Auftraggeber überzeugen will, Geld für Coaching auszugeben, muss weitere Kriterien und Belege nennen, warum sich eine Investition in Coaching lohnt.

Kirkpatrick (1977) unterscheidet vier Arten von Bewertungskriterien zur Evaluation von Aus- und Weiterbildungen oder anderen Personalentwicklungsmaßnahmen:
1. Reaktionen (durch Zufriedenheitsbefragungen der Teilnehmer/ innen erfassbar),

2. Lernen (z. B. durch Wissenstests überprüf bar), 3. Verhaltensänderungen (können durch Rating-Methoden, im Ideal durch Verhaltensbeobachtungen bewertet werden) und 4. Ergebnisse auf der Organisationsebene (z. B. *Return on Investment*, ROI). Kirkpatricks zentrale *Message* ist, dass es nicht genügt, subjektive Reaktionsdaten zu erheben und daraus auf die Wirksamkeit einer Maßnahme zu schließen. Er fordert, weitere Kriterienarten zu erfassen, im Ideal alle. Er hat dies so eingängig und praxisnah begründet, dass seine Unterscheidungen heute zum Allgemeinwissen in diesem Feld gehören.

3 Coaching als schwer verständliche Dienstleistung und schwieriges Marketingobjekt

Evaluationsstudien, in denen mit multiplen Kriterien positive Ergebnisse durch Coaching nachgewiesen wurden, können als Marketingargument verwendet werden. Untersuchungen zum Marketing von Coaching (Stephan und Gross 2011, S. 168) zeigen allerdings, dass sich 58 Prozent der Personalleiter, wenn sie Coaches suchen, überwiegend und mit Abstand am häufigsten auf informelle, Mund-zu-Mund-Empfehlungen in ihrem Netzwerk stützen. Solche informellen Empfehlungen können sich jedoch bereits nach wenigen Misserfolgen rasch in negative Bewertungen umkehren und sind daher keine verlässliche Grundlage für eine Marketingstrategie. Als praktische Regel im Marketing gilt, dass die Glaubwürdigkeit sich auf realistische Einschätzungen und unabhängige Evaluationen stützt. Ein Beispiel für die Bedeutung solcher Evaluationen liefern die Vergleiche von Produkten und Dienstleistungen durch die Stiftung Warentest. Eine zunehmende Zahl von Kund/innen orientiert sich daran. Was würde wohl herauskommen, wenn diese Organisation verschiedene Coaching-Angebote vergleichend bewerten lassen würde?

Wer Evaluationen durchführt, muss indessen die Besonderheiten der zu bewertenden Ware oder Leistung berücksichtigen. Coaching wird oft als allgemein personenorientierte oder personenzentrierte Beratung definiert. Es dient, wie an anderer Stelle genauer ausgeführt (Greif 2008, S. 52 ff.), den Klient/innen dazu, selbstkongruente Ziele zu erreichen, oder zur bewussten Verhaltensveränderung und Selbstentwicklung. Im Prozess der Coaching-Gespräche werden methodisch und systematisch intensive Reflexionen gefördert. Da sich die Inhalte dieser Reflexionen immer auf Verhalten, Denken und Emotionen der Klient/innen und Personen ihres Umfelds bezieht, ist Coaching vom Gegenstand her in seiner Wissens- und Erfahrungsgrundlage schwerpunktmäßig als eine psychologische Dienstleistung einzuordnen (de Haan und Duckworth 2012), wobei gleichzeitig durch weitere Inhalte sowie den organisatorischen und gesellschaftlichen

Zusammenhang menschlichen Verhaltens Fach- und Feldwissen anderer Disziplinen eine große Bedeutung haben, insbesondere aus der Unternehmensberatung, Betriebswirtschaft, Soziologie und Pädagogik, aber auch aus den Gesundheitswissenschaften. Beim Führungscoaching wird von den Klient/innen zudem oft erwartet, dass Coaches über eigene Führungserfahrung verfügen.

Allgemein betrachtet, gelten Dienstleistungen im Unterschied zu Sachleistungen idealtypisch als immaterielle oder „intangible" Leistungen (von engl. *intangible* und lat. *tangere* = berühren, anfassen), wörtlich im Deutschen ausgedrückt, sind sie also „nicht anfassbar". Eine trennscharfe Abgrenzung von Sach- und Dienstleistungen ist allerdings schwer, wenn komplexe Sachgüter (z. B. Computer, PKW oder Flugzeuge) im Leistungsbündel mit Dienstleistungen vertrieben werden (Meffert und Bruhn 2012, Position 111) oder wenn Dienstleistungen „tangible Bestandteile" haben. Im Coaching werden als „anfassbares" Material (Stifte und Karten, Stühle für Rollenspiele, Figuren für Aufstellungen usw.) verwendet, und es können berührbare materielle Ergebnisse entstehen (z. B. Geld nach erfolgreicher Bewerbung oder Leistungsprämien nach verbesserten Werten der Leistungsbewertung usw.).

Coaching ist eine individualisierte und auf sehr komplexem Wissen basierte personenbezogene Dienstleistung. Sie wird in einem Interaktionsprozess von Coach und Klient/in erzeugt, in den beide Seiten sehr unterschiedliches Wissen einbringen und dort austauschen. Der Coach bringt zum Beispiel sein psychologisches (Erfahrungs-) Wissen und seine Methodenkompetenzen ein und die Klienten ihr praktisches Wissen über sich und die Situation, die sie im Coaching thematisieren. Wie bei anderen auf Interaktionen zwischen Anbieter und Nachfrager beruhenden, wissensbasierten Dienstleistungen werden die Ergebnisse durch förderliche Interaktionsprozesse in Coaching-Gesprächen gemeinsam kreiert, fachlich ausgedrückt: „kokreiert" oder „koproduziert". Die Koproduktion und Immaterialität von Dienstleistungen, insbesondere aber die Komplexität und die Informationsunterschiede zwischen Anbietern und Nachfragenden führen generell zu einer hohen Bewertungsunsicherheit aufseiten der Nachfragenden (Meffert und Bruhn 2012, Position 283).

Meffert und Bruhn (2012) empfehlen insbesondere bei schwer bewertbaren Dienstleistungen systematische Evaluationen und ein permanentes Qualitätsmanagement als Grundlage für das Marketing. Jede einzelne Kundenkritik und Beschwerde soll dabei ernst genommen werden. Erschwerend bei Evaluationen und beim Marketing von Coaching ist zudem die strikte Vertraulichkeit. Coaches und Klient/innen können, ähnlich wie Ärzte oder Psychotherapeut/innen, ohne Einverständnis der Klient/innen nicht offen über einzelne kritisierte Coachings berichten. Coaching wird, wie eingangs dargelegt, *alltagssprachlich mit einer problembehafteten Negativkonnotation* verbunden. Bisher fehlen Studien, welche diese dienstleistungspsychologische Besonderheit berücksichtigen.

Die Bewertungsunsicherheit wird beim Coaching zusätzlich durch den relativ langen Interaktionsprozess und die emotionale Involviertheit der Klient/innen erhöht. Es ist für sie außerordentlich schwer, die intangiblen Ergebnisse differenziert zu erkennen und zu verstehen, wie sie zustande gekommen sind. In ihrem praxisorientierten, dienstleistungspsychologisch fundierten Standardwerk *How to Win the Service Game* heben Schneider und Bowen (1995, S. 95, freie Übersetzung) für solche Dienstleistungen allgemein hervor, dass die Kund/innen eine „realistische Vorinformation über die zu erwartende Dienstleistung" benötigen, damit sie in der Lage sind zu entscheiden, „ob sie eine Koproduktionsrolle übernehmen wollen und wie sie sich dabei verhalten können". Wie die Autoren feststellen, verstärkt diese Vorinformation sowohl die Qualität der Dienstleistung als auch die Wertschätzung und Kundenbindung. Viele Coaches nutzen die ersten Gespräche dafür, die Klient/innen über Coaching zu informieren. Es stellt sich aber die Frage, ob dafür kurze Informationen genügen und ob die Klient/innen, die dringend nach Lösungen suchen, für eine ausführliche Information offen sind. Als praktische Folgerung empfehlen Schneider und Bowen (1995), potenzielle Kund/innen systematisch über die Prozesse und erwarteten Ergebnisse und über ihre Mitverantwortung bei der erfolgreichen Nutzung komplexer Dienstleistungen auszubilden. Bei komplexen Softwaresystemen ist es längst Standard, die Nutzer/innen auszubilden und dadurch zusätzlich zu binden. Auch für Coaching wäre dies durchaus interessant. Wenn die Klient/innen verstehen, wie sie sich im Coaching-Prozess und bei der Umsetzung optimal verhalten können, sind bessere Ergebnisse zu erzielen.

In einem Studienprojekt haben wir ein Einführungsseminar über Coaching konzipiert und mit BWL-Studierenden (als potenziellen zukünftigen Führungskräften) getestet. Besonderen Anklang fand bei den Teilnehmer/innen, dass sie drei (auf Wunsch auch mehr) „Probecoachings" mit Coaching-Profis wahrnehmen konnten. – Solche Seminarmodule sollten Standardbestandteil aller Weiterbildungen von Führungskräften sein. Als Coaching-Wissen sind dafür Coaching-Konzepte, -Methoden und -Qualitätsmerkmale wichtig. Zusätzlich empfiehlt es sich, den Teilnehmer/innen ein Evaluationsmodell über die Wirkfaktoren und erwarteten Wirkungen von Coaching mit Beispielen anschaulich zu vermitteln, damit sie den intangiblen Ko-Kreationsprozess verstehen und die Koproduktion der Ergebnisse optimieren können.

Manche meinen, dass sie als Coach nur für den Prozess verantwortlich seien, für die Umsetzung und Ergebnisse dagegen allein die Klient/innen. Obwohl ja nicht die Coaches das gewünschte Verhalten umsetzen müssen (so wie die Fußballer und nicht der Fußballcoach die Tore schießen), können wir uns als Coach einer Mitverantwortung für schwache Ergebnisse nicht entziehen (wenn die Fußballmannschaft versagt, wird oft der Coach gefeuert). Zwar sind nach unseren

Erhebungen ausgesprochene Misserfolge beim Coaching insgesamt selten (Greif 2008, S. 244 ff.), aber jeder einzelne Fall wird stark beachtet und schnell über informelle Kanäle kommuniziert. Der Leiter der Personalentwicklung eines sehr bekannten Industrieunternehmens erzählte mir, dass er von Coaching wenig halte, nachdem es ein (einziges!) Mal bei einem schwierigen Mitarbeiter im Personalbereich ausprobiert wurde. Der Mitarbeiter war ein Jurist, der durch sehr konfrontatives und häufig rücksichtsloses Verhalten immer wieder Konflikte provoziert hatte. Er wurde zum Coaching „als letzte Chance vor der Kündigung" gedrängt, und einer der bekanntesten deutschen Coaches übernahm den Job. „Der Mitarbeiter hat sein Verhalten nicht geändert ...", meinte der Personalentwickler, und ich erinnere mich wörtlich an seine vernichtende Bewertung: „... und so viel zur Wirksamkeit von Coaching!" Das Beispiel zeigt exemplarisch, wie (vor)schnell und folgenreich informelle negative Bewertungen von Coaching-Ergebnissen sein können. Ich hatte Mühe, den Personalentwickler zu überzeugen, dass seine Bewertung unfair sei, weil anscheinend sehr viel falsch gelaufen war, angefangen von den ungünstigen Voraussetzungen, wonach Coaching mit einem Problemträger statt zuerst bei Potenzialträgern eingeführt wurde und weil die Motivation zur Teilnahme und Veränderung erzwungen wurde, bis hin zur uneindeutigen Kommunikation über die erwarteten Ergebnisse und zur fehlenden gemeinsamen Auswertung. Allerdings trägt wohl auch der Coach eine Mitverantwortung, zumindest dafür, dass er – mit Folgen für den Klienten, sich und seinen guten Ruf – das Coaching übernommen hat.

Für mögliche Einflüsse, die in einer gemeinsamen Auswertung analysiert werden könnten, kann das unten wiedergegebene Coaching-Evaluationsmodell herangezogen werden.

4 Ein umfassendes Coaching-Evaluationsmodell

4.1 Was ist ein Evaluationsmodell?

Ein Evaluationsmodell beschreibt und erklärt alle hypothetisch relevanten Voraussetzungen und Kontextbedingungen, Prozesse und Wirkfaktoren sowie die erwarteten Ergebnisse der Intervention, die untersucht werden sollen. Dabei müssen alle Merkmale und Kriterien oder Konstrukte des Modells unter Berücksichtigung wissenschaftlicher Theorien und Erkenntnisse präzise definiert und Methoden zu ihrer Erfassung angegeben werden. Solche Modelle können als „wissenschaftlich fundierte" Evaluationsmodelle klassifiziert werden. In Abhängigkeit von den finanziellen Mittel und der verfügbaren Zeit der beteiligten

Personen sind pragmatische Auswahlentscheidungen erforderlich, welche Merkmale und Kriterien mit welchen Methoden einbezgen werden können. Soweit möglich, sollen bewährte und nach wissenschaftlichen Gütekriterien (Objektivität, Zuverlässigkeit und Validität) auf ihre Qualität überprüfte Untersuchungsinstrumente verwendet werden. Es empfiehlt sich aber immer, wenigstens stichprobenartig auch offene qualitative Interviews zur Evaluation zu verwenden, in denen die Befragten erfolgreiche und nicht erfolgreiche Beispiele schildern können. Dadurch gewinnt jede Studie an Anschaulichkeit und Nachvollziehbarkeit.

Das bis heute weltweit meistzitierte und oft als Grundlage für Evaluationen herangezogene Modell wurde von Kirkpatrick (1977) publiziert. Da seine Unterscheidungen allerdings eher pragmatisch sind und nicht dem Stand der Forschung entsprechen, hat er im strengen Sinne kein „wissenschaftliches Modell" entwickelt. Die Kriterien werden nicht eindeutig definiert, und Kirkpatrick hat keine Annahmen über ihre erwarteten Zusammenhänge formuliert. Außerdem fehlen Annahmen über Voraussetzungen und Bedingungen.[1]

Das im Folgenden skizzierte Modell ist eine Weiterentwicklung eines früheren Strukturmodells (Greif 2008, S. 273 ff.). Es berücksichtigt Konstrukte eines Mentoring-Evaluationsmodells von Wanberg, Welsh und Hezlett (2003) sowie Skalen nach Ely und Zaccaro (2011).

Abbildung 1 zeigt ein umfassendes Coaching-Evaluationsmodell, das den derzeitigen Stand der Fachliteratur zusammenfasst. Für eine ausführliche Beschreibung der Konstrukte und der Methoden zu ihrer Erfassung wird auf Greif (2013) sowie Theebom et al. (2014) verwiesen. Das Modell kann als Orientierungs- und Wissensgrundlage verwendet werden, um über angemessene und unangemessene Kriterien zur Überprüfung und Bewertung der Wirksamkeit von Coaching systematisch und differenziert zu diskutieren und zu entscheiden. Mit einem umfassenden Evaluationsmodell kann die Wirksamkeit von Coaching gewissermaßen aus der Vogelperspektive betrachtet werden. Die Metaebene ermöglicht einen distanzierteren sachlichen Austausch von Fragen und Argumenten. Den Kritiker in unserem Eingangsbeispiel können wir vermutlich argumentativ eher erreichen, wenn wir uns nicht auf die Ebene begeben, Meinungen und Gegenmeinungen über möglicherweise unselbstständige Mitarbeiter auszutauschen, sondern ihn, von der Metaebene ausgehend, fragen, wie man nach seiner Meinung den Erfolg oder Misserfolg von Coaching erfassen könnte. Vielleicht können wir dabei an die in seinen Antworten genannten Bewertungskriterien anknüpfen? Dann können wir durch weiteres

---

[1] Für eine Darstellung der Diskussion und Kirkpatricks Eingeständnis, dass die Kritik an seinem Konzept berechtigt ist, sei auf Greif (2013) verwiesen.

Wie wirksam ist Coaching? Ein umfassendes Evaluationsmodell…

Voraussetzungen	Coaching-Prozess	Kurzfristige Ergebnisse		Langfristige Ergebnisse
		Allgemeine Kriterien	*Spezifisch für Coaching*	*Individuell*
Merkmale der Coachs - Coachingschule und -ausbildung sowie bevorzugte Methoden - Professionelle Kompetenzen und fachliche Glaubwürdigkeit - Selbstwirksamkeit - Vorherige Klärung der Erwartungen der Klient/innen	**Coaching-Beziehung** - Gegenseitiger Respekt und Vertrauen - Auf Augenhöhe - Coach hat keine den Klient/innen hierarchisch übergeordnete Position mit Entscheidungsmacht über sie - Vertraulichkeit	**Klient/in** - Zufriedenheit - Zielerreichung und Zielzufriedenheit - Verringerung negativer Affekte, Angst, Stress und Depressivität - Verbesserung des allgemeinen Wohlbefindens oder der Gesundheit - Höheres Selbstwertgefühl	**Klient/in** - Zielklarheit und -konkretheit - Struktur, -Prozess und Ergebnisqualität - Emotionale Klarheit - Ergebnisorientierte Problem- und Selbstreflexion - Selbstwirksamkeit - *PerspectiveTaking Capacity* - Leistungs- und Verhaltensverbesserungen (z.B. Führungsverhalten) - Kompetenzen und Eigenschaften	**Klient/in** Extrinsisch: - Beruflicher Aufstieg - Leistungsvergütungen Intrinsisch: - Arbeitszufriedenheit - Berufliches Commitment und Karrierezufriedenheit - Stressbewältigung und Gesundheit - Work-Life-Balance - Lebenszufriedenheit
Merkmale der Klient/innen - Vorwissen über Coaching und realistische Erwartungen - Optimismus - Selbstwirksamkeit - Veränderungsmotivation - Ausdauer	**Verhaltens des Coachs** - Selbstsicheres Verhalten - Wertschätzung und emotionale Unterstützung - Affektkalibrierung - Ergebnisorientierte Aufgaben-, Problem-und Selbstreflexion - Zielklärung - Ressourcenaktivierung - Umsetzungsunterstützung	**Coach** - Zufriedenheit - Allgemeines Wohlbefinden - Selbstwertgefühl	**Coach** - Selbstreflexion - Erfahrungswissen - Professionelle Kompetenzen	**Coach** - Bekanntheit und Anerkennung - Vergütung/Einnahmen - Beruflicher Erfolg - Fachliche Glaubwürdigkeit - Befriedigung der eigenen Helferbedürfnisse
Organisationale Voraussetzungen - Genügend Zeit und Geld - Programmankündigung - Akzeptanz des Programms - Auswahl und Matching der Coachs - Teilnahme von *high potentials*	**Merkmale und Verhalten der Klient/innen** - Offenheit - Reflexivität - Zunehmender Optimismus - Zunehmende Selbstwirksamkeit - Selbstmotivierung - Ausdauer	**Organisation** -Zielerreichung bei organisationalen Zielen -Zufriedenheit mit dem Coaching-Programm -Einhaltung des Zeit- und Kostenrahmens	**Organisation** - Teamverhalten und -leistungen - Konfliktmanagement	**Organisation** - Organisationsklima und -kultur - Führungsverhalten in der Organisation - Leistungen/ Produktivität - Effizienz - Kostenverringerungen - Wirtschaftliche Erträge

Organisationaler Kontext
- Organisationskultur
- Tansferklima (Förderung der Umsetzung)

Abb. 1 Coaching-Evaluationsmodell (aktualisiert nach Greif 2013)

Fragen gemeinsam Erwartungen über die Wirkungen von Coaching bei verschiedenen Zielgruppen (nicht nur bei den Unselbstständigen) erarbeiten und ihn schließlich realistisch über den Stand der Wirksamkeitsforschung informieren.

Voraussetzungen und organisationaler Kontext

Ely und Zaccaro (2011) heben die große Bedeutung der Voraussetzungen für die Wirksamkeit von Coaching hervor und kritisieren, dass sie bisher zu wenig beachtet werden. Im Modell in Abb. 1 werden verschiedene Arten hypothetisch förderlicher Voraussetzungen unterschieden, Merkmale der *Coaches* und der *Klient/innen* sowie *organisationale Voraussetzungen*. Mit dem *organisationalen Kontext* wird auf weitere Voraussetzungen hingewiesen, die hypothetisch nicht nur vor der Einführung der Intervention, sondern besonders während ihrer Durchführung aufrechterhalten werden müssen. In Abb. 1 werden bei den Voraussetzungen und den folgenden Prozessen und Ergebnissen zur besseren Übersicht vereinfachend nur wenige Merkmale oder Konstrukte aufgeführt, für die es bereits Hinweise durch Untersuchungen gibt. Beispiele für günstige Voraussetzungen, die Coaches mitbringen sollten, sind ihre professionellen Kompetenzen und ihre fachliche Glaubwürdigkeit.

In der bisher größten internationalen Erhebung über Coaching mit 1.100 Coaches und 1.800 Coaching-Klient/innen haben Pager und De Haan (2014) einen Zusammenhang zwischen der Selbstwirksamkeitsüberzeugung der Coaches und dem von ihnen selbst und dem Klient/innen eingeschätzten Erfolg des Coachings nachgewiesen. Als Selbstwirksamkeitsüberzeugung wird die subjektive Sicherheit bezeichnet, ein gewünschtes Zielverhalten umsetzen zu können. Sie wird durch Fragebogenskalen erfasst. Es ist psychologisch sehr plausibel, dass dies eine positive Auswirkung auf die Ergebnisse des Coachings hat, denn sie gilt als gut bestätigte förderliche Voraussetzung der Leistungsmotivation.

Es gibt aber anscheinend auch ungünstige Voraussetzungen. So haben Blackman und Carter (2014b) in einer ebenfalls sehr großen und internationalen Befragung der James Cook University (Australien) und dem britischen Institute for Employment Studies (IES) von 644 Coaching-Klient/innen aus insgesamt 34 Ländern gefunden, dass die Klient/innen als größtes Erfolgshindernis des Coachings anscheinend die Person oder das Verhalten des Coachs ansehen. In den Coaching-Schulen werden ja sehr unterschiedliche konzeptuelle Grundlagen und Methoden bevorzugt (Greif 2014) und in den Ausbildungen vermittelt. Eine vergleichende Untersuchung der Ergebnisse der Schulen und Ausbildungen wäre de-shalb naheliegend.

Bei den Klient/innen ist vermutlich ihr Vorwissen über Coaching, ihre Veränderungsmotivation und Ausdauer beim Verfolgen ihrer Ziele förderlich. Diese Voraussetzungen werden im Allgemeinen durch Befragungen (Fragebögen oder Interviews) erhoben. – Zweifellos gibt es viele weitere förderliche und hinderliche Merkmale der Klient/innen, die berücksichtigt werden könnten, wie etwa die in das Coaching mitgebrachte Selbstwirksamkeitsüberzeugung, dass sie die Ziele, unterstützt durch Coaching, erreichen können. Diese und weitere potenziell relevante Einzelmerkmale zu diesem Unterbereich des Modells sowie den übrigen Bereichen können nicht sämtlich erwähnt werden. Für einzelne Evaluationsvorhaben empfiehlt es sich, sie je nach Themenstellung und Zielsetzung gezielt zusammenzustellen.

Zu den förderlichen *organisationalen Voraussetzungen* vor dem Coaching und den *Kontextbedingungen* im Verlauf gibt es bisher nur Vorstudien. Die Merkmale im Modell wurden nach theoretischen Überlegungen und aus anderen Evaluationsmodellen übernommen (Greif 2013). Wie oben dargelegt, empfiehlt es sich, Coaching in der Organisation zuerst bei Potenzialträgern und niemals als „letzte Chance vor der Kündigung" einzuführen. Als weitere Voraussetzung wäre bei den Kontextbedingungen das Transferklima (Förderung der Umsetzung des Gelernten durch das Umfeld) hervorzuheben. Wenn zum Beispiel die Mitarbeiter/innen die im Coaching erarbeiteten Ansätze ihres jungen Chefs, sein Führungsverhalten zu verbessern, misstrauisch negativ bewerten oder sogar lächerlich machen, wäre eine erfolgreiche Umsetzung dieser Coaching-Ziele für ihn sehr schwer. In der Trainingsforschung werden solche Transferbarrieren, aber auch Unterstützungen durch Fragebogenskalen ermittelt (Baldwin und Ford 1988; Holton et al. 2000).

4.2 Coaching-Prozess

Als günstige Merkmale im Coaching-Prozess umfasst das Modell klassische Konstrukte zur *Coaching-Beziehung* wie gegenseitiger Respekt und Vertrauen. Zum *Verhalten des Coaches* in den Coaching-Gesprächen (Holton et al. 2000) werden sogenannte Wirkfaktoren aufgeführt. Sie wurden, teilweise angelehnt an die sogenannten Therapeutenvariablen der Psychotherapieforschung, durch Verhaltensbeobachtungen von Coaches in Coaching-Sitzungen untersucht. An anderer Stelle werden dazu erste Ergebnisse der Coachingforschung zusammengefasst, die auf Verhaltensbeobachtungen oder Transkripten von Coachiunggesprächen beruhen (Greif et al. 2012; Greif und Schubert 2015). Ein Beispiel ist wertschätzendes und emotional unterstützendes Verhalten des Coaches, anscheinend ein grundlegender Wirkfaktor. Um Ergebnisse zu erzielen, ist es förderlich, wenn der Coach den Klient/innen gezielt hilft, ihre Ressourcen zu erkennen und zu aktivieren (methodische „Hilfe zur Selbsthilfe"), und wenn er systematisch, gegebenenfalls über einen längeren Zeitraum, ihre Umsetzungsversuche unterstützt.

Die erwähnte große internationale Online-Befragung von De Haan und Pager (2013, Page und De Haan 2014) stützt sich auf parallele Befragungen der Klient/innen und Coaches zum Coachingprozess. Bemerkenswert ist, dass die Klient/innen und Coaches ähnliche Einschätzungen zu den Ergebnissen und zur Beziehung von Coach und Klient/in abgeben. Zusammenfassend betrachtet, ist eine wertschätzende Beziehung nach den in der Studie gefundenen Korrelationen mit den Coachingergebnissen zwar durchaus förderlich, stärkere Zusammenhänge zeigen sich jedoch, wenn Coach und Klient/in als Tandem aufgaben- oder zielorientiert zusammenwirken. Dies bekräftigt die Bedeutung der in unseren Beobachtungsstudien gefundenen und in Abb. 1 hervorgehobenen Ergebnisorientierung bei der Reflexion über Aufgaben und Probleme und die Bedeutung der Zielklärung.

Es gibt zahlreiche Merkmale der *Klient/innen* (Motivation, Persönlichkeitseigenschaften, Fähigkeiten und Potenziale, Erfahrungswissen, Kompetenzen usw.), die anscheinend für den Coaching-Prozess und die Ergebnisse günstig sind. In Abb. 1 werden nur einige erwähnt, zu denen Studien vorliegen (Greif 2013). Nach Erkenntnissen aus der Coaching-Forschung befördert wiederum die Selbstwirksamkeitsüberzeugung den Prozess, wird aber auch als Ergebnis des Coachings gefunden.

Noch ist wenig erforscht, wie die Ergebnisse im Coaching durch beobachtbare *Interaktionsprozesse* und *Zusammenwirkfaktoren* von Coach und Klient/in kokre-iert werden. Für eine Zusammenfassung zum Stand der Interaktionsprozessanalysen und für linguistische Analysen von Transkriptionen von Coaching-Gesprächen wird auf Greif et al. (2012) sowie Greif und Schubert (2015) verwiesen.

4.3 Ergebnisse des Coachings

Studien von Unternehmensberatern (Anderson und Anderson 2005) versprechen durch Coaching eine traumhafte Steigerung des *Returns on Investment* (ROI) von 689 Prozent. Solche Zahlen sind allerdings nicht ernst zu nehmen. Sie beruhen auf problematischen, subjektiven Schätzwerten, wie Grant et al. (2010; vgl. auch Greif 2013) aufweisen. Im Prinzip wäre es denkbar, spezielle Coachings zu entwickeln, die Manager gezielt beim Erreichen ihrer wirtschaftlichen Zielvorgaben unterstützen. Bei üblichen Coachings werden von den Klient/innen wirtschaftliche Verbesserungen nur selten als kurzfristige Ergebnisse genannt (Greif 2008, S. 242 ff.). In Verbindung mit komplexen organisationalen Veränderungen können Coachingmethoden anscheinend durchaus zur Förderung der konsequenten Umsetzung anscheinend zur Verbesserung wirtschaftlicher Kennziffern oder erhöhten Kundenakquisition beitragen, wie eine Feldstudie im Bankenbereich zeigt (Greif und Benning 2015). Darüber hinaus ist es langfristig durchaus plausibel, dass Coaching einen partiellen Einfluss auf wirtschaftliche Erträge oder Kostenverringerungen hat, zum Beispiel über ein Führungsverhalten des Klienten, das seine Mitarbeiter/innen anhält, mehr auf wirtschaftliche Ziele zu achten, oder über Konfliktcoaching mit Verringerung der Konfliktkosten als Folge. Es ist deshalb wichtig, zwischen kurz- und langfristigen Ergebnissen zu unterscheiden. Zu *langfristigen Ergebnissen* von Coaching gibt es allerdings bisher kaum Studien.

Bei den *kurzfristigen Ergebnissen* unterscheidet das Modell zwischen *allgemeinen Kriterien* und solchen, die *spezifisch für Coaching* sind. Zur ersten Gruppe zählen Kriterien, die auch zur Evaluation von anderen Dienstleistungen geeignet sind. Ratings zur Zufriedenheit und Zielerreichung zählen zu den gebräuchlichsten und werden auch in der Evaluation von Coaching verwendet. Beispiele für Kriterien, die besonders typisch für Coaching sind, wären beispielsweise Zielklarheit, auf diese Ziele bezogene Selbstwirksamkeitsüberzeugung, ergebnisorientierte Selbstreflexion und die besonders für die Mitarbeiterführung wichtige Fähigkeit, die Perspektiven anderer Personen einzunehmen. Als qualitative *Selbstevaluationsmethode zur gemeinsamen Reflexion* der Ergebnisse durch Klient/in und Coach mit Kartentechnik empfehlen wir Coaches, in der Abschlusssitzung den *Coaching Explorer* zu verwenden.[2] Er dient nicht nur als Feedback und zur Evaluation, sondern hilft auch Klient/innen und Coach, den intangiblen Ko-Kreationsprozess besser zu verstehen und zu kommunizieren. In einer laufenden Studie überprüfen wir, ob mit der Methode, wie erwartet, eine hohe Empfehlungsbereitschaft der Klient/innen erzielt werden kann.

In Abb. 1 werden auch hypothetische kurzfristige *Wirkungen auf die Coaches* und *die Organisation* aufgeführt. Sie sind noch weitgehend unerforscht, sollten aber im Sinn der *Message* von Kirkpatrick (1977) künftig berücksichtigt werden.

5   Aktueller Stand der Evaluation der Wirksamkeit von Coaching

Zur Gesamteinschätzung der Wirksamkeit von Coaching werden in vielen Untersuchungen als allgemeine Ergebniskriterien Ratings zum Zielerreichungsgrad oder Erfolg des Coachings oder zur Zufriedenheit mit dem Coaching oder der

---

[2] Leittext auf den Internetseiten des Autors.: www.home.uni-osnabrueck.de/sgreif/downloads.html [26.4.2013].

Zielerreichung verwendet. Nach der erwähnten großen internationalen Befragung von 644 Coaching-Klienten von Blackman und Carter (2014a) schätzen 89 Prozent Coaching insgesamt als erfolgreich ein.

Die Coaching-Forschung hat in den letzten Jahren exponentiell zugenommen. Das zeigt sich auch in der zunehmenden Zahl von Reviews zum Forschungsstand (als Auswahl siehe Grant et al. 2010; Greif 2008, S. 212 ff.; Künzli 2009). Aber wenn wir nach Studien suchen, die den höchsten Qualitätsstandards genügen, gibt es nach der aktuellsten Zählung bisher noch nicht einmal zwanzig „robuste quantitative Untersuchungen zur Wirksamkeit von Coaching" (De Haan und Duckworth 2012, S. 7, freie Übersetzung). Gemeint sind damit sogenannte „Randomized Control Trials" (RCT; randomisierte kontrollierte Studien), das sind Untersuchungen, in denen die Wirkungen von Coaching mit Kontroll- oder Vergleichsgruppen überprüft wurden, wobei die Zuweisung zu den Gruppen per Zufall („randomisiert") erfolgte. Sie werden auch als „Goldstandard" der Evaluation bezeichnet.

Sehr kurz zusammengefasst, sind die Ergebnisse dieser Studien so heterogen wie die untersuchten Coachings und die dabei erfassten Kriterien. Ein Projekt zeigt dieses, ein anderes jenes Ergebnis. Wenn vergleichbare Untersuchungsmethoden und -kriterien verwendet wurden, sind die Ergebnisse nicht immer konsistent. In mehreren RCT-Studien zeigen sich übereinstimmend nach Coaching lediglich ein hoher Zielerreichungsgrad und hohe Zufriedenheit der Klient/innen, eine Verringerung des negativen Befindens sowie Verbesserungen des allgemeinen Wohlbefindens oder der Lebenszufriedenheit und eine Steigerung der Selbstwirksamkeitsüberzeugung. Wie De Haan und Duckworth (2012) zusammenfassen, zeigen die Ergebnisse immerhin, dass Coaching wirkt. Die Effekte sind abericht sehr stark und im Vergleich schwächer als die in RCT-Studien zur Wirkung der Psychotherapie.

Die erste Metaanalyse mit RCT-Studien zur Wirksamkeit von Businesscoaching in Organisationen wurde von Theebom et al. (2014) veröffentlicht. Sie beziehen dabei nur Studien mit externen Coaches ein. Coachings durch Vorgesetzte werden ausgeschlossen, weil hier eher geschönte subjektive Bewertungen der Mitarbeiter befürchtet werden. Bei den Ergebnissen unterscheiden sie fünf Merkmalsbereiche (überwiegend durch subjektive Skalen erfasst): (1) Verhalten/Fertigkeiten (performance/skills, z. B. Verkaufszahlen, Leistungseinschätzungen durch Vorgesetzte oder Fragebogenskalen zum, Führungsverhalten), (2) Wohlbefinden (Fragebogenskalen zum allgemeinen Wohlbefinden, Stress, Depression, Angst und Burnout), (3) Coping mit gegenwärtigen oder zukünftigen

Arbeitsanforderungen und Stressoren (z. B. Fragebögen zur Selbstwirksamkeitsüberzeugung und Achtsamkeit), (4) Einstellungen zur Arbeit und Organisation (z. B. Arbeitszufriedenheit, organisationales Commitment und Zufriedenheit mit der beruflichen Entwicklung) und (5) zielorientierte Selbstregulation (vor allem Ratings zum Zielerreichungsgrad). Mehrere dieser Merkmalsgruppen fassen sehr heterogene Einzelmerkmale zusammen (beispielsweise Coping). Die Merkmalsbereiche wurden deshalb nicht alle in Abb. 1 übernommen, sondern finden sich dort bei den Ergebnissen als Einzelmerkmale wieder.

In ihrer Analyse haben Theebom et al. (2014) insgesamt 18 Untersuchungen berücksichtigt (8 RCT-Studien mit randomisierten Kontrollgruppen, 6 mit nicht-randomisierten Vergleichsgruppen und 4 nur an einer Stichprobe mit Vorher-Nachher-Messungen). Sie bemängeln das Fehlen von Untersuchungen mit objektiven Leistungsdaten. Insgesamt zeigen ihre zusammenfassenden Analysen durchweg signifikante positive Wirkungen des Coachings in allen Merkmalsgruppen. Die niedrigsten, aber durchaus als stark zu bewertenden Effekte fanden sich im Bereich Coping ($g = 0{,}43$) und die höchsten in der Gruppe mit den Einschätzungen zum Zielerreichungsgrad ($g = 0{,}74$). Die Autor/innen folgern deshalb, dass Coaching ein effektives Werkzeug zur Verbesserung der erfassten Merkmale von Individuen in Organisationen ist. Allerdings ist die Wirksamkeit zwischen den Studien sehr unterschiedlich stark.

Eine zweite, allerdings als Konferenzvortrag bisher weniger genau dokumentierte Metaanalyse von Executive Coaching haben Jones et al. (2015) präsentiert. Sie umfasst 24 Untersuchungen. Die Effektstärken zur insgesamt eingeschätzten Wirkung von Coaching liegen hier durchschnittlich niedriger ($d = 0{,}35$), als bei Theebom et al. (2014). Interessant ist, dass die internen Coaches deutlich stärkere Effekte erzielen ($d = 0{,}69$), als die externen ($d = 0{,}19$). Leider wird dabei nicht angegeben, inwieweit dabei auch Coachings durch Vorgesetzte einbezogen werden. Auch in dieser Analyse zeigen sich wiederum sehr unterschiedliche starke Effekte zwischen den verschiedenen Untersuchungen. Wenn Business- oder Executive Coaching nach diesen beiden Metaanalysen im Allgemeinen wirkt, müssen wir mit großen Unterschieden zwischen Coachings rechnen. Es besteht noch erheblicher Klärungsbedarf, worauf diese Unterschiede in der Wirksamkeit zurückzuführen sind. Naheliegend wäre, dass dies an unterschiedlichen Coachingausbildungen mit den jeweils bevorzugten, sehr unterschiedlichen Methoden liegt (Greif 2014). Möglich ist aber auch, dass organisationale Kontextbedingungen, wie das Transferklima dafür verantwortlich sind.

6   Situation und Perspektiven

Wie dargestellt, ist Coaching eine außerordentlich komplexe, schwer zu fassende und zu bewertende, besondere Dienstleistung. Dies macht es für potenzielle Klient/innen und Auftraggeber sehr schwierig, die Qualität von Coaching und Coaches zu bewerten. „Coach" ist keine geschützte Berufsbezeichnung, und die Möglichkeit, sich selbst zum Coach zu ernennen, hat unqualifizierte Coaching-Anbieter und Scharlatane auf den Plan gerufen, die die Profession in Misskredit bringen. Es gibt mittlerweile eine kaum noch überschaubare Zahl von Coaching-Ausbildungen unterschiedlichster Art und Richtungen (Greif 2014). Eine abgeschlossene Ausbildung bietet nicht unbedingt Gewähr für Qualität. Es ist verständlich, wenn Entscheidungen zur Auswahl von Coaches heute noch vorwiegend auf informellen Empfehlungen beruhen (Stephan und Gross 2011). Aber dies kann nicht ernsthaft als alleinige Grundlage für Qualitätsentscheidungen empfohlen werden. Die bestmögliche Grundlage für Entscheidungen über Coaching-Investitionen auf der Basis von transparenten, objektivierbaren, zuverlässigen und validen Informationen liefern gezielte Untersuchungen zur Evaluation mit wissenschaftlichen Methoden. Wie in der Darstellung zusammengefasst, können Untersuchungen zur Überprüfung der Wirksamkeit eines Coaching-Programms in einer Organisation durchgeführt werden, dienlich sind aber auch einfache Methoden, mit denen Coaching-Anbieter oder einzelne Coaches ihre Coachings selbst evaluieren können. Coaches können sich mit ihren Klient/innen auch an Forschungsprojekten beteiligen und dieses Engagement auf ihren Internetseiten zu Marketingzwecken verwenden. Durch regelmäßige, wissenschaftlich fundierte Evaluation ihrer Coachings grenzen sich professionelle Coaches von den vielen unseriösen Coaching-Anbietern ab, die es auf dem Markt gibt. Nichts müssen Scharlatane mehr fürchten als eine wissenschaftliche Evaluation.

Die dargelegten Argumente sprechen für mehr Coaching-Evaluationsforschung. Nahezu alle nationalen und internationalen Coaching-Verbände betonen ihre Bedeutung für die Profession. Man müsste deshalb erwarten, dass es leicht ist, Coaching-Anbieter für die Coaching-Forschung zu gewinnen. Die Erfahrungen von Wissenschaftler/innen oder Praktiker/innen zeigen aber, dass es ausgesprochen mühselig ist, eine minimal genügende Zahl von Untersuchungsteilnehmer/innen für solche Evaluationsstudien zusammenzubekommen. Möglichkeiten, Teilnehmer/innen zu gewinnen, sind Rundmails der Verbände an alle Mitglieder mit Bitte um Unterstützung (nach Überprüfung der Qualität des Projektvorhabens), Rundmails bekannter großer Coaching-Ausbildungen an ihre Absolvent/innen oder der Coaching-Newsletter von Rauen mit über 30 000 Abonnent/innen. In mir bekannten Fällen fanden sich trotzdem nur Einzelne bereit mitzumachen. Erik De Haan (Ashridge Consulting, UK) hatte mich Anfang 2013 gebeten, ihm zu helfen, für seine zitierte interntionale Online-Befragungen von Coaches und Klient/innen (DE Haan und Pager 2014) mehr Coaches und Klient/innen aus Deutschland zu werben, weil hier die Beteiligung trotz Veröffentlich des Vorhabens im CoachingMagazin extrem gering war. Rundmails des DBVC und im Rauen-Newsletter sowie persönliche Mails von mir an Klient/innen und Coaches haben in Deutschland jedoch nur eine enttäuschende Steigerung der Beteiligung von vorher 50 auf 70 Personen gebracht, fast alle durch meine (nur wenigen) Klient/innen und aus der von mir gerade laufenden Coaching-Ausbildung.

6.1 Zu wenig Zeit oder Akzeptanzprobleme durch Klient/innen?

Was sind mögliche Gründe für die offenkundigen Schwierigkeiten, im Coaching-Feld Teilnehmer/innen für Evaluationsforschung zu gewinnen? Ist der Zeitaufwand für die Klient/innen zu hoch? Sind sie nicht bereit, bei dieser persönlichvertraulichen Intervention mitzumachen? Beide Fragen können meines Erachtens eindeutig mit „Nein" beantwortet werden. Für das Ausfüllen des Online-Fragebogens von De Haan benötigten die Klient/innen nur etwa fünfzehn Minuten (dass er englischsprachig ist, war nach meinen Erfahrungen auch in Deutschland kein ernsthaftes Hemmnis). Alle von mir angefragten Klient/innen haben sich sofort zur Teilnahme bereit erklärt.

Ablehnung der Coachingforschung durch Klient/innen ist kein unüberwindliches Hindernis. Das bestätigt sich besonders in Studien mit zeitlich aufwendigen Befragungen. Uwe Böning (2015) hat in seiner Studie zum Coaching von etwa achtzig Top-, Senior- und Mittelmanagern eine Batterie von Standardfragebögen (Persönlichkeits-, Motivations- und Selbstwirksamkeitsfragebögen usw.) vor und nach dem Coaching eingesetzt. Selbst Topmanager haben sich zweimal über vierzig Minuten Zeit genommen, die Fragebögen auszufüllen (von plausiblen Ausnahmen abgesehen). Natürlich hat Böning erklärt, wozu sie dienen, und mit ihnen im Coaching die jeweiligen Ergebnisse reflektiert. Wie er festgestellt hat, wurde durch die Methoden die Akzeptanz und Qualität der Coachings seines Unternehmens positiv beeinflusst.

6.2 Geringe Bereitschaft von Coaches?

Nach unseren Beobachtungen sind – zumindest in Deutschland – Coaches anscheinend die größere Barriere für die Coaching- und Evaluationsforschung. Ich habe darüber mit Erik De Haan eine E-Mail-Diskussion (Februar 2013) geführt. Wie er meint, gibt es zwar öffentlichen Druck auf Coaches, dass sie nachweisen sollen, dass Coaching Wirkungen erbringt, aber der Druck ist nach seiner Einschätzung viel geringer als etwa in der Psychotherapieforschung, wo exakte Forschung eine *Notwendigkeit* darstellt und wo in solche Forschung Millionen von Dollars investiert werden.

Nach Diskussion auf Tagungen und mit vielen Coaches vermute ich, dass es ein Bündel unterschiedlicher Gründe gibt, warum Coaches wenig Bereitschaft zur Mitwirkung an einer wissenschaftlichen Evaluation ihrer Coachings zeigen: Bemerkenswert ist, dass Coaches selbst oft zuerst anführen, dass manche Coaches Angst vor schlechten Bewertungen haben. In mehreren Diskussionen wurde dann aber sehr heftige Kritik an der Praxisferne und Arroganz der Wissenschaftler/innen geübt. Deutlich artikuliert wurde oft auch grundlegende Skepsis gegenüber allen quantitativen Methoden oder gegenüber empirisch-wissenschaftlichen Untersuchungen. Die Auseinandersetzungen zwischen qualitativ und quantitativ ausgerichteter Forschung und zwischen Radikalem Konstruktivismus und Empirismus, Wissenschaftsauffassungen werden heute in ihrer Gegensätzlichkeit kaum noch explizit vertreten (Greif 2011) und ist bei Klient/innen und Auftraggebern kaum noch anschlussfähig. Sie schwelen anscheinend aber im Untergrund weiter, wie immer wieder heftig aufflammende Argumente zeigen, in denen die alten Gegner wie früher attackiert werden. Bei Nachfragen mag sich allerdings kaum noch jemand ausdrücklich auf die so attackierten Positionen berufen. Die Frage stellt sich, ob es diese früheren Gegnerschaften heute noch gibt. Wenn das alte Streitritual aber unvermindert offensiv weitergeführt wird, belastet es die generelle Akzeptanz und Wertschätzung wissenschaftlicher Leistungen und eine methodenoffene Bereitschaft zur Zusammenarbeit in der Forschung.

6.3 Zur Bedeutung von Evaluationen für die Coaching-Pioniere und ihre Nachfolgegenerationen

Als alter Beobachter der Coaching-Szene in Deutschland und anderen Ländern vermute ich, dass wichtige weitere Gründe für die geringe Beteiligung mit der Geschichte der Profession und den Interessen und Konzepten der Coaching-Pioniere und ihrer Nachfolger/innen zusammenhängen. Die Entwicklung und Verbreitung der heutigen Coaching-Konzepte haben wir Praktiker/innen zu verdanken, die frühzeitig den Bedarf erkannt haben. Sie haben Methoden aus ihrer Beratungsarbeit für die Unterstützung einzelner Ratsuchender adaptiert und zu speziellen Dienstleistungskonzepten weiterentwickelt. Sie konnten auf ihre Innovationen stolz sein und sich als Pioniere sehen. Die Konzepte der Pioniere sind erfahrungsbasiert, greifen dabei aber die in dieser Zeit existierenden wissenschaftlichen Richtungen und Positionen auf (Greif 2014). Durch ihre Erfolge beflügelt, haben sie sich aber nicht für eine wissenschaftliche Evaluation ihrer Arbeit interessiert. Es genügte ihnen, dass die Nachfrage nach Coaching stark zunahm und ihre Kund/ innen zufrieden waren. Wozu braucht man Wissenschaft und Forschung, wenn es auch ohne sehr gut läuft und die Kund/innen und Kursteilnehmer/innen die eigenen Konzepte ohne Evaluationsforschung fast wie wissenschaftliche Theorien ansehen? Die zweite Nachfolgegeneration in Deutschland hat sich in verschiedene, teilweise sehr kleine Coaching-Schulen ausdifferenziert, die sich überwiegend selbstreferenziell weiterentwickeln und noch weiter von der Wissenschaft entfernt haben, ja sogar auch von anderen Schulen abgrenzen sowie, von internationalen Entwicklungen im Coaching. An internationalen Coaching-Konferenzen nimmt von den Coaches unserer lokalen deutschen Coaching-Schulen kaum jemand teil.

Heute befindet sich Coaching in einer Art Übergangsphase. Die von den Pionieren ausgebildete zweite Nachfolgergeneration versucht, nach ähnlichem Muster selber auch Coaching-Konzepte und -Methoden zu erfinden und – nicht immer erfolgreich – unter eigenen Markenzeichen zu propagieren. Als Folge ist heute, abgesehen von einigen großen Schulen, eine konzeptionell sehr zersplitterte Szene von Coaching-Konzepten und -Ausbildungen entstanden.

Die heranwachsende dritte Coaching-Generation wird Fragen zum nachweisbaren Nutzen ihres Coachings mit quantitativen Daten möglichweise nicht mehr so leicht ausweichen können und auch weniger grundsätzlich diskutieren mögen. Dies zeigte sich bei einer Einladung zur Diskussion mit den Teilnehmer/innen eines Jahrgangs des Masterstudiums zum Business Coaching und Change Management der EURO-FH Hamburg, der für Berufspraktiker/innen angeboten wird. Unternehmen, die über Investitionen mit Sorgfalt entscheiden müssen, werden sich nicht mit dem Argument abfinden, dass die Coaching-Klient/innen mit dem Coaching zufrieden sind oder die Coaches nach informellen Auskünften einen guten Ruf haben. Sie erwarten vom Coaching nachweisbar nützliche Ergebnisse, die sich nicht nur, aber auch mit gängigen Wirtschaftlichkeitskennziffern belegen lassen und müssen dies zum Maßstab ihrer Investitionsentscheidungen machen. Dies ist eine große Herausforderung für Praxis *und* Coachingwissenschaft, die gemeinsam durch eine Zusammenarbeit auf Augenhöhe bestanden werden kann. Wie das möglich ist, zeigt ein mit einem goldenen „internationalen deutschen Trainerpreis 2014" des BDVT honorierte Best-Practice-Beispiel der Coaches der

Unternehmensberatung zeb (Greif und Rohnke 2015). In einer Großbank wurde ein neues Tool zur Kundenberatung, verbunden mit einem wissenschaftlich fundierten ergebnisorientiertem Coaching zur Begleitung der praktischen Umsetzung eingeführt. Die Profitabilität hat sich von vorher 92 auf nachher 118 % verbessert, der Kundenzuwachs sogar um 105 % von 38 auf 78 %.

Mit der weiter ansteigenden Zahl der Coaching-Schulen und Coaches nimmt der Wettbewerb zwischen ihnen zu. Mittlerweile treten – besonders an den Universitäten englischsprachigen Länder – Coaches als Wettbewerber in den Vordergrund, die keine lokalen, sondern ausgeprägt international und wissenschaftlich fundierte Coaching-Konzepte als *Third Generation Coaching* propagieren und in ihrer Ausbildung vermitteln.[3]

6.4 Es muss ein Ruck durch die Coaching-Verbände gehen!

Eine der bekanntesten Reden eines Nachkriegspräsidenten der Bundesrepublik Deutschland ist die *Berliner Rede* von Roman Herzog am 26. April 1997 zum „Aufbruch ins 21. Jahrhundert". Damals galt Deutschland aufgrund einer zurückgehenden wirtschaftlichen Dynamik und hoher Erwerbslosigkeitsziffern noch als

„der kranke Mann in Europa". Dies und die Reformblockaden sowie der Rückgang der Innovationen wurde auch von Herzog als bedrohlich eingeschätzt. Berühmt geworden ist sein Satz „Durch Deutschland muss ein Ruck" gehen, mit dem er zukunftsfähige Veränderungen einforderte. Die Rede wird seither als „Ruck-Rede" bezeichnet.[4]

Ich wünsche mir, dass Vorsitzende der Coaching-Verbände solche Ruck-Reden halten und die Coaches bewegen, eine wissenschaftlich fundierte Evaluation ihrer Coachings als Feedback für Verbesserungen der Wirksamkeit unserer Profession nicht zu blockieren, sondern sich einen Ruck zu geben und sie nachhaltig zu fördern.

---

[3] Siehe www.1to1coachingschool.com/coursecontent.htm [8.5.2013].
[4] Leittext auf den Internetseiten des Autors, siehe www.home.uniosnabrueck.de/sgreif/downloads.html. [31.5.2013].

Literatur

Anderson, Dianna L., & Anderson, Merrill C. (2005). *Coaching that counts – Harnessing the power of leadership coaching to deliver strategic value*. Amsterdam: Elsevier/ Butterworth-Heinemann.

Baldwin, Timothy T. Ford J. Kevin. (1988). Transfer of Training: A review and directions for future research. *Personnel Psychology, 41*(1), 63–105.

Böning, Uwe (2013, in Vorbereitung). *Business-Coaching – Feldstudie zum Einzelcoaching mit Top-, Senior- und Mittelmanagern in großen Wirtschaftsunternehmen*.

Blackman, Anna & Carter, Alison (2014a). Initial Findings from the Coaching for Effectiveness Survey,*4th Annual European Mentoring and Coaching Research Conference, June 26th –27th, 2014*, http://research2014.emccconference.org/speakers/ alison-carter-anna-blackman *(retrieved 14.10.2014)*. Cergy Pontoise University. Paris, France.

Blackman, Anna & Carter, Alison (2014b). Barriers to successful outcomes from coaching,*4th Annual European Mentoring and Coaching Research Conference, June 26th–27th, 2014,* http://research2014.emccconference.org/speakers/alison-carter-anna-blackman-2 *(letzter Zugriff 14.10.2014)*. Cergy Pontoise Universität. Paris, Frankreich.

De Haan, Erik, & Duckworth, Anna (2012). Signalling a new trend in executive coaching outcome research. *International Coaching Psychology Review, 8*(1), 6–19.

De Haan, E. de & Page, N. (2013). Outcome report: conversations are key to results. *Coaching at Work, 8*(4), 10–13.

Duden (2013). *Duden Online.* www.duden.de/woerterbuch [15.2.2013].

Ely, Katherine, & Zaccaro, Stephen J. (2011). Evaluating the effectiveness of coaching – A focus on stakeholders, criteria, and data collection methods. In: Gina Hernez-Broome, Lisa A. Boyce & Allen I. Kraut (Hrsg.), *Advancing executive coaching – Setting the course for successful leadership coaching* (S. 319–349). San Francisco: Jossey-Bass.

Grant, Anthony M., Passmore, Jonathan, Cavanagh, Michael J., & Parker, Helen M. (2010). The state of play in coaching today: A comprehensive review of the ield. *International review of Industrial and Organizational Psychology, 25*, 125–167.

Greif, Siegfried (2008). *Coaching und ergebnisorientierte Selbstreflexion*. Göttingen: Hogrefe.

Greif, Siegfried (2011). Qualitative oder quantitative Methoden in der Coachingforschung - Methodenstreit zwischen unversöhnlichen Wissenschaftsauffassungen? In Y. Aksu, E.- M..

Greif, Siegfried (2013). Conducting Organizational based evaluations of coaching and mentoring programs. In: Jonathan Passmore, David B. Peterson & Teresa Freire (Hrsg.), *The Wiley-Blackwell Handbook of the Psychology of Coaching and Mentoring* (S. 445–470). Oxford: Wiley Blackwell.

Greif, Siegfried (2014). Coaching und Wissenschaft – Geschichte einer schwierigen Beziehung. *Organisationsberatung, Supervision, Coaching, 21*(3), 295–311.

Greif, Siegfried, & Benning-Rohnke, Elke. (2015). Konsequente Umsetzung von Zielen durch Coaching – Praktisch nützliche Erkenntnisse aus der Grundlagenforschung und ihre Anwendung. *Coaching – Forschung und Praxis, 1(1)*, 25–35.

Greif, Siegfried, Schmidt, Frank, & Thamm, André (2012). Warum und wodurch Coaching wirkt Ein Überblick zum Stand der Theorieentwicklung und Forschung über Wirkfaktoren. *Organisationsberatung, Supervision, Coaching (OSC), 19*(4), 75–390.

Greif, Siegfried, & Schubert, Hagen. (2015). Ergebnisorientiertes Reflektieren im Coaching. In Alice Ryba, Daniel Pauw, David Ginati & Stephan Rietmann (Hrsg.), *Professionell coachen – Das Methodenbuch: Erfahrungswissen und Interventionstechniken von 50 Coachingexperten*. Weinheim: Beltz.

ICF (2011). *Code of conduct for coaching and mentoring*. www.coachfederation.de/iles/european_mentoring___coaching_council_and_international_coach_federation_text_142-private-act_2012.pdf [8.5.2013].

Jones, Rebecca J., Woods, Stephen A., & Guillaume, Yves. (2014). *A meta-analysis of the effectiveness of executive coaching at improving work-based performance and moderators of coaching effectiveness*. Referat bei der British Psychological Society Division of Occupational Psychology Annual Conference, 06/01/14 - 08/01/14, https://eprints.worc.ac.uk/2967/ (letzter Zugriff 14.10.2014), Brighton.

Kirkpatrick, Donald L. (1977). Evaluating training programs: Evidence vs. proof. *Training & De- velopment Journal, 31*(11), 9–12.

Künzli, Hansjörg (2009). Wirksamkeitsforschung im Führungskräfte-Coaching. *Organisationsberatung, Supervision, Coaching (OSC), 16*(1), 4–16.

Meffert, Heribert, & Bruhn, Manfred (2012). *Dienstleistungsmarketing: Grundlagen – Konzepte – Methoden: Grundlagen – Konzepte – Methoden. Mit Fallstudien* (7. Auflage). Stuttgart: Gabler (Kindle Edition).

Page, N. & De Haan, E. (2014). Does executive coaching work? ... and if so, how? *The Psychologist, 27*(8), 582–586.

Rossi, Peter H., & Freeman, Howard E. (1993). *Evaluation: A systematic approach* (5. Auflage). Thousand Oaks, CA: Sage.

Schneider, Benjamin, & Bowen, David E. (1995). *Winning the service game*. Boston: Harvard Business School Press.

Stephan, Michael, & Gross, Peter-Paul (Hrsg.) (2011). *Organisation und Marketing von Coaching: Beiträge des Marburger Coaching Symposiums 2010*. Wiesbaden: VS Verlag für Sozialwissenschaften.

Theebom, T., Beersma, B. & Vianen, A. E. M. v. (2014). Does coaching work? A meta-analysis on the effects of coaching on individual level outcomes in an organizational context. *The Journal of Positive Psychology, 9*(1), 1–18.

Wanberg, Connie R., Welsh, Elizabeth T., & Hezlett, Sarah A. (2003). Mentoring research: A review and dynamic process model. *Research in personnel and human resources management, 22*, 39–124.

Die aktuelle Bedeutung von Coaching-Programmen

Frank Bresser

Die rasante Entwicklung von Coaching in den letzten dreißig Jahren ist bemerkenswert: Coaching ist in Deutschland und weltweit nicht nur eines der am schnellsten wachsenden Business-Phänomene (Sherpa 2013; Bresser 2013b; ICF und PWC 2012), sondern hat Eingang in zahlreiche weitere Praxisfelder jenseits des Wirtschaftslebens und des Sportbereichs gefunden (vgl. auch die verschiedenen Beiträge in dieser Publikation, auch in deren Online-Teil).

Coaching hat sich aber nicht nur in der Breite der Anwendung, sondern auch qualitativ und inhaltlich mit der Zeit verändert und weiter diversifiziert. Ein Beispiel: In unterschiedlichsten Fachbereichen wird Coaching mittlerweile nicht mehr nur gezielt im Sinne eines speziellen Interventionsinstruments eingesetzt, sondern zunehmend auch als breiter angelegtes, allgemeines Prinzip verstanden und in den Lebens- und Arbeitsalltag integriert (Bresser 2013a, 2013b).

Die Zahl der Menschen, die mit Coaching zu tun haben und darin involviert sind – sei es unmittelbar, zum Beispiel als Coach oder Coaching-Trainer, oder mittelbar als Anwender von Coaching-Techniken im eigenen Berufsalltag –, ist kontinuierlich und signifikant gestiegen. So gibt es heute kaum mehr eine grosse Organisation, die Coaching nicht bereits in irgendeiner Weise nutzen würde, kaum einen Bereich zwischenmenschlicher Kommunikation, in den Coaching nicht auf die eine oder andere Weise Eingang gefunden hätte.

F. Bresser (✉)
Frank Bresser Consulting, Cologne, Deutschland
E-Mail: info@fbc-global.com

Welchen positiven Nutzen Coaching heute aber tatsächlich entfaltet und in Zukunft noch wird entfalten können, ist und bleibt eine offene Frage. Neben den qualitativen und professionellen Erfolgsbedingungen, die mit der Person des Coaches verbunden werden können, rücken zunehmend organisationale Faktoren und Rahmenbedingungen in den Blick. Sie bestimmen in hohem Maße das „Wie" der Nutzung durch die Beteiligten des an sich erwiesenermaßen erst einmal sinnvollen Instruments Coaching. Dieses „Wie" der Nutzung ist leider in der Vergangenheit – gerade in der Praxis – eine oft vernachlässigte, vielerorts nur sehr oberflächlich und/oder punktuell beantwortete Fragestellung geblieben (Bresser 2013b). Exakt auf diese Herausforderung des optimalen „Wie" der organisationalen Nutzung von Coaching kann der Aspekt der Coaching-Programme fundierte und weitreichende Antworten geben (vgl. Bresser 2013a; vgl. auch Stomski et al. 2011).

In diesem Beitrag gebe ich zunächst eine ausführliche Definition des Begriffs „Coaching-Programme", erläutere danach deren genauen Sinn und Zweck und stelle ihre historische Entwicklung bis heute dar. Zum Schluss gehe ich auf die aktuelle Praxis und Forschung zum Thema ein und präsentiere einige Schlussfolgerungen.

1 Definition von Coaching-Programmen

„Coaching" umfasst hier verschiedene Coaching-Formen wie Einzel- und Teamcoaching, den Coaching-Kommunikationsstil und Coaching-Kulturen in den unterschiedlichsten Praxisfeldern (z. B. Sport, Wirtschaft, Politik, Wissenschaft, Soziale Arbeit, Gesundheitswesen, Kunst).

„Programm" im Sinne dieses Beitrags meint jede *systematisch und strategisch angelegte Handlungsinitiative*. Es umfasst eine Gesamtheit miteinander verbundener Konzepte, Grundideen und Handlungen rund um die Erreichung eines formulierten Ziels.

„Coaching-Programme" verstehe ich als eine eigenständige Disziplin innerhalb des Coaching-Bereiches (Bresser 2013a, 2013b), in der es letztlich, zunächst sehr allgemein gesprochen, um folgende Grundfragestellung geht: *Wie lässt sich Coaching jeweils in eine konkrete, optimale Form gießen, damit es ideal in ein konkretes organisationales Umfeld passt und größten Mehrwert für die Beteiligten abwirft?*

Der Begriff „Coaching-Programme" beinhaltet beide Komponenten und ist dabei in beide Richtungen zu lesen und zu verstehen: Coaching-Programme sind nicht einfach Programme zur Nutzung von Coaching (Coaching als bloßes Objekt des Programms), sondern zugleich auch Programme, die in ihrer eigenen Natur und Machart Ausdruck von Coaching-Prinzipien sind (Coaching auch als eigene, innere Eigenschaft des Programms). Beide Elemente sind wichtig, um Coaching-Programme im hier gemeinten Sinn von anderen (z. B. bloss instrumentalisierenden) Arten der Coaching-Nutzung zu unterscheiden.

Element 1: Programm für Coaching (systematische und strategische Vorgehensweise)

„Coaching-Programme" grenzen sich auf der einen Seite ganz klar von der spontanen, einfachen, unkoordinierten Ad-hoc-Nutzung von Coaching ab, und zwar durch die systematische und strategische Herangehensweise. Es wird auf der Basis der bestehenden Best Practice für die Nutzung von Coaching bewusst ein klarer Rahmen ausgearbeitet und gesetzt. Die Nutzung und Umsetzung von Coaching wird bei Coaching-Programmen wohlüberlegt und gründlich durchdacht. Systematisch heisst dabei so viel wie durchdacht, schlüssig, folgerichtig, geplant, gezielt, mit Methode, System, Überlegung (vgl. Duden 2013). In einfachen Worten könnte man auch sagen: Systematisch vorgehen heisst sicherstellen, dass ich all das, was ich bereits weiss, auch anwende und mir all das, was ich nicht weiss, klar mache und noch herausfinde oder mir zumindest eine angemessene Haltung und einen adäquaten Umgang mit diesem Nichtwissen aneigne. Systematisch sein heisst ein Vorhaben in seiner Gesamtheit sehen und hierfür bestmögliche Lösungen entwickeln und umsetzen, bis alles ausreichend rund ist. Hierzu gehört auch, die bestehende Best Practice im relevanten Bereich in Erfahrung zu bringen und angemessen zu integrieren.

Strategisch zu sein, bedeutet, einer eigenen Strategie zu folgen bzw. diese zu entwickeln und bestehende Gesamtstrategien zu unterstützen, um Coaching möglichst gezielt und effektiv einzusetzen und ihm die optimale Stoßrichtung zu geben. Es geht um Fragen wie: Was ist das zu erreichende Ziel? Wie kann Coaching bestehende Gesamtstrategien am besten unterstützen (z. B. die Business- und HR-Strategie eines Unternehmens)? Was ist unser Verständnis von Coaching? Welche Rolle genau kann und soll Coaching spielen? Welche Vorgehensweise hat die beste Aussicht auf Erfolg? Wie soll unsere Coaching-Strategie letztlich aussehen? Strategie wird definiert als ein „Plan des eigenen Vorgehens, der dazu dient, ein [...] Ziel zu erreichen, und in dem man diejenigen Faktoren, die in die eigene Aktion hineinspielen könnten, von vornherein einzukalkulieren versucht" (Duden 2013). Eine gute Strategie gibt eine sinnvolle Handlungsorientierung, die aus jetziger Sicht als die am meisten Erfolg versprechende erscheint. Strategieformulierung und -umsetzung ist und bleibt dabei ein kontinuierlicher Lernprozess, der sich ständig selbst überprüft und bei Bedarf neu ausrichtet.

Der hier verwendete Strategiebegriff anerkennt die Grenzen von Vorhersehbarkeit und Planbarkeit. In diesem Kontext sei auch die Unterscheidung zwischen gezielt geplanten Strategien einerseits und emergenten, aus sich selbst heraus sich entwickelnden Strategien andererseits erwähnt (Mintzberg 1985). Beide Arten wollen berücksichtigt sein und sind im hier dargestellten Verständnis von Coaching-Programmen enthalten.

Dabei sagt der Umfang einer Coaching-Initiative allein noch gar nichts darüber, ob es sich tatsächlich um ein Coaching-Programm mit systematischem, strategischem Ansatz handelt. Ein Coaching-Programm kann es für die umfangreichste, aber auch für die kleinste, denkbare Coaching-Anwendung geben (zum Beispiel für Coachings als sehr spezielle Einzelmassnahme, die nur ganz selten angefragt wird). Zugleich gibt es sehr grosse, aber diffuse Coaching-Initiativen in Organisationen, die weder systematisch noch strategisch sind und in keiner Weise als Coaching-Programme im hier gemeinten Sinn verstanden werden können. Klassischerweise denkt man bei Coaching-Programmen an die Nutzung von Coaching in Unternehmen (zum Beispiel Coaching-Programme für die Führungsentwicklung) und ebenfalls in Non-Profit-Organisationen aus den verschiedensten Praxisfeldern (zum Beispiel Unterstützung von Lernprozessen in Universität und Schule, Entwicklung und Erhalt sportlicher Leistung, Unterstützung von Ärzten und Patient/innen in Krankenhäusern usw.).

Element 2: „Coaching" als Eigenschaft des Programms selbst

Wie bereits erwähnt, erfordert die Einordnung als Coaching-Programm nicht nur eine systematische und strategische Herangehensweise, sondern auch, dass das Programm selbst unmittelbarer Ausdruck einer lebendigen Coaching-Haltung ist (Coaching als eigene, innere Eigenschaft des Programms).

Dies kann klassischerweise zum Beispiel bedeuten:

- Involvierungsmöglichkeiten für die Beteiligten,
- offene Feedbackkultur innerhalb des Programms,
- aufmerksames Zuhören und effektives Fragenstellen,
- Einbindung von *learning loops,*
- Förderung von *ownership/commitment* unter den Beteiligten,
- Nutzung und Aktivierung bestehender Ressourcen,
- Einbau von Mechanismen, welche die Coaching-Nutzung aktuell und frisch halten,
- hundertprozentige Transparenz des Coaching-Konzepts,
- Agilität und Flexibilität, um zu jeder Zeit optimale Lösungen zu finden,

- Standhaftigkeit und Wachsamkeit in Fragen der Integrität und Qualität,
- Verständnis der Coaching-Nutzung als kontinuierlicher, immerwährender Lernprozess.

Das heißt, Coaching-Programme im hier gemeinten Sinn sind als Coaching immer dynamisch ausgelegt. Sie folgen der Coaching-Logik ähnlich der Haltung eines Coaches, der einen Beitrag für die Verbesserung der persönlichen Handlungssteuerung seiner Coachees leistet. Coaching-Programme werden als selbst lernende Systeme mit einer eigenen Vitalität, Beweglichkeit und Offenheit konzipiert, die es ihnen erlaubt, sich bestehenden wie neuen Rahmenbedingungen leichter anzupassen. Sie haben Agilität und sie bleiben innerhalb der entwickelten Strukturen beweglich und offen. Sobald sie beginnen, zu eng oder zu weit zu werden, verändern sie sich und richten sich neu aus. Fehlt diese „Coaching-Eigenschaft", mag also vielleicht eine strategische und systematische Nutzung von Coaching vorliegen, nicht aber ein Coaching-Programm im hier gemeinten Sinn.

1.1 Zusammenspiel von strategischer Steuerung und Coaching-Haltung

Nimmt man beide Eigenschaften von Coaching-Programmen zusammen – die systematische und strategische Herangehensweise einerseits und die bewegliche, lebendige Coaching-Haltung des Programms selbst andererseits –, so ergeben sie eine Einheit, die immer wieder eine gesunde, optimale Balance zwischen dem machbar Planbaren und dem zu bewahrenden Lebendigen und Spontanen im Hier und Jetzt herzustellen sucht.

Gute Strategie und Planung weiß ohnehin um ihre Grenzen und berücksichtigt immer auch den zentralen Aspekt der nötigen Beweglichkeit und Lebendigkeit. Gutes Coaching beinhaltet klassischerweise auch Elemente systematischer, strategischer Planung: Nicht umsonst war es zum Beispiel das GROW-Modell – *goal, reality, options, will* (Whitmore 1992; Alexander und Renshaw 2005), ein einfaches, systematisches, strategisches Fragemodell zur Zielerreichung –, das als eines der allerersten Coach-Tools weltweit bekannt wurde.

So wie die systematische und strategische Herangehensweise grundsätzlich verhindert, dass die Coaching-Nutzung zu fahrig, vage und diffus wird, so verhindert die Coaching-Eigenschaft, dass die Coaching-Nutzung zu starr, rigide und leblos wird. Es geht darum, Coaching stets eine optimale Richtung und Schubkraft zu geben.

1.2 Abschließende Definition des Begriffs der Coaching-Programme

Auf der Basis der vorangegangenen Ausführungen kann nun eine umfassende Definition von Coaching-Programmen gegeben werden:

> Coaching-Programme sind systematisch und strategisch angelegte Handlungsinitiativen zur Nutzung von Coaching in einem organisationalen Kontext, die selbst Ausdruck einer lebendigen Coaching-Haltung sind. Ein Coaching-Programm ist die zielgerichtete, kohärente, lebendig-dynamische Nutzung von Coaching in einem wohlerwogenen, bewusst gesetzten, klaren Rahmen unter genauer Berücksichtigung des Umfeldes und aller Beteiligten, in Übereinstimmung mit der bestehenden Best Practice aus der Coaching-Forschung und -Praxis und im Zustand kontinuierlicher Evaluation und Optimierung mit dem Ziel, durch all diese Eigenschaften bestmögliche Passung und Resultate durch Coaching zu erzielen.

2 Warum Coaching-Programme?

Argument 1: Um Coaching Form und Fokus zu geben

Coaching wird auf verschiedenste Weisen verstanden und interpretiert. Bei der Nutzung von Coaching gibt es entsprechend vielfache Möglichkeiten, Coaching konkret umzusetzen. Hier kann man sich sehr schnell in Beliebigkeit verlieren genauso wie in falschen oder unausgegorenen Vorstellungen verrennen. Coaching-Programme basieren auf einer umfassenden Bedarfsanalyse und einer entsprechenden, gründlichen Sondierung der Wahlmöglichkeiten im Coaching-Bereich. Auf diese Weise wird es möglich, Coaching in eine optimale, konkrete Form zu giessen, die genau dem Bedarf entspricht. Coaching gewinnt über individuelle Interpretationen hinaus als Programm Form und Fokus in der organisationalen Passung zum Kundensystem.

Argument 2: Um wichtige Aspekte der Nutzung von Coaching frühzeitig zu erkennen und zu managen

Gerne werden der Schwierigkeitsgrad und die hohe Komplexität der zu beachtenden Aspekte bei der Nutzung von Coaching unterschätzt (Bresser 2013a), von den Coaching-Anbietern genauso wie von den Coaching-Nutzern. Zum Beispiel können beim Einzelcoaching mögliche Konflikte zwischen der Eigenlogik der einzelnen Klientinnen und Klienten und dem gegebenen Auftrag des Kunden („Kontraktdreieck", vgl. Loebbert und Wilmes 2013) schon systematisch angelegt sein. Dies kann auch auf kleinste Coaching-Anwendungen zutreffen. Erst wenn es zu spät ist und Probleme oder gar bereits Schäden, wie der Verlust der Vertrauensbeziehung oder eine unbeabsichtigte Kündigung des Coachee, entstanden sind, werden die Beteiligten zunehmend darauf aufmerksam. Coaching-Programme widmen sich von Beginn an umfassend den Fragen der Coaching-Nutzung und stellen den Erfolg von Coaching so am besten sicher, im obigen Beispiel sowohl für den einzelnen Klienten als auch für den Kunden und Auftraggeber.

Argument 3: Um in der Kommunikation klar und transparent zu sein

Beteiligte der konkreten Nutzung von Coaching möchten und sollen natürlich genau wissen, wofür das Coaching ist, wie die Vorgehensweise ist usw. Wer aber keinen wirklichen Plan hat, kann weder dem Topmanagement noch dem eigenen HR-Team, noch anderen Kollegen, noch dem Coach, noch sonst irgendwem befriedigende Antworten hierzu geben. Coaching-Programme demgegenüber ermöglichen nicht nur, sie verlangen von den Verantwortlichen von Beginn an Klarheit über alles, was sie im Coaching-Bereich tun. So sind sie in der Lage, jedem Interessierten und Beteiligten bei Bedarf die Coaching-Nutzung präzise und umfassend zu erklären. Nicht zuletzt hilft dies auch, Coaching und dessen Nutzen im jeweiligen Kontext zu „verkaufen", damit der Nutzen in den jeweiligen Handlungskontext einfliessen kann.

Argument 4: Um bestehendes Best-Practice-Wissen von Beginn an optimal zu berücksichtigen

Es ist nicht nötig, das Rad immer neu zu erfinden. Auf Bestehendes und Bewährtes kann zurückgegriffen werden: Es gibt trotz aller Einschränkungen bereits ein sehr breites Best-Practice-Wissen im Coaching-Bereich, das einem viel Arbeit abnehmen, gute Tipps und Anregungen geben und vor vielen klassischen Fallstricken bei der Nutzung von Coaching warnen kann. Viele sind sich aber dessen gar nicht ausreichend bewusst oder machen – aus welchen Gründen auch immer – davon einfach keine Anwendung und erschweren sich damit das Leben. Bei Coaching-Programmen ist die Berücksichtigung und Integration relevanten Best-Practice-Wissens ein fester Bestandteil des systematischen Vorgehens. Dadurch kann das bestehende Know-how optimal genutzt und können hoch qualitative Best-Practice-Lösungen gefunden und implementiert werden.

Argument 5: Um zu jeder Zeit handlungsfähig zu bleiben

Wird Coaching ohne Plan irgendwie genutzt, weiß nachher oft keiner mehr, was eigentlich wie gemacht wurde und wird. Wenn dann zum Beispiel Coaching auf eine Weise wirkt, die eine Reaktion erforderlich macht, weiss plötzlich niemand, wie nach- bzw. gegenzusteuern ist oder wie Coaching temporär oder endgültig ausgesetzt werden kann. Bei Coaching-Programmen bleiben die Verantwortlichen stets handlungsfähig und behalten den Überblick, um zu wissen, welcher Hebel in welcher Situation wie zu betätigen ist.

Argument 6: Um Coaching effektiv zu evaluieren, und so dessen echten Mehrwert ermitteln zu können

Ohne die Einbettung in einen strategischen Zusammenhang, was wir mit Coaching auf welche Weise erreichen wollen, fällt es schwer, geeignete Parameter zu identifizieren, die helfen können, den Nutzen von Coaching konkret zu messen. Da verzichten viele gleich ganz auf jegliche aussagekräftige Evaluation und vertrauen stattdessen nur auf ihr vages Zufriedenheitsgefühl (Zufriedenheitsmessung). Zuverlässig herausfinden, ob Coaching tatsächlich funktioniert, können sie dadurch natürlich nicht. Coaching-Programme gebrauchen zwar Zufriedenheitsmessungen als eine mögliche erste Orientierung, die Evaluation von Coaching-Programmen erfolgt aber immer mit Bezug auf die systematische Umsetzung strategischer Ziele. Grundlage ist ein Evaluationsplan mit klar formulierten Parametern. Auf dieser Basis kann der konkrete Mehrwert von Coaching dann gezielt gemessen werden (Bresser 2013a, 2013b).

2.1 Grenzen von und Kritik an Coaching-Programmen (mit Antworten zu ihrer eventuellen Entkräftung)

Gegenargument 1

Manche sagen, es sei eben nicht alles planbar … Richtig. Genau das leugnet aber ja gerade auch nicht die Idee der Coaching-Programme. Im Gegenteil bedarf es aus dieser Perspektive gerade deshalb der systematischen, strategischen Analyse, um die Frage zu beantworten, was voraussichtlich planbar ist und was nicht.

Gegenargument 2

Manche Kulturen sind traditionell von vornherein weniger offen für diesen Coaching-Programm-Ansatz mit systematisch-strategischer Herangehensweise (zum Beispiel sehr impulsive Kulturen; vgl. auch die kulturelle Dimension der

„uncertainty avoidance" bei Hofstede 1980). ... Das stimmt ebenfalls. Kulturell bedingte Unterschiede können – gerade auch zu Beginn – ein echtes Hindernis bei der Anwendung des Coaching-Programm-Ansatzes darstellen. Zugleich ist die Berücksichtigung von Kultur expliziter Bestandteil des Coaching-Programm-Ansatzes (Bresser 2013a) und bestätigt paradoxerweise damit vielmehr nur seine Notwendigkeit: Gerade mithilfe der systematischen, strategischen Analyse und einer Coaching-Haltung lässt sich wirksam herausfinden und herausarbeiten, ob und wie genau Coaching in verschiedenen Kulturen definiert und umgesetzt werden kann und muss, damit es kulturell erfolgreich andocken und den jeweiligen Eigenarten und Bedürfnissen gerecht werden kann.

Gegenargument 3

Gute Coaching-Programme erfordern gute, qualifizierte Leute, die diese entwickeln und umsetzen. An solchen Leuten mangelt es aber leider allzu oft. ... Das stimmt auch und ist in der Tat eine derzeit noch bestehende Grenze bei manchen Coaching-Programmen, bestätigt aber zugleich wiederum die Notwendigkeit des Coaching-Programm-Ansatzes. Denn er beinhaltet explizit die realistische Selbsteinschätzung der eigenen Fähigkeiten durch den Coaching-Nutzer (Bresser 2013a). Auf diese Weise kann dieser zu schwierige Coaching-Vorhaben frühzeitig erkennen und abändern, für den Moment fallen lassen und/oder mit professioneller Spezialistenunterstützung das Projekt weiter in Erwägung ziehen. Ohne dieses Vorgehen liefe der Coaching-Nutzer ja gerade Gefahr, die eigenen Fähigkeiten zu überschätzen und sich zu überfordern.

Am Ende ist alles auch schlicht eine Frage der Gewöhnung an die noch so neue Disziplin der Entwicklung, Implementierung und Optimierung von Coaching-Programmen. Stellen sich die Erfolge mit dem neuen Vorgehen ein, so werden Vorbehalte und Schwierigkeiten dann natürlich auch viel leichter und selbstverständlicher überwunden werden können. Mit zunehmendem Erfolg und mit der Erfahrung steigt auch das Selbstbewusstsein, die Sicherheit und Kompetenz aller Beteiligten, Coaching-Programme zu entwickeln und umzusetzen (sowie auch die Bereitschaft, wo nötig, professionelle Unterstützung durch Spezialisten einzuholen).

3 Historische Entwicklung von Coaching-Programmen bis heute

Die Entwicklungsgeschichte von Coaching und Coaching-Programmen lässt sich in folgende Phasen aufteilen:

Phase 1: Coaching als Bestandteil von Trainingsprogrammen im Sport

Der Begriff Coaching tauchte vermehrt in den 1960er-Jahren im Sportbereich auf. Zunächst war der Coach nichts anderes als ein Trainer, und beide Begriffe wurden daher auch gerne synonym verwendet. Innerhalb der klassischen Trainingsprogramme erlangte Coaching eine neue und eigene Bedeutung in der persönlichen Leistungsförderung. Timothy Gallwey und seinem Konzept des „Inner Game" (Gallwey 1975, 1979) folgend, wurden dabei psychologische Aspekte in den Vordergrund gerückt. Dies revolutionierte die damals bestehenden Trainingsmethoden, denn um das „innere Spiel" des Sportlers (hier konkret des Tennis- oder Golfspielers) optimal zu stärken und zu verbessern, arbeitete Gallwey nun sehr viel mit Fragen und aktivem Zuhören und wandte einen Coachee-zentrierten Ansatz an.

Phase 2: Coaching erreicht das Business

Coaching überschritt dann seine ursprünglichen Sportgrenzen und wurde in den 1970er- und 1980er-Jahren ins Business übertragen. Insbesondere entwickelte sich in den USA in der frühen Phase ein erster Markt externer Coaches für Führungskräfte. Nur äußerst vereinzelt erwogen in dieser Zeit Unternehmen, Coaching auch offiziell zu nutzen und zu implementieren. Es gab aber zumindest erste, vorsichtige Annäherungsversuche in diese Richtung.

Im deutschsprachigen Raum tauchte Coaching erst einmal nur vereinzelt im Business-Bereich in Form externen Einzelcoachings für obere Führungskräfte auf. Coaching wurde vor allem als effektive Business-Unterstützung durch einen beratenden Coaching-Experten gesehen.

Von Coaching-Programmen konnte in dieser Zeit noch in keiner Weise gesprochen werden. Die Nutzung von Coaching erfolgte vereinzelt, informell, privat.

Phase 3: Coaching erhält mehr Kontur und Form und erreicht die breite Öffentlichkeit

In den 1990ern und zu Beginn des ersten Jahrzehnts des 21. Jahrhunderts verbreitete sich Coaching als Standard der Personalentwicklung. Herkömmliche Formate des Trainings und der Managementberatung wurden teilweise sogar durch Coaching abgelöst. Besondere Erwähnung verdient hier das Buch *Coaching for Performance* des Coaching-Praktikers John Whitmore, das erstmals 1992 veröffentlicht wurde und das bis heute ein Standardwerk für Coaching im Business- Bereich ist. Dieses Buch erklärte das Phänomen Coaching von Grund auf und machte es auf diese Weise verständlich, in der Wirtschaftswelt „salonfähig" und damit leichter einsetzbar. Zudem gab das Buch mit dem GROW-Modell erstmals eine klare, transparente und replizierbare Struktur für eine Coaching-Konversation an die Hand (s. auch Bresser und Wilson, 2010). Mit dieser systematischen Struktur wurde ein wichtiger

Grundstein für Coaching – wenn auch (noch) nicht für Coaching-Programme – gelegt. Unternehmen und Organisationen wurden nun in jedem Fall hellhöriger. Personalentwickler begannen, Coach-Pools aufzubauen und Kriterien für Coaching in ihren jeweiligen Organisationen und Unternehmen zu entwickeln.

Jetzt erreicht Coaching auch den Sozial- und Non-Profit-Bereich: Coaching-Programme entstehen zum Beispiel für die Wiedereingliederung von Arbeitslosen, es entwickelte sich das Coaching von Studierenden an Hochschulen oder spezifische Formen des Politik- und Wissenschaftscoachings. Weiterhin entstehen vielfältige Anwendungsformen und -ansätze.

Vereinzelt gab es Verantwortliche in Unternehmen und Organisationen (z. B. bei der BBC, vgl. Bresser 2013a), die von Beginn an systematisch an die Coaching-Nutzung herangegangen sind und sich die Frage gestellt haben, was es für erfolgreiches Coaching wirklich braucht. Dies sind die ersten Vorläufer der in diesem Beitrag beschriebenen Coaching-Programme. Man versuchte zum Beispiel auch eine Einschätzung des *Return on Investment* von Coaching (Anderson et al. 2002; vgl. auch Johnson 2004, zur Manchester Study 2001).

Phase 4: Entwicklung, Implementierung und Optimierung von Coaching-Programmen

Lag der Fokus der Coaching-Entwicklung bis einschließlich der Jahrtausendwende noch primär auf der Definierung, Konzeptionierung und Akzeptanz von Coaching als neuem Tool und eigener Dienstleistung (auf dem *Ob* von Coaching), so ist in den letzten etwas mehr als zehn Jahren eine neue Disziplin innerhalb der Coaching-Industrie entwickelt und begründet worden, die nicht Coaching oder die Coaching-Dienstleistung, sondern die zentrale Perspektive der Coaching-Nutzung und des Coaching-Nutzers, also das optimale *Wie* der Coaching-Nutzung, konsequent in den Mittelpunkt stellt: die strategische und systematische Entwicklung, Implementierung und Optimierung von Coaching-Programmen.

3.1 Die Anfänge

Das Modell der zehn Erfolgsfaktoren von Coaching in Organisationen formulierte eine erste Auslegeordnung (vgl. Bresser 2005a, 2006b: Forschung hierzu seit 2003) auf der Grundlage umfangreicher Forschungsaktivitäten (Auswertung von rund 150 relevanten Literaturquellen; eine weltweite Coaching-Umfrage zum Thema; eine ausführliche Interviewserie mit für Coaching verantwortlichen Personalentwicklern und renommierten Coaches; ein transatlantisches Coaching-Pilotprojekt; vgl. Bresser 2005a, 2005b, 2005c, 2006a, 2006b; Bresser Consulting

2006). Auf der Basis weiterer Forschung und Praxis wurden diese Management-Tools seither ständig weiter getestet, verfeinert, optimiert und durch zusätzliche Tools ergänzt und komplettiert (Bresser 2010, 2013a).

3.2 Ein sich entwickelndes Marktsegment

Neben den oben beschriebenen, spezialisierten Coaching-Programm-Unternehmensberatungen hat mittlerweile ebenfalls der eine oder andere Coaching-Anbieter angefangen, Unterstützung und Beratung in diesem Bereich am Rande anzubieten. Auch traditionelle Unternehmensberatungen steigen vereinzelt in den Markt ein. Coaching-Programme finden als Thema neuerdings auch Eingang in die Theoriebildung und wissenschaftliche Reflexion von Coaching (z. B. Hawkins 2012; Keddy und Johnson 2011; Kalendruschat 2012).

3.3 Coaching-Nutzer am Scheideweg

Coaching-Nutzer haben heute die Möglichkeit, auf umfassende Beratung und effektive Management-Tools zur erfolgreichen Entwicklung, Implementierung und Optimierung von Coaching-Programmen zurückzugreifen. Es besteht bereits beachtliches Best-Practice-Wissen und ein respektabler Erfahrungsschatz.

Dies macht es heute natürlich viel leichter, neue Coaching-Programme zu entwickeln und erfolgreich umzusetzen. Zugleich können auch die bestehenden Coaching-Initiativen in Organisationen viel leichter überprüft und bei Bedarf effektiv optimiert werden. Mit zunehmender Informiertheit, Vertrautheit, Erfahrung und wachsendem Erfolg mit den neuen Möglichkeiten wird sich eine allgemeine Selbstverständlichkeit in ihrer Nutzung einstellen.

Die irrationale Angst von Unternehmen und Non-Profit-Organisationen vor einer ehrlichen Bestandsaufnahme ihrer aktuellen Coaching-Nutzung ist aber definitiv nicht zu unterschätzen. Die Personalentwicklung zum Beispiel kämpft oft um ihr Standing innerhalb der Organisation und um entsprechende Zuteilung von Ressourcen. Die Angst, hier durch eine ehrliche Bestandsaufnahme „schlecht dazustehen", kann viel stärker sein als die Einsicht, dass doch gerade über die Optimierung von Coaching als wirklich effektivem Tool das Standing eigentlich gestärkt und die Aussicht auf Ressourcen erhöht werden.

Von daher stehen Coaching-Nutzer heute, wo es die Möglichkeiten dieser neuen Disziplin nun gibt, am Scheideweg. Sie sollten in aller Ruhe für sich einmal sehr gründlich und gewissenhaft folgende Frage beantworten: Wollen wir Coaching als schlechte Alibiveranstaltung einsetzen (und uns mit der reinen Fassade begnügen) – oder als wirklich effektives Tool mit optimalem Mehrwert?

4 Zur aktuellen Praxis und Forschung

4.1 Praxis

Die heutige Coaching-Praxis mit Hinblick auf Coaching-Programme zeichnet ein ambivalentes Bild: Es gibt einerseits Leuchttürme, andererseits lässt die durchschnittliche Qualität der Coaching-Nutzung stark zu wünschen übrig.[1] Es verhält sich so: Auf der einen Seite gibt es eine zunehmende Anzahl von Unternehmen, die meist schon erfahrener und reifer im Umgang mit Coaching sind und begonnen haben, Coaching systematischer, strategischer und dynamischer als je zuvor in ihren Organisationen zu implementieren (Bresser 2013b). Die Management-Tools zur Entwicklung, Implementierung und Optimierung von Coaching finden dabei zunehmend Eingang in die organisatorische Coaching-Nutzung. Als Ergebnis gibt es eine erfreuliche, zunehmende Anzahl von Unternehmens-Erfolgsgeschichten zur effektiven Nutzung von Coaching (vgl. zum Beispiel die über zwanzig ausführlichen Unternehmensfallstudien bei Bresser 2010, 2013a).

Auf der anderen Seite gibt es ganz erhebliche Qualitätsdefizite in der Breite der Coaching-Nutzung. Zahlreiche Organisationen wenden noch keinerlei Management-Tools zur erfolgreichen Nutzung von Coaching an. Sie halten an einer sporadischen Ad-hoc-Nutzung von Coaching fest und/oder übersehen zentrale Aspekte, obwohl sie versuchen, systematisch-strategisch zu sein. Es sind allzu oft ineffektive Coaching-Programme, die so tatsächlich realisiert werden (Bresser 2013a, 2013b; Bresser Consulting 2012).

Nach unseren Erkenntnissen sind die folgenden fünf kritischen Bereiche im Zusammenhang mit der aktuell schwachen Coaching-Programm-Praxis im Besonderen hervorzuheben:

1. fehlende oder unzureichende Qualifikation derer, die Coaching implementieren,
2. Mangel an professionell ausgearbeiteten, maßgeschneiderten Coaching-Konzepten,

---

[1] Vgl. insgesamt zu Praxisbeispielen und zur Praxis von Coaching-Programmen meinen Artikel im Online-Teil dieser Publikation.

3. keine oder nur sehr schwache Einbindung von Coaching in die Unternehmensstrategie,
4. zu geringes Verständnis für das Potenzial von Coaching,
5. unzureichende finanzielle und personelle Ausstattung.

Unter Punkt 2 fällt auch die fehlende Evaluation von Coaching und das Nicht-Bestehen einer klaren Coaching-Definition. Interessanterweise glauben Manager, die verantwortlich für Coaching sind, oft, sie hätten eine klare Definition von Coaching, eine klare Coaching-Strategie, einen klaren Coaching-Plan und eine hohe Coaching-Programm-Kompetenz. Wenn man aber nachhakt, realisieren sie, dass sie all dies gar nicht oder zumindest nicht in dem Maße haben, wie sie dachten. Diese Erkenntnisse sind Ergebnis unserer globalen Marktbeobachtungen, unserer Arbeit mit Kunden und unserer Coaching-Programm-Qualitätsanalysen in den Jahren 2011 und 2012, bei denen wir Manager interviewt haben, um den aktuellen Stand der Coaching-Praxis in ihren Organisationen in Erfahrung zu bringen (Bresser 2013a, 2013b; Bresser Consulting 2012).

Unsere Ergebnisse werden unterstützt durch die Erkenntnisse anderer Forschungsprojekte auf diesem Gebiet. In diesem Zusammenhang seien beispielsweise der Report der NeuroLeadershipGroup zum Thema „Global trends in the use of coaching at the workplace" (2011) und die Doktorarbeit von Petra Kalendruschat zum Thema „Business-Coaching als unterstützendes Instrument im Strategischen Management" (2012) erwähnt.

4.2 Forschung

Oft ist es so, dass Forschung der Praxis hinterherhinkt. Beim Aufkommen von Coaching war das zu Beginn auch so. Bei der Frage der Coaching-Programme verhält es sich aber interessanterweise genau andersherum: Durch unsere Forschung in den Jahren 2005/2006 und die Weiterentwicklungen entstand eine komplette Idee und Vision von Coaching-Programmen der Gegenwart und möglichen Zukunft, die einen Blick und eine Projektion in die denkbare Zukunft künftiger Coaching-Programm-Generationen wagt. Die Praxis von Coaching-Programmen steht am Anfang. Das Potenzial der Management-Tools ist zeitlich unbegrenzt.

Natürlich bedarf es noch weiterer, vor allem auch völlig unabhängiger Forschung zur weiteren Überprüfung der Wirksamkeit und Validität der entwickelten Tools. Ebenfalls hervorzuheben sind die zahlreichen hervorragenden Forschungsprojekte, die einzelne Aspekte von Coaching untersucht haben und deren Ergebnisse wunderbar für die Entwicklung erfolgreicher Coaching-Programme verwendet werden können.

Last but not least möchte ich einen Appell äußern für Coaching-gerechte Forschung: Coaching durchbricht lineare Erkenntnisse, und wir brauchen also Coaching-Forschungs-Ansätze, die dieser Dynamik gerecht werden. Dazu gehört, in Kontinuen zu denken, fragend zu forschen, der Komplexität der Zusammenhänge Raum zu geben und in Kategorien von Erfolgs- oder Einflussfaktoren zu forschen, statt nach einer einzigen Wahrheit zu suchen (Bresser 2012).

5 Schlussfolgerungen

Es wird nicht vom *Ob*, sondern vor allem vom *Wie* der Coaching-Nutzung entscheidend abhängen, wohin die Reise von Coaching tatsächlich gehen wird. Im Moment wird diese Frage aber von vielen Coaching-Nutzern in alarmierender Weise vernachlässigt. Dabei stehen Erfolg versprechende Lösungsansätze mit den speziell entwickelten Management-Tools zur Entwicklung, Implementierung und Optimierung von Coaching-Programmen zur Verfügung. Diese müssen nur in der Breite auch konsequent(er) genutzt werden.

Kernfragen hierzu sind:

1. Wie kann das Bewusstsein für die Thematik geschärft werden?
2. Wie können die Tools ideale Verbreitung finden?
3. Wie können Coaching-Verantwortliche optimal motiviert werden, die Tools zu verwenden?
4. Wie kann Coaching-Nutzern am besten ihre Angst genommen werden, offen über ihre Probleme bei der Coaching-Nutzung zu reflektieren und diese anzugehen?
5. Wie kann die unabhängige Coaching-Forschung die Wirksamkeit und Validität der Management-Tools weiter überprüfen?
6. Wie können die Coaching-Nutzer für die Beteiligung an Coaching-Programm-Forschungsprojekten am besten gewonnen werden?

Für die weitere Entwicklung von Coaching-Programmen ist das aus meiner Sicht wahrscheinlichste Szenario ein eher langsames, aber lang anhaltendes, kontinuierliches Wachstum. Die Bedeutung von Coaching-Programmen wird Stück für Stück zunehmen. Ich bin insbesondere aus folgenden Gründen dieser Meinung:

1. Die Management-Tools haben sich in der bisherigen Praxis hervorragend bewährt. Ich habe keinerlei Zweifel an ihrer Effektivität und ihrem objektiven Nutzen.

2. Der Bedarf an professionellen Coaching-Programmen in Organisationen ist objektiv gegeben, es bedarf lediglich noch der weiteren Bewusstmachung der Coaching-Nutzer.
3. Es wird immer mehr Erfolgsgeschichten rund um Coaching-Programme geben und immer mehr Enthüllungen zu unprofessionellen Coaching-Initiativen.
4. Die Zeit spricht für Coaching-Programme, denn sie sind die natürliche und logische Weiterentwicklung der bisherigen Entwicklungsstufen von Coaching.
5. Ich glaube daran, dass Organisationen am Ende wirtschaftlich arbeiten wollen. Von daher kann ich mir nicht vorstellen, dass sie Coaching weiterhin so ineffektiv einsetzen.

Literatur

Alexander, Graham, & Renshaw, Ben (2005). *Super coaching*. London: Random House Business.
Anderson, Merrill C., Dauss, Cindy, & Mitsch, Barry F. (2002). The return-on-investment of executive coaching. In: Jack J. Phillips & Darelyn Mitsch (Hrsg.), *Coaching for Extraordinary Results* (S. 9–22). Alexandria: ASTD.
Bresser, Frank (2005a). Best implementation of coaching in business (1). *Coach the Coach, 20*.
Bresser, Frank (2005b). *Implementation of coaching in business*. London: UEL Library.
Bresser, Frank (2005c). The twelve dimensions of coaching (1 und 2). *Coach the Coach, 15/16*.
Bresser, Frank (2006a). Coaching erfolgreich implementieren. *ManagerSeminare, 96*, 66–73.
Bresser, Frank (2006b). Best implementation of coaching in business (2). *Coach the Coach, 21*.
Bresser, Frank (2010). *The global business guide for the successful use of coaching in organisations*. Köln: Frank Bresser Publishing.
Bresser, Frank (2012). Tendenzen in der Coaching-Praxis und -Forschung weltweit. In: Robert Wegener, Agnès Fritze & Michael Loebbert (Hrsg.), *Coaching entwickeln – Forschung und Praxis im Dialog* (2., durchgesehene Auflage) (S. 189–199). Wiesbaden: VS Research.
Bresser, Frank (2013a). *The global business guide for the successful use of coaching in organisations* (2. Auflage). Norderstedt: BoD.
Bresser, Frank (2013b). *Coaching across the globe*. Norderstedt: BoD.
Bresser, Frank, & Wilson, Carol (2010). What is coaching? In: Jonathan Passmore (Hrsg.), *Excellence in coaching: The industry guide* (2. Auflage). London: KoganPage.
Bresser Consulting (2009, 2006). *Executive Summary – Coaching Research Project: Die 10 wichtigsten Erfolgsfaktoren zur Implementierung und Optimierung von Coaching in Unternehmen/ Organisationen*. www.frank-bresser-consulting.com/coachingresearchproject2005-deutsche-version.pdf [4.5.2013].

Bresser Consulting (2012). *Situation von Coaching-Programmen in Unternehmen heute. Bresser Consulting Marktforschung- und Coachingprogramm-Qualitätsinitiative 2011/2012.* www. frank-bresser-consulting.com/initiative2011.html [4.5.2013].
Duden (2013). *Rechtschreibung und Wortbedeutung.* www.duden.de
Gallwey, W. Timothy (1975). *The inner game of tennis.* London: Cape.
Gallwey, W. Timothy (1979). *The inner game of golf.* New York: Random House.
Hawkins, Peter (2012). *Creating a coaching culture.* Maidenhead: Open University Press.
Hofstede, Geert (1980). *Culture's consequences: International differences in work-related values.* Beverly Hills: Sage.
ICF & PWC (2012). *Executive Summary of 2012 ICF Global Coaching Study.* www. coach-federation.org [4.5.2013].
Johnson, Heather (2004). The ins and outs of executive coaching, *Training, 41*(5), 36–41.
Kalendruschat, Petra (2012). *Business-Coaching als unterstützendes Instrument im Strategischen Management.* Frankfurt am Main: Lang.
Keddy, Jackie, & Johnson, Clive (2011). *Managing coaching at work: developing, evaluating and sustaining coaching in organizations.* London: Kogan Page.
Loebbert, Michael, & Wilmes, Christa (2013). Coaching als Beratung. In: Michael Loebbert (Hrsg.), *Professional Coaching. Konzepte, Instrumente, Anwendungsfelder* (S. 17–48). Stuttgart: Schäffer Poeschel.
Mintzberg, Henry (1985). Of strategies: deliberate and emergent. *Strategic Management Journal, 6*(3), 257–272.
NeuroLeadershipGroup (2011). *Global trends in the use of coaching in the workplace,* www. neuroleadership.com/global/download/8/global-trends-coaching-in-the-workplace [4.5.2013].
Sherpa (2013). *Sherpa Executive Coaching Survey 2013.* www.sherpacoaching.com/survey. html [4.5.2013].
Stomski, Lorraine, Ward, Janice, & Battista, Mariangela (2011). Coaching Programs: Moving beyond the one-on-one. In: Gina Hernez-Broome & Lisa A. Boyce (Hrsg.), *Advancing Executive Coaching: Setting the course for successful Leadership Consulting* (S. 177–204). San Francisco: Jossey Bass.
Whitmore, John (1992). *Coaching for Performance.* London: Nicholas Brealey.

Teil III
Ansätze einer Coaching Theorie

Praxisfelder im Coaching

Michael Loebbert

Mit der Behauptung, dass im Coaching Praxisfelder unterschieden werden können, sind zwei Annahmen verbunden: (1) Bei der Verbreitung von Coaching in unterschiedliche Praxisfelder ist die Praxis in gewisser Weise vorlaufend. Dass Coaching in den Sport, ins Management, in die Personalentwicklung, in die Soziale Arbeit Eingang gefunden hat, ist eine Tatsache. Eine theoretische Einordnung kommt erst im Nachhinein. (2) Für eine Einordnung, welche die Unterschiede von Praxisfeldern deutlich machen kann, braucht es den Bezugspunkt eines allgemeineren Verständnisses, einer allgemeinen theoretischen Vorstellung von Coaching. – Im Folgenden wird der Versuch unternommen, einen Anfang für eine Coaching-Theorie zu machen und die Unterscheidung von Praxisfeldern darauf zu beziehen.

1 Definition von Coaching

Für die Praxis brauchbare Theorien stellen Konzepte bereit, die neben den Kriterien der logischen Abgrenzbarkeit und Konsistenz, der empirischen Überprüfbarkeit und intersubjektiven Haltbarkeit auch praktische Orientierung leisten. Für eine Konzipierung von Coaching schlage ich als Ausgangspunkt Definitionsversuche vor, die in der Praxis und Ausbildung von Coaching geläufig sind.

M. Loebbert (✉)
University of Applied Sciences and Arts Northwestern Switzerland, Olten, Switzerland
E-Mail: michael.loebbert@fhnw.ch

Definitionen können unterschiedliche Vorstellungen beschreiben. Wir denken vielleicht zunächst an die klassisch-aristotelische Definitionslehre von „genus proximum" und „differentia specifica". Dabei wird erst die allgemeinere oder umfassendere Gattung oder Art bestimmt, um dann die Besonderheit, den Unterschied, zu beschreiben.[1] *Coaching ist eine auf den Leistungs- und Handlungs- prozess von Personen bezogene Form der Beratung.*[2] Die allgemeinere Art *Beratung (genus)* wird untergliedert und Coaching als *eine auf den Leistungs- und Handlungsprozess von Personen bezogene Form (differentia specifica)* bestimmt.

R. Wegener et al. (Hrsg.), *Coaching-Praxisfelder. Forschung und Praxis im Dialog,* DOI 10.1007/978-3-658-01819-1_11, © Springer Fachmedien Wiesbaden 2014.

Diese allgemeine Definition von „Coaching" enthält zugleich die *Behauptung,* dass andere im Umlauf befindliche Definitionen entweder argumentativ darin einzutragen sind oder sich davon abgrenzen lassen. Im Folgenden wird versucht zu zeigen, dass die bekannten Definitionen von Coaching in dem von uns gewählten Rahmen Platz haben.

Die Bestimmung eines Begriffs nach aristotelischer Weise beinhaltet schon *theoretische* Vorstellungen und Ansätze[3]: *Coaching wird als Form von Beratung* bestimmt. Andere Autoren gehen nicht so weit: *Coaching als Prozess* bzw. als *Unterstützungsprozess* (vgl. die meisten der vierzig Definitionen von Coaching in Hamlin et al. 2008, S. 292–296) ist weniger spezifisch. Wenn wir jedoch mit Edgar Schein (2010, S. 21 ff.) Beratung bzw. Prozessberatung als Unterstützungsprozess verstehen, kommt die *Beratung* als nähere Bestimmung oder Prozessmerkmal im Nachhinein wieder dazu: „Das, was sich zwischen einem Helfer und dem Menschen, dem geholfen wird, abspielt, ist das, was ich ‚Prozessberatung' nenne" (a. a. O., S. 21). Der Satz „Coaching ist die persönliche Form der Prozessberatung" trifft die gleiche Vorstellung wie unsere Definition oben. Klientin und Klient von Coaching als Prozessberatung ist der einzelne Mensch, die Person.[4] Zugleich wird ausgesagt, dass eine Definition von Coaching im Zusammenhang mit theoretischen Vorstellungen über Beratung steht: Die Konzepte *Beratung, Prozessberatung,*

---

[1] Vgl. zur Begriffsgeschichte des Deinierens Eike von Savigny (1970).
[2] Vgl. Loebbert und Wilmes (2013), S. 18 f.
[3] Dieses Argument führt Hector Neri Castañeda (1982) aus. Er verbindet systematisch die angel- sächsische sprachanalytische Philosophie mit europäischen Traditionen der Ontologie. Damit bezieht er sich auf sprachphilosophische Ansätze der italienischen Renaissance (Giambattista Vico) und des deutschen Idealismus (Hamann und Herder).
[4] Und nicht wie bei der Verwendung des Begriffs Prozessberatung als Organisationsberatung (Organisationsentwicklung) die Organisation, jedenfalls nicht in erster Linie.

helfende Beziehung, persönliche Form usw. sind in einem theoretischen Kontext miteinander verbunden, in dem Aussagen zum Zusammenhang der Konzepte und zum Bezug auf Beschreibungen von Wahrnehmungen gemacht werden. Die Definition von Coaching ist in diesem theoretischen Kontext eines umfänglicheren Verständnisses von Beratung eingefügt.

Die sprachanalytische Sicht behauptet, mit der Feststellung des Gebrauchs eines Begriffs seine Bedeutung zu analysieren. „Nicht durch die Definition wird die Anwendung eines Begriffes festgelegt, sondern die Verwendung des Begriffes legt das fest, was man seine ‚Definition' oder seine ‚Bedeutung' nennt. Anders ausgedrückt: Es gibt nur Gebrauchs Definitionen" (Popper 1994, S. 366 f.). Bei der Durchsicht der von Hamlin et al. (vgl. oben) gesammelten Definitionen von Coaching fällt auf, dass neben den klassischen Definitionsversuchen Coaching im Gebrauch der Autoren mit einer Reihe von Merkmalen verbunden wird: *Problemlöseprozesse verbessern, Fähigkeiten und Leistung verbessern, Lernen erleichtern, herausragende Geschäftsergebnisse erreichen, persönliche Wirksamkeit verbessern, nachhaltige Verhaltensänderung erreichen, Lebensqualität verbessern, persönlich wachsen.* Schon die kursorische Aufzählung dieser Definitionen macht die gemeinsame Grundrichtung deutlich: Was auch immer sonst mit Coaching gemeint ist, es geht darum, etwas zu verbessern, zu erleichtern, zu erreichen oder auch zu ermöglichen. Coaching wird darin *pragmatisch*, das ist in der Verbindung mit *durch Coaching-Handeln erreichbaren Zwecken* definiert. Prominenter als ein allgemeinerer Theoriezusammenhang stehen mit der grammatischen Form der Finalsätze („um zu") zunächst die mit Coaching angestrebten Zwecke im Vordergrund. Der semantische Vergleich der von Hamlin et al. (2008) gesammelten Definitionen erweist den darin gemeinsamen pragmatischen Bezug auf den *Erfolg von Handeln.* Coaching ist eine Art der Beratung oder Unterstützung für Personen, bei ihrem Handeln *erfolgreich*[5] zu sein bzw. komparativ eine Verbesserung zu erreichen. Der Überblick über die 29 von Bernd Birgmeier (2005, S. 37–46) gesammelten deutschsprachigen Coaching-Definitionen bestätigt diesen Eindruck, auch wenn seine Fokussierung von Coaching als „Hilfe zur Selbsthilfe" (a. a. O., S. 53) eine zusätzliche theoretische Annahme trifft, wie diese Verbesserung am besten zu erreichen ist (vgl. im Folgenden, S. 203 zur„ theoretischen Sättigung" einer Definition).

Aus einer systemischen Sicht von sozialen Interaktionen kann festgehalten werden: *Coaching prozessiert den Unterschied von Erfolg und Nichterfolg des Handelns von Klienten (Hilfesuchenden).*[6] Mit diesem *pragmatischen Ansatz am*

---

[5] Das meint zunächst die rein subjektive Sicht: Ein Erfolg ist für mich, was ich als Erfolg bezeichne. – Damit sind die Fragen nach Werten und Sinn in das Coaching miteinbezogen.
[6] Vgl. Loebbert und Götz (2013, S. 96.

Handeln des Klienten, in seinem persönlichen Anliegen erfolgreich zu sein, geht Coaching über andere Ansätze der Prozessberatung hinaus: Nicht nur Lernen und Verbesserung wird im Coaching angepeilt,[7] sondern es wird auch die Auseinandersetzung über Maßstäbe und Werte, was es für den Klienten heißt, in seinem Anliegen erfolgreich zu sein, oder was der Zweck der angestrebten Selbsthilfe ist, geführt.[8] Aus handlungstheoretischer Sicht wird *Handeln als intentionales Handeln*[9] verstanden, die Intention ist Teil des Handelns selbst. Es macht einen Unterschied für mein Handeln, mit welcher Absicht ich eine Handlung ausführe und was ich darin aus subjektiver Sicht als Erfolg beschreibe.

Manche Autorinnen und Autoren halten es für aussichtsreich, Coaching von anderen Formen helfender Beziehungen wie „Beratung" und „Therapie" oder auch „Training" abzugrenzen (lateinisch: *definieren*). Vor dem Hintergrund der gleichen Fragestellung führt Edgar Schein den Unterschied von Prozessberatung und Experten- oder Fachberatung ein. Während es bei der Expertenberatung („telling and selling") um die Weitergabe von für den Klienten relevanten Informationen geht, konzentriert sich die Prozessberatung („process consultation") darauf, dass „Prozesse verbessert und efizienter werden" (Schein 2010, S. 27). Nicht der Berater löst ein Problem für den Klienten, sondern er unterstützt Klienten dabei, ihr Problem selbst zu lösen. Anliegen oder Problemstellungen, die im Coaching bearbeitet werden, liegen im Handeln der Klientinnen und Klienten. – Mit dieser Unterscheidung, so verstehe ich Ed Schein hier weiter, ist keine ausschließende Unterscheidung im Sinne eines Gegensatzes getroffen. Im Gegenteil: Jede wirksame Beratung beginnt zumindest im „Modus der Prozessberatung" (a. a. O., S. 29). Selbst im Arzt-Patienten-Modell funktioniert die Hilfe nicht, wenn es der Arzt versäumt, den gemeinsamen Bezugsrahmen im Handeln des Klienten aufzubauen. Aus der hier vertretenen Sicht überwiegen also, Ed Schein folgend, die Argumente, das Verhältnis von Coaching, Beratung und Therapie als eine *einschließende Unterscheidung* zu verstehen: Nicht jede Beratung, jede Therapie, jedes Training ist auch schon Coaching, aber jede Beratung, Therapie und Training braucht Coaching-Elemente, um wirksame Hilfe für den Klienten bereitzustellen. Und Coaching kann durchaus auch Elemente der Fachberatung, der Therapie und des Trainings enthalten, sofern die Person des Coaches diese auch fachlich nutzbringend einsetzen kann. Der Coach ist der Experte für die Gestaltung des Beratungsprozesses als Kontext für das erfolgreiche Handeln des Klienten, eben

---

[7] Vgl. Schein (2010, S. 186).

[8] Das sogenannte „Life Coaching" ist in diesem Sinne nicht nur „Format" (Buer und Schmidt-Lellek 2008, S. 24), sondern auch Horizont als implizite oder explizite Perspektive jedes Coachings.

[9] Vgl. (Anscombe and Elizabeth 2011, S. 85 f).: „Handeln unter intentionaler Beschreibung".

für Coaching. Grenzen und Übergänge von Anliegen, Methoden und Rollen in den Formen helfender Beziehung sind eher in der Begrenztheit von Personen begründet als im Versuch, haltbare ausschließende Unterscheidungen zu treffen. In der Praxis werden unterschiedliche Rollen und Formen helfender Beziehungen von den Beteiligten adressiert, je nachdem, welcher Unterschied – Erfolg versus Nichterfolg im Coaching, Wissen versus Nichtwissen in der Expertenberatung, Krankheit versus Gesundheit in der Therapie, Können versus Nichtkönnen im Training – in der jeweiligen Interaktion prozessiert werden bzw. im Vordergrund stehen soll. Ein weiteres Argument, Coaching als persönliche Prozessberatung zu fassen, lässt sich aus der ideengeschichtlichen Verbindung und Herkunft des Begriffs aus dem Sport gewinnen. Das hier leitende Verständnis von Coaching bringt Robert Wegener pointiert zum Ausdruck: „Grundlage ist die Vorstellung, dass Menschen sich seit jeher im ‚Besserwerden' (…) unterstützt haben" (Wegener 2013, S. 382). Die Erfolgsgeschichte von Coaching im Sport gründet in der Erweiterung von herkömmlichen Trainingsmethoden. Physiologische Annahmen über den Aufbau der sportartspezifischen körperlichen Ausstattungen werden gerahmt und ergänzt durch die Perspektive auf den jeweils persönlichen Leistungsprozess der Athleten, über den ein bestimmtes sportliches Ziel erreicht werden soll. Coaching mit dem Einbezug von „soziopsychologischen Faktoren" (vgl. McMorris und Hale 2006, S. 1 f.) für den Leistungsaufbau erwies sich aus Sicht der Praktiker als den herkömmlichen Trainingsmethoden überlegen (vgl. Gallwey 2010, S. 16 f.).

Die Definition von Coaching als persönlicher Prozessberatung ist daher in zweifacher Hinsicht *theoretisch gesättigt*. (1) Unser Sprachgebrauch von Coaching ist mit *theoretischen Vorstellungen erfolgreicher Handlungssteuerung* von Coaching-Klienten und den damit verbundenen Möglichkeiten, diese zu unterstützen, verbunden. Siegfried Greif (2008, S. 59) definiert zum Beispiel: „Coaching ist eine intensive und systematische Förderung ergebnisorientierter Problem- und Selbstreflexion sowie Beratung von Personen oder Gruppen zur Verbesserung der Erreichung selbstkongruenter Ziele oder zur bewussten Selbstveränderung und Selbstentwicklung." Die Fähigkeit der Selbstreflexion wird hier als zumindest als mögliche Voraussetzung erfolgreicher Handlungssteuerung bestimmt. (2) Die Vorstellungen beraterischer Handlungstheorie, dass und wie ein Coach Menschen dabei am besten unterstützt, beziehen sich auf handlungstheoretische Vorstellungen, wie Menschen ihr Handeln (erfolgreich) durch Problem- und Selbstreflexion sowie durch die Kongruenz von Zielen steuern können. – Eine Theorie von Coaching wird immer beide Aspekte, den der Handlungssteuerung von Klientinnen und Klienten und den der Handlungssteuerung von Coaches, beinhalten und auch ihr Verhältnis aus dem Handlungs- bzw. Wirkungskalkül des Coaches beschreiben. Der Coach verfolgt die Absicht (intentional), mit seinem Handeln zum Handlungserfolg seiner Klientinnen und Klienten beizutragen.

2 Der Anfang einer Coaching-Theorie

Coaching unterscheidet sich also der Form nach von anderen Formen der Beratung als spezifische Interaktion in einer helfenden Beziehung, die auf den Erfolg des Handelns der Klientin oder des Klienten abzielt. Diese metaphysische Unterscheidung von „Form" und „Inhalt" oder „Form" und „Materie" wird auch im alltagssprachlichen Gebrauch hörbar: Wenn wir uns im Coaching in besonderer Weise auf den persönlichen Handlungsprozess unserer Klienten beziehen, ist das mit der Vorstellung einer bestimmten *Form der Gestaltung des Beratungsprozesses* selbst verbunden. Bestimmte Methoden und Interventionen halten wir für eher geeignet, erfolgreiches Handeln zu unterstützen, als andere, die vielleicht einen Zuwachs an Wissen ermöglichen, jedoch weniger Bedeutung für die Orientierung des konkreten Handelns haben. Zum Beispiel setzen Coaches eher auf Interventionen, welche die Selbststeuerung ihrer Klienten unterstützen, als auf Ratschläge, wie eine bestimmte Situation möglicherweise am besten zu bewältigen ist.[10] Beratung bzw. Beraten wird selbst als Handlungsprozess verstanden, der von der Beratungsperson entsprechend intentional geführt und gesteuert werden kann. Für den Anfang einer Coaching-Theorie ist das Handeln des Coaches der Ausgangspunkt. Bernd Birgmeier (2011, S. 24 ff.) folgend, argumentiere ich deshalb für das Verständnis einer handlungstheoretischen Wissensstruktur im Coaching. Coaching-Theorie (wie Beratungstheorie überhaupt) kann sich auf Theoriebildungen der allgemeinen philosophischen Handlungstheorie[11] und spezieller Handlungs- theorien der Sozialwissenschaften, Ökonomie, Politik, Psychologie und Erziehungswissenschaften beziehen (vgl. Birgmeier 2011, S. 27). Dabei geht es um theoretische Vorstellungen über das Handeln von Klienten und Klientinnen und die Möglichkeiten der Beeinflussung durch Coaching-Handeln.

---

[10] Empirische Untersuchungen liefern dafür eine gewisse Evidenz, vgl. z. B. Anthony Grant (2011).

[11] An dieser Stelle wäre anzumerken, dass schon Aristoteles vor fast 2500 Jahren in den hand- lungstheoretischen Ausführungen seiner Nikomachischen Ethik „Beraten" als Willensbildung (boulesis) in einen engen Ablauf mit der Willenswahl oder Vorzugswahl (prohairesis) und damit verbundenen Praxis bringt, jedenfalls da, wo es um freiwilliges, selbst gewähltes Han- deln in Bezug auf Ziele geht, die zu erreichen in unserer Macht steht (NE 1111b5–1113a15). Eine treffliche Zusammenfassung der aktuellen handlungswissenschaftlichen Diskussion im Verhältnis von „einzelwissenschaftlichen" (disziplinären) Handlungstheorien und allgemeiner Handlungstheorie entnehme ich dem neueren Aufsatz von Hans Lenk (2013, S. 39 ff.). Lenk hat in den 1970er- bis 1990er-Jahren im deutschsprachigen Raum am umfänglichsten zu einer handlungswissenschaftlichen Theoriebildung beigetragen.

Das Handeln des Coaches bzw. der Prozessberaterin wird aus interaktionaler (systemischer) Sicht als „Intervention"[12] verstanden. Das ist ein absichtsvolles Angebot an einen Klienten, an ein Klientensystem, sich in seinem Handeln (neu) zu orientieren. Das klassische von Gordon und Ronald Lippitt schon Ende der 1970er-Jahre beschriebene Phasenmodell der Prozessberatung (Lippitt und Lippitt 2006) wird damit in einen theoretischen Zusammenhang gestellt. Die Darstellung von Prozessphasen des Beratungshandelns[13] beinhaltet eine Theorie der wirksamen Gestaltungsfaktoren für den Beratungsprozess. Coaching-Handeln, das Handeln des Coaches, ist aus dieser Sicht: intervenieren mit der Intention, damit dem Klientensystem nützliche Angebote für seine Orientierung erfolgreichen Handelns zu machen. Jedes absichtliche Handeln des Coaches ist eine Intervention. Die intentionale Gestaltung des Beratungsprozesses im Sinne von logisch und psychologisch aufeinander auf bauenden Erfolgsfaktoren ist selbst eine Beratungsintervention, Angebot und Einladung an den Klienten, dieser Prozessgestaltung (vgl. in Abb. 1 der innere Kreis) zu folgen (im äußeren Kreis).[14] Die Spezifikation der Prozessberatung auf Coaching erfolgt als interaktiver Prozess von Coach und Klienten in der Verständigung darüber, dass und wie der Beratungsprozess in jeder seiner Phasen als Coaching verstanden wird. Dass und wie es um Coaching geht, wird im Kontrakt (Kontraktphase, vgl. unten) je und je ausgehandelt. Im Kern ist es der Auftrag der Klientin, von der coachenden Person Unterstützung dafür zu bekommen, bei ihrem Vorhaben erfolgreich zu sein.

Kontakt mündet in den positiven Aufbau einer Coaching-Beziehung. Der Klient fasst Vertrauen in die Fähigkeit des Coaches, zu seiner eigenen Verbesserung und Entwicklung, in seinem Handeln erfolgreich zu sein, beizutragen.
Kontrakt. Eine *Arbeitsbeziehung* wird vereinbart. Es geht um eine erste Formulierung des Anliegens des Klienten und das Erreichen von Zielen, die Festlegung des Arbeitsrahmens und der möglichen monetären Entschädigung bzw. organisationalen Einordnung in einen Rahmenkontrakt des Coaches für seine Arbeit.

---

[12] Dabei hat es sich in der Literatur eingebürgert, von „systemischen Interventionen" zu sprechen. Eine Doppelaussage, Hendiadyoin, als gäbe es aus einer systemisch informierten beraterischen Handlungstheorie, davon unterschieden, „nichtsystemische" Interventionen. Vgl. insgesamt zum dargestellten Verständnis von Interventionen Königswieser und Exner (2008) oder von Schlippe und Schweitzer (2009).

[13] Vgl. Schreyögg (2008, S. 16). In ihrer Skizze einer möglichen Struktur des Coaching-Wissens billigt sie Handlungsmodellen eine erkenntnisleitende Funktion zu.

[14] Dabei haben wir das ursprüngliche Modell von Lippitt und Lippitt (2006) von sechs auf fünf Phasen für eine mögliche synchrone Lesart als Erfolgsfaktoren, das die Doppelungen herausnimmt, zusammengefasst. Der folgende Abschnitt referiert die Darstellung von Loebbert und Wilmes (2013, S. 19–21).

Abb. 1 Phasen im Coaching als Prozessberatung

Hypothesen zum Anliegen des Klienten können explizit zusammen mit dem Klienten erarbeitet werden, oder sie werden auch von der Beratungsperson im Sinne einer *Diagnose* allein verantwortet. Für den Klienten bedeutet das eine *Erkundung seines Handlungsraums* (Exploration). Hypothesen, die der Beratungsperson und auch der Klientin, sind Begründungen und Ansatzpunkte für Interventionen.

Interventionen sind explizite Handlungen des Coaches, manchmal bloß eine Frage, ein Satz, der für den Klienten eine neue Perspektive für erfolgreiches Handeln eröffnet. Wir verstehen unter einer Intervention immer eine im Kontext des Beratungsprozesses *begründbare Beratungshandlung*. Insofern ist jeder aktive Beratungsschritt vom Kontakt bis zur Evaluation immer auch Intervention. Entscheidend ist, dass die Intervention zu einer *Innovation für den Klienten* (aus systemischer Sicht: „Musteränderung") führt. Coaching macht einen Unterschied, welchen die Klientin als hilfreich wahrnimmt oder der – noch besser – gar den Handlungserfolg in ihrer Welt verbessert.

Evaluation Die Wirkung der Beratung liegt oft außerhalb der Beratungssituation. Für die Steuerung und den Ressourceneinsatz von Beratung entwickeln Coach und Klientin ein gemeinsames Verständnis *möglicher und wirklicher positiver Resultate* für die Klientin.

Für gelingendes Coaching setzen die Phasen einander voraus und sind miteinander verbunden:

1. Kontakt braucht es in jeder Phase. Bricht der Kontakt, so bricht die Beratungsbeziehung.
2. Die formelle Vereinbarung einer Arbeitsbeziehung gibt den Rahmen für das Coaching. Coaching ist immer mit einer Leistungsvereinbarung als Dienstleistung verbunden. Sie regelt Geben und Nehmen.
3. Vom Coach wird Expertise für Hypothesen und Diagnose erwartet. Diese können mit dem Klienten geteilt und auch gemeinsam erarbeitet werden.
4. Daraus folgende Interventionen lassen sich im professionellen Dialog in den Grenzen argumentierender Vernunft in Bezug auf die Hypothesen und erwartbaren Resultate begründen.
5. Die Verbindlichkeit der Evaluation bildet selbst wieder den Rahmen für die Beratungsbeziehung als Leistungsvereinbarung über Handlungsziele, Hypothesen und Interventionen.

Neben der Steuerung des Beratungsprozesses läuft der *Parallelprozess des Klienten* in

ad 1: der Etablierung der Beratungsbeziehung,
ad 2: der Bewusstwerdung von möglichen Anliegen und Zielen,
ad 3: der Exploration der Ausgangssituation und ihrer Handlungsoptionen,
ad 4: der Innovation durch neue Sichtweisen und Möglichkeiten und schließlich,
ad 5: der Verwirklichung von Resultaten in der Welt des Klienten.

Das Phasenmodell der Prozessberatung[15] ist in eine Kreisform gebracht. Sie macht deutlich, dass es neben der diachronen systematischen Lesart – jede Phase ist Erfolgsbedingung für die nächste – auch eine synchrone Lesart gibt. Alle Phasen

---

[15] Es sind viele Phasenmodelle im Umlauf. Manche Coaching- und Beratungsunternehmen haben eigene Benennungen eingeführt. Theoretische Kontexte erschließen zum Beispiel auch John Whitmore (1994) mit seiner pragmatischen Handlungsvorstellung oder Günter Bamberger (2010) mit seiner „lösungsorientierten Beratung". Im Unterschied zu der Darstellung der Phasen der Prozessberatung beziehen sich aber alle anderen mir bekannten Modelle zuerst auf das Handeln oder psychische Vorgänge von Klienten und nicht auf das Handeln des Coaches. Das ist zwar interessant und empathisch richtig in Bezug auf die Diskussion der allgemeinen Handlungstheorie, auf die man sich bezieht, eignet sich aber wegen der fehlenden logischen Konsistenz in der Unterscheidung von Beratungshandeln und Klientenhandeln nicht für den Anfang einer Coaching-Theorie.

sind zugleich in einem Beratungsprozess (sei es ein einzelnes Gespräch oder mehrere Gespräche in einem vereinbarten Zeitraum) gegenwärtig. Dabei geht eine beraterische Handlungstheorie von der theoretischen Fassung der Intervention aus, von der aus sich die anderen Phasen als Erfolgsfaktoren für ein gelingendes Angebot an das Klientensystem darstellen lassen.

Wie jedes Modell vereinfacht auch die Modelldarstellung der Prozessberatung die komplexere Wirklichkeit: Die expliziten Ziele ändern sich im Fortgang des Prozesses. Kontakt wird systematisch unterbrochen, um wieder neu aufgebaut zu werden. Hypothesen müssen revidiert und neu sortiert werden. Die Evaluation besteht vielleicht in nur einem Satz nach drei Wochen. – In der Verbindung eines systemtheoretischen Verständnisses von Beratungsinterventionen mit dem Modell der Prozessberatung entsteht jedoch auch ein Rahmen, an den sich (möglicherweise) weitere Fragestellungen einer Coaching-Theorie knüpfen lassen. Das versuche ich im nächsten Abschnitt mit der Einordnung von Praxisfeldern im Coaching.

3 Praxisfelder

Der Anfang einer Coaching-Theorie ist mit dem Rückgriff und Bezug auf die Theorie der Prozessberatung in der Handlungssteuerung der Beratungsperson, des Coaches, gemacht. Fokus und Gegenstand der Beratung im Coaching ist aber das Handeln, die Praxis des Klienten bzw. Themen und Fragestellungen der Steuerung seines Handelns, um dabei erfolgreich zu sein.

3.1 Das Praxisfeld des Coaching-Klienten

Das *Konzept des Praxis- oder Handlungsfeldes im Coaching* nimmt dabei zu- nächst die Vorstellung auf, dass sich wie in der Metapher des Feldes unterschiedliche Handlungsbereiche oder Kontexte unterscheiden lassen, je nachdem, welche spezifischen Fragen für das Handlungssubjekt eine Rolle spielen. Die mögliche Reichweite des Handelns wird über spezifisches Praxiswissen, Erfahrung und Kompetenzen[16] in

---

[16] Praxisfelder oder Handlungsfelder werden zum Beispiel in der Erziehungswissenschaft und der Sozialen Arbeit diskutiert, um Unterschiede spezifischer Praxen im Hinblick auf einen allgemeineren Wissens- und Theoriebestand deutlich zu machen. Geläuige Unterscheidungen sind unterschiedliche Rollen, spezifisches Handeln, Kompetenzen, Praxiswissen usw.

Bezug auf die Erfolgserwartung des Handelnden bestimmt.[17] Ein Automobilmanager erwartet zum Beispiel nicht, bei einer Gehirnoperation erfolgreich zu sein; die Praxisfelder „frühkindliche Erziehung" und „Sport" unterscheiden sich wahrscheinlich durch darin wirksam werdende unterschiedliche Bestände von Wissen und Erfahrung und vielleicht auch durch die Persönlichkeiten der darin handelnden Personen. *Praxisfeld im Coaching ist eine subjektive Bestimmung* und auch Begrenzung der Handlungsmöglichkeiten des Klienten. Diese können sich im Verlauf eines Coachings durchaus ändern, wenn zum Beispiel aus dem Anliegen als Führungskraft, in einer bestimmten Situation erfolgreich zu sein, die Frage nach einer beruflichen Neuausrichtung formuliert wird. Die Grenzziehung aber ist, um in der Metapher des Feldes zu bleiben, zunächst eine durchaus subjektive. – Auf der anderen Seite bezieht sich die Coaching-Klientin und der Coaching-Klient auf eigene Vorstellungen von Praxisfeldern bzw. des eigenen Praxisfeldes. Sportliches Handeln, Managementhandeln und ein gesundheitsförderliches Ernährungsverhalten unterscheiden sich voneinander mindestens in den für erfolgreiches Handeln erforderlichen Beständen von Wissen, Erfahrung und Kompetenzen.

3.2 Praxisfelder aus Sicht des Coaches

Chris Cushion und John Lyle unterscheiden im Sportcoaching Praxisfelder („domains") nach, wie sie es nennen „sport milieus" mit unterschiedlichen Anforderungen an den Coach. „We would argue that coaching domains are distinctive sporting milieus ... these coaching domains place specific demands on the coach's expertise and behaviours and require domain-specific knowledge and understanding to operate with them" (Cushion und Lyle 2010, S. 727). Beispiele für Merkmale von Praxisfeldern („domains") im Sport (a. a. O., S. 744 f.) sind unterschiedliche Arten der sportlichen Leistung (Fußball, Skifahren), der dafür notwendigen Fähigkeiten des Sportlers, die Vielfalt der Kooperationsbeziehungen (Mannschaftssport, Einzelsport), Sport als Beruf oder als körperlicher Ausgleich. Zwar macht schon die Komplexität des Zusammenhangs möglicher Merkmale eine *scharfe Abgrenzung unmöglich,* jedoch, so argumentieren Cushion und Lyle, sind die Anforderungen an den Sportcoach in unterschiedlichen Praxisfeldern jeweils genügend unterschiedlich und spezifisch, um diese zu beschreiben.

---

[17] Das Konzept Praxisfeld hat meines Wissens Pierre Bourdieu zuerst in die handlungstheoretische Diskussion eingeführt. Er gebraucht Praxisfeld im Genitivus objectivus, Feld für Handeln. Ein Handlungsfeld ist für Bourdieu ein soziales Phänomen mit eigener Geschichte, eigenen Regeln mit der Ausprägung eines eigentümlichen Habitus. Für die Einführung hier genügt aber eine subjektive Bestimmung als Feld des/meines Handelns (Genitivus subjectivus).

Mit dem oben entwickelten Anfang einer Theorie von Coaching als persönlicher Prozessberatung kann das Argument der Sport-Coaches Cushion und Lyle auf andere Praxisfelder im Coaching erweitert werden. Sobald der Coach mit dem Klienten die spezifischen Erfolgsfaktoren seiner Praxis bearbeitet, sind Wissen und Erfahrung aus dem Praxisfeld des Klienten nicht nur hilfreich, sondern auch notwendig.[18] Für das Coaching des Leistungsprozesses in einem Team macht es einen Unterschied, ob das Team in einem Kindergarten arbeitet oder als Managementteam in einem größeren Unternehmen. *Das Praxisfeld von Coaching-Klienten wird zum Praxisfeld des Coachings.* Während zum Beispiel das Erzieherteam seine Leistungsfähigkeit in der Auseinandersetzung mit Familienmustern und Familiendynamiken erlangt, geht es in einem Managementteam vielleicht mehr um Macht als strategischen Faktor der Unternehmensentwicklung. Damit kommen spezifisches Wissen und spezifische Erfahrung der coachenden Person ins Spiel. Mit unterschiedlichen Klienten und ihren jeweiligen Praxisfeldern wird neben der Prozesssteuerung im Allgemeinen auch ein spezifisches Wissen des Coaches angesprochen, das einen Unterschied für seine Handlungsfähigkeit bzw. die Steuerung der Phasen der Prozessberatung macht. Je nach Praxisfeld fokussiert der Coach eher die Frage nach Familienmustern und ihrer Bedeutung für die kindliche Früherziehung, oder er sucht nach Hypothesen über den strategischen Nutzen der in einem Managementteam aufflammenden Konflikte. Gegebenenfalls wird die Beratungsperson auch ihr theoretisches Wissen in Form einer Intervention zur Verfügung stellen, wenn dem Klientensystem die entsprechenden Unterscheidungen fachlich nicht zur Verfügung stehen.

3.3 Der Unterschied der Praxisfelder in den Coaching-Phasen

Erfahrungen und Kenntnisse der coachenden Person im Praxisfeld des jeweiligen Klientenvorhabens erleichtern mindestens die Prozesssteuerung. Wo Interventionen über die reine Prozesssteuerung hinausgehen, sind sie sogar notwendig.

---

[18] Diese Aussage steht nicht im Widerspruch zu der Sichtweise, die von vielen praktischen Coaches geteilt wird, dass es für die Prozessgestaltung nützlich ist, zunächst den Standpunkt eines sokratischen Nichtwissens einzunehmen bzw. spezifisches Feldwissen sogar zurückzuhalten.

Diese Sichtweise teile ich für Erstgespräche und Kurzzeitinterventionen. Sobald sich jedoch Klienten selbst auf Besonderheiten ihrer eigenen Praxis beziehen, sollte die Prozessberaterin dies mindestens einordnen können. Vgl. Loebbert (2001, S. 3 f).

Im *Kontakt* wird der Coach als kompetenter Unterstützer für das Anliegen des Klienten wahrgenommen. Je nach Art des Anliegens wünschen sich Klientinnen Coaches mit Erfahrungen und Kenntnissen ihres Praxisfeldes. Sie hoffen, verstanden zu werden, um sich selber besser zu verstehen. Das gelingt dem Coach leichter, wenn er oder sie Erfahrungen im Praxisfeld der Klienten hat und an die darin ausgebildeten Sprachformen zu koppeln vermag. In vielen Praxiskontexten würde ein Coach ohne entsprechende Praxiserfahrung überhaupt nicht akzeptiert. Die Vereinbarung einer Arbeitsbeziehung nach möglichen Vorgehensschritten und Zielen *(Kontrakt),* die erreicht werden sollen, verlangt vom Coach oft ein vertieftes Verständnis des Praxisfeldes des Klienten. Schon Unterschiede in der Bedeutung von Wörtern können zu Missverständnissen führen. Merkmale des Settings, wie der Ort, die Dauer, die Frequenz, stehen im Zusammenhang mit kulturellen Merkmalen des jeweiligen Praxisfeldes. Dieses Wissen muss für eine erfolgreiche Gestaltung der Arbeitsbeziehung meistens vorausgesetzt werden.

Hypothesen werden im Kontext des Handelns des Klienten in seinem jeweiligen Praxisfeld gefasst. Dabei können Wissen und Erfahrungen mit dem jeweiligen Praxisfeld nützlich sein, damit bestimmte Irrwege gar nicht erst eingeschlagen werden. Die Kenntnis des *State of the Art* des Handlungswissens im Praxisfeld gibt dem Coach Anhaltspunkte für möglicherweise wirksame Interventionen, und sei es die Intervention, zusammen mit dem Klienten Hypothesen über wirksame Handlungsschritte zu diskutieren.

Interventionen als begründbare und absichtsvolle Handlungen des Coaches sind in der Regel Angebote für die Verbesserung der Handlungssteuerung des Klienten. Das sind Interventionen allgemeinerer Art in der persönlichen Handlungssteuerung (vgl. den nächsten Abschnitt) oder Interventionen, in denen Besonderheiten des Praxisfeldes als Rahmenbedingungen, Einflussgrößen oder Faktoren für den Erfolg des Klienten beachtet werden müssen. Der Sportcoach braucht zum Beispiel sicherlich ein vertieftes Wissen über physiologische Funktionen des Muskelaufbaus, der Executive Coach sollte die wichtigen Stellgrößen für die Steuerung von Managementprozessen kennen, um entweder Fachberatung als Intervention wählen zu können oder mit einer spezifischen Prozessintervention (z. B. Stakeholder-Analyse) seinem Klienten eine erweiterte Orientierung zu ermöglichen.

Evaluation: Nur was im Praxisfeld des Klienten erfolgreich und wirksam war, war auch für den Klienten ein Erfolg. Insbesondere für die Sicherung der Nachhaltigkeit eines Coachings unterstützt die differenziertere Kenntnis des Praxisfelds des Klienten den Coach bei der Wahl von Evaluationsmethoden, die der Klient auch realisiert.

3.4 Coaching in unterschiedlichen Praxisfeldern

Dass es nützlich ist, Coaching-Praxisfelder zu unterscheiden, dafür sprechen neben den dargestellten theoretischen Erwägungen auch Daten aus der Coaching-Praxis. Chris Cushion beklagte in der Diskussion seines Vortrages vom 5. Juni 2012,[19] dass viele nominelle Sport-Coaches, besonders im Breitensport und in der Jugendarbeit, noch mit veralteten allgemeinen Trainingsmethoden unterwegs seien und nicht den persönlichen Leistungsprozess der Sportler im Auge hätten. Aus seiner Sicht sollten sogenannte Sport-Coaches sich tatsächlich auch als Coaches mit der damit verbundenen Philosophie, den Methoden und Ansätzen ausbilden lassen. Auch werden selbst professionell arbeitende Sport-Coaches nicht unbedingt und per se im Praxisfeld Management, Soziale Arbeit oder Gesundheitscoaching tätig werden bzw. tätig werden wollen. Einen Lerncoach, der im Kontext Schule tätig ist, würde wohl keine Führungskraft und auch kein Sportler für die Unterstützung des eigenen Leistungsprozesses wählen.

Allerdings sind die Gemeinsamkeiten von Coaching in unterschiedlichen Praxisfeldern in Bezug auf eine allgemeine, psychologisch, soziologisch usw. informierte Handlungstheorie wahrscheinlich größer, als von manchen Protagonisten[20] des jeweiligen Coaching-Praxisfeldes zugegeben wird. Die Einführung von lösungsorientierten Methoden, systemischen Fragetechniken, positiver Reformulierung von Handlungsbedingungen usw. ist den Entwicklungen der Handlungstheorie,[21] der psychologischen Handlungs- und Motivationstheorie, der Einführung der Systemtheorie in die Kommunikationstheorie und Soziologie der letzten hundert Jahre zu verdanken. Coaching in unterschiedlichen Praxisfeldern kann sich auf einen allgemeinen robusten Theoriebestand und auf daraus entwickelte, vielfach bewährte Vorgehensweisen stützen. Beispielhaft[22] möchte ich hier anführen:

---

[19] „Coaching meets Research", Basel 2012.

[20] Zum Beispiel wird im Kompendium des Deutschen Berufsverbandes Coaching (DBVC 2012) Coaching als „professionelle Beratung, Begleitung und Unterstützung" explizit auf „Personen mit Führungs- und Steuerungsfunktionen und Experten in Organisationen" (S. 20) eingeschränkt.

[21] An dieser Stelle bleibe ich bewusst unscharf. Der Nachweis, dass es bei einigen neueren psychologischen Ansätzen wie Lösungsorientierung, systemische Beratung, positive Psychologie und teilweise auch NLP um die Rekonzeptionierung psychologischer Handlungstheorie als des gemeinsamen Bezugspunkts geht, bleibt noch zu führen.

[22] Da hier nur der Anfang einer Coaching-Theorie gemacht ist, sind die angeführten Beiträge bloß beispielhaft und nicht systematisch.

Die philosophische Handlungstheorie, die sich in der westlichen Kulturgeschichte spätestens seit Aristoteles mit Fragen der Freiheit, der Steuerbarkeit und Ethik von Handlungen überhaupt auseinandersetzt. Das damit verbundene Methodeninstrumentarium reicht von der klassischen sokratischen Gesprächsführung bis zur Arbeit an handlungsleitenden Werten und Visionsarbeit.

Die psychologische Handlungstheorie, Theorien der Neuropsychologie, Motivationstheorie, Vorstellungen der sogenannten positiven Psychologie und der Psychodynamik. Daraus entwickelte Vorgehensweisen der lösungsorientierten Praxis, das Vorgehen des Zürcher Ressourcen-Modells (ZRM), des neurosystemischen oder des narrativen Coachings oder auch des neurolinguistischen Programmierens (NLP) bis hin zu gruppendynamischen Interventionen bilden einen bewährten und teilweise gut erforschten Werkzeugkasten für viele Coaching-Anliegen.

Systemtheoretische Sichtweisen und Modelle von organisationalen und sozialen Kontexten wie die Theorie sozialer Rollen und damit verbundene Vorgehensweisen vom systemischen Fragen bis zur systemischen Aufstellung, die Interventionstheorie, die Theorie der Gestaltung von Beratungskontrakten, des Vorgehens im Konfliktcoaching werden von Praktikern vielfach eingesetzt und bilden den roten Faden vieler Coaching-Weiterbildungen.

Lernpsychologische und didaktische Modelle ergänzen die Steuerung von Coaches, wenn sie spezifisch die Gestaltung von Lernprozessen in den Blick nehmen, die für eine Neuorientierung und Veränderung des Handelns notwendig sein können. Insbesondere für das Design von länger dauernden Coaching-Prozessen bilden diese einen bewährten und teilweise gut erforschten Rahmen (z. B. Dauer und Verlauf von Lernprozessen) in der Übertragung von erziehungswissenschaftlichen Konzepten auf die Coaching-Praxis.

Modelle und Konzepte unterschiedlicher Herkunft unterstützen die coachende Person in der Abwägung, Planung, Umsetzung und Reflexion ihrer Interventionen. Für den Coach gibt es viel zu lernen, unabhängig davon, in welchem Praxisfeld sie oder er tätig ist. Was sich heute größtenteils aus den Erfahrungen der in der Praxis tätigen Personen (zum Beispiel in Berufsverbänden und Peergroups) organisiert, wird in Zukunft auch Gegenstand wissenschaftlicher Reflexion werden. Mit dem weiteren „Fortschritt der Theoriebildung im Coaching" sollte sich in den nächsten Jahren noch deutlicher herausstellen, welche handlungstheoretischen Konzepte zum engeren Wissensbestand („Corpus") einer allgemeinen Coaching-Theorie gehören bzw. gehören sollten.

3.5 Coaching-Praxisfelder als Herausforderung für Praxis und Forschung

Das quantitative Verhältnis von allgemeinerem Coaching-Wissen und Coaching-Kompetenzen (Prozesssteuerung) und solchen, die auf das spezifische Praxisfeld bezogen sind, variiert sicherlich ja nach Praxisfeld. Die sektoralen Handlungstheorien, wie die des Fußballspielens, des Führens und Managens, der Lauf bahngestaltung, des schulischen Lernens usw., haben unterschiedliche Bedeutung für Coaching in den einzelnen Praxisfeldern. Ein Sportcoach in einem großen Verein kann sich in seiner Leistung auf eine Vielzahl spezialisierter Rollen vom Masseur bis zur Trainerin beziehen und wird die Bandbreite seiner Interventionen genau in diesem Feld bestimmen. Ein selbstständig arbeitender Executive Coach wird immer auch als Sparringpartner und Managementberater in gewissen Grenzen tätig sein. Ein Politik-Coach braucht wahrscheinlich selbst profunde Erfahrung im politischen Geschäft, alleine schon, um eine eigene Einschätzung der Risiken seiner Tätigkeit für seine Klienten zu bekommen. – Für die situativ und individuell wirksame Gestaltung des Coaching-Prozesses bzw. von Coaching-Interventionen sind neben dem Praxisfeld des Klienten, seinem spezifischen (organisationalen) Kontext, die Bandbreite der Kompetenzen und die Persönlichkeit der coachenden Person weitere Stellgrößen.

Die Herausforderung von unterschiedlichen Coaching-Praxisfeldern ist für die Praxis der coachenden Person, das eigene Profil in der Kontaktgestaltung, in der Passung von Klientenerwartung und spezifischer Leistungsfähigkeit des Coaches zu schärfen. Mit der Frage, welche Art und welche Inhalte von Interventionen jeweils für den Klienten für seinen Handlungserfolg nützlich sind, wird die jeweilige Konzeptionalisierung von Coaching als spezifischer Form von Prozessberatung je und je zum Thema in der Kontraktphase. Vom Coach wird eine kompetente Führung des Coaching-Prozesses erwartet und auch die Kompetenz, situationsgemäß die Merkmale und Inhalte des Coachings mit seinen Klienten zu vereinbaren. Mit dem Vorrang der individuellen Rollengestaltung, einfach schon wegen der Begrenztheit der Personen (vgl. oben Seite 208), vor einer trennscharfen Unterscheidung von Formaten helfender Beziehung wird in der Praxis die Zusammenarbeit unterschiedlicher Kompetenzprofile immer wichtiger. Spezialisierung und Profilbildung für den einzelnen Coach bedeutet die Notwendigkeit, fallweise mit ergänzenden Profilen zusammenzuarbeiten. Helfende Systeme und ihre spezifische Aufgabenteilung (Coaching, Fachberatung, Therapie und Training) werden immer mehr zum Normalfall.[23]

---

[23] Königswieser et al. (2006) haben für das Zusammenspiel eher fachlich orientierter und eher prozessorientierter Beratung den Begriff „Komplementärberatung" geprägt, der hier in Bezug auf helfende Systeme weiterentwickelt werden könnte.

Das ist auch eine Herausforderung für wissenschaftliche Theoriebildung und Forschung. Der Anfang einer allgemeineren Coaching-Theorie kann mit der Theorie der auf Handlung und Leistung bezogenen, persönlichen Prozessberatung gemacht werden. Die Kontextualisierung der Theoriebildung für unterschiedliche Praxisfelder, wie sie im Sport und im Executive Coaching schon fortgeschritten ist, wird auch für andere Felder weitergetrieben werden. Dieses Buch will einen Beitrag dazu leisten. Auch die empirische Forschung würde ihre jeweiligen theoretischen Kontexte deutlicher ausweisen. Das wäre vielleicht zunächst eine Enttäuschung für die Verbindung der Vorstellung von Wissenschaftlichkeit mit allgemeiner Gültigkeit. Wissenschaftstheoretisch allerdings wäre dadurch eine adäquate Einordnung von Coaching-Forschung und eine bessere Nutzbarmachung ihrer Ergebnisse für die Praxis der Lohn.

Literatur

Anscombe, G. Elizabeth M. (2011). *Absicht*. Berlin: Suhrkamp.
Aristoteles. *Nikomachische Ethik*.
Bamberger, Günter G. (2010). *Lösungsorientierte Beratung. Praxishandbuch* (4., vollständig überarbeitete Auflage). Weinheim: Beltz.
Birgmeier, Bernd (2005). *Coaching und soziale Arbeit. Grundlagen einer Theorie sozialpädagogischen Coachings*. Weinheim: Juventa.
Birgmeier, Bernd (2011). *Coachingwissen* (2., aktualisierte und erweiterte Auflage). Wiesbaden: VS Verlag für Sozialwissenschaften.
Bourdieu, Pierre (1998). *Praktische Vernunft. Zur Theorie des Handelns*. Frankfurt am Main: Suhrkamp.
Buer, Ferdinand, & Schmidt-Lellek, Christoph (2008). *Life-Coaching. Über Sinn, Glück und Verantwortung in der Arbeit*. Göttingen: Vandenhoeck & Ruprecht.
Castañeda, Hector N. (1982). *Sprache und Erfahrung. Texte zu einer neuen Ontologie*. Frankfurt am Main: Suhrkamp.
Cushion, Chris, & Lyle, John (2010). Conceptual Development in Sports Coaching. In: dies. (Hrsg.), *Sports Coaching. Professionalisation and practice* (S. 43–62, Kindle P632–P1164). London: Elsevier, Kindle Ausgabe.
DBVC (2012). *Leitlinien und Empfehlungen für die Entwicklung von Coaching als Profession*. Frankfurt am Main: Deutscher Bundesverband Coaching e.V.
Gallwey, W. Timothy (2010). *Inner Game Coaching. Warum Erfahrungen der beste Lehrmeister sind*. Staufen: Allesimfluss-Verlag.
Grant, Anthony M. (2011). The Solution-Focused Inventory – A tripartite taxonomy for teaching, measuring and conceptualising solution-focused approaches to coaching. *The Coaching Psychologist, 7*(2), 98–106.
Greif, Siegfried (2008). *Coaching und ergebnisorientierte Selbstreflexion. Theorie, Forschung und Praxis des Einzel- und Gruppencoachings*. Göttingen: Hogrefe.
Hamlin, Robert G., Ellinger, Andrea D., & Beattie, Rona S. (2008). The emergent coaching industry-a wake-up call for HRD professionals. *Human Resource Development International, 11*(3), 287–305.

Königswieser, Roswita, & Exner, Alexander (2008). *Systemische Intervention. Architekturen und Designs für Berater und Veränderungsmanager* (Nachdruck der 9. Auflage). Stuttgart: Schäffer-Pöschel.

Königswieser, Roswita, Sonuc, Ebru, & Gebhardt, Jürgen (Hrsg.) (2006). *Komplementärberatung. Das Zusammenspiel von Fach- und Prozess-Know-how*. Stuttgart: Klett-Cotta.

Lenk, Hans (2013). Interpretationskonstrukte beim Handeln. Ein methodologisch-interpretatorischer Ansatz für philosophische Handlungstheorie. In: Bernd Birgmeier (Hrsg.), *Handlung in Theorie und Wissenschaft Sozialer Arbeit* (S. 21–34). Wiesbaden: Springer VS.

Lippitt, Gordon, & Lippitt, Ronald (2006). *Beratung als Prozess* (4. Auflage). Leonberg: Rosenberger Fachverlag.

Loebbert, Michael (2001). Das Wissen in der Beratung. *Zeitschrift für Agogik*, (2), 2–11.

Loebbert, Michael, & Götz, Erika (2013). Coachingpsychologie im Praxiskontext. In: Michael Loebbert (Hrsg.), *Professional Coaching. Konzepte, Instrumente, Anwendungsfelder* (S. 67–106). Stuttgart: Schäffer-Poeschel Verlag.

Loebbert, Michael, & Wilmes, Christa (2013). Coaching als Beratung. In: Michael Loebbert (Hrsg.), *Professional Coaching. Konzepte, Instrumente, Anwendungsfelder* (S. 15–48). Stuttgart: Schäffer-Poeschel.

McMorris, Terry, & Hale, Tudor (2006). *Coaching Science. Theory into Practice*. Chichester: John Wiley.

Popper, Karl R. (1994). *Die beiden Grundprobleme der Erkenntnistheorie. Aufgrund von Manuskripten aus den Jahren 1930–1933* (2. Aufl.). Tübingen: Mohr.

Savigny, Eike von (1970). *Grundkurs im wissenschaftlichen Definieren. Übungen zum Selbststudium*. München: dtv.

Schein, Edgar H. (2010). *Prozessberatung für die Organisation der Zukunft. Der Aufbau einer helfenden Beziehung* (3. Aufl.). Bergisch Gladbach: EHP.

Schlippe, Arist von/Schweitzer, Jochen (2009). *Systemische Interventionen*. Göttingen: Vandenhoeck & Ruprecht (UTB).

Schreyögg, Astrid (2008). Die konzeptionelle Einbettung der Coaching-Praxeologie am Beispiel ei- nes integrativen Handlungsmodells für Coaching. In: Christoph J. Schmidt-Lellek & Astrid Schreyögg (Hrsg.), *Praxeologie des Coaching*. Wiesbaden: VS Verlag für Sozialwissenschaften.

Wegener, Robert (2013). Coachingforschung. In: Michael Loebbert (Hrsg.), *Professional Coaching. Konzepte, Instrumente, Anwendungsfelder* (S. 381–416). Stuttgart: Schäffer-Poeschel.

Whitmore, John (1994). *Coaching für die Praxis*. Frankfurt am Main: Campus.

The manufacturer's authorised representative in the EU is Springer Nature Customer Service Centre GmbH, Europaplatz 3, 69115 Heidelberg, Germany. If you have any concerns regarding our products, please contact ProductSafety@springernature.com

Printed and bound by CPI Group (UK) Ltd, Croydon, CR0 4YY
25/03/2026
02078194-0004